4차 산업혁명과
실전창업보육

산·학·연·관 실전 창업전문가들의 **Startup+** 길라잡이

김영국 · 여성환 · 노승일 · 이상구 · 최아람 · 오춘식

박영사

'나무 심는 마음'과 '씨 뿌려 거두고…'

'삶의 달빛과 물빛'처럼,
창업마인드를 일깨워주신 분들께 이 책을 바칩니다.

청산행(靑山行), 늦소풍 같은 하루하루가,
언제나 창업 같은 일상이고 싶다.

'내 얼굴을 가질 때까지…'

작품제공: 한뫼 金致純 校長선생님

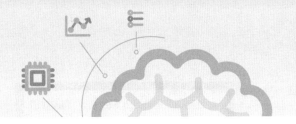

머리말

4차 산업혁명 시대의 도래에 따라, 우리의 삶의 모습과 환경 변화는 말할 것도 없고, 창업과 창업보육 환경도 급격하게 변화하고 있다. 2016년 '알파고 충격' 이후 4차 산업혁명은 우리 시대의 화두가 되었다. 4차 산업혁명을 추동하는 핵심기술로서 특히, 인공지능(AI)은 사회경제적 변화는 물론, 오랫동안 우리의 의식과 행동을 규정해온 규범 체계마저 근본적으로 재검토할 것을 요구하고 있다.

증기기관의 보급 이후 기계화, 산업화, 정보화로 이어지는 인류 역사의 발전을 돌아보면 항상 기술의 발전과 다양한 창업패턴이 각 시대의 경제·사회 패러다임의 전환과 사회의 구조적 변화를 이끌어 온 것을 알 수 있다.

최근 관계부처 합동 발표자료에 따르면, 전 산업의 지능 정보화로 인하여 국내의 경우, 신규매출 85조 원, 비용 절감 200조 원, 소비자 후생 175조 원 등 약 460조 원(2030년 기준)에 달하는 총 경제효과를 창출할 것으로 예상되고 있다. 맥킨지 분석에 따르면 지능정보사회의 경제효과는 2030년 기준으로 최대 460조원에 달할 것으로 전망되고 있다.

'16년 인공지능 알파고와 프로기사 이세돌 9단의 바둑 대결에서, 우리는 지난 20년 동안 컴퓨팅 환경과 기술의 발전, 엄청난 양의 데이터를 통한 학습, 새로운 알고리즘 개발 등의 연구와 각 기업 및 정부의 끊임없는 창업 분야에 대한 투자와 노력으로 인공지능 기술의 성능이 급성장한 것을 재확인할 수 있었다.

또한 최근 구글, 페이스북, 아마존 등 글로벌기업들을 중심으로 개인 비서 서비스, 자산관리를 위한 로보어드바이저, 암 진단 서비스, 법률 서비스 등 다양한 영역에서 인공지능 기술 기반의 서비스와 다양한 창업 아이템들이 출시되고 있다.

나아가 이러한 인공지능에 대한 의존성이 확대됨에 따라 개인의 삶과 더불어 창업환경에서도 중요한 영향을 미치는 다수의 의사 결정들까지도 이미 인공지능 알고리즘에 의해 이루어지고 있으며, 앞으로 이러한 현상은 지속적으로 더욱 확대될 것으로 예상된다.

따라서 급격하게 변화하는 이러한 창업환경의 시대적인 요구에 따라 산·학·연·관에 재직 중인 창업과 창업보육 전문가들의 의기투합을 통하여, 본서는 4차 산업혁명 시대의 도래에 걸맞

머리말

은 창업과 창업보육의 길라잡이 및 나침반 역할을 할 수 있는 <4차 산업혁명과 실전창업보육>이라는 대명제하에서 본서를 기획하고 집필하게 되었다.

본서의 집필진은 모두 지금도 창업 관련 이론과 실무 현장에서 오랫동안 이론과 실무경험에 해박한 산·학·연·관 현장의 실전 전문가들이다.

따라서, 가급적이면 이론적인 부분은 최소화하고, 창업 및 창업보육 분야를 준비하는 분들을 위하여 실무와 실전 창업 중심으로 집필하고자 최대한 노력하였다.

21세기 이스라엘 경제 성장의 비밀과 성공 노하우는 무엇일까? 창의성을 강조하는 교육과 혁신적인 벤처창업, 과학기술에 대한 끊임없는 도전, 생산적인 창업시스템을 선보이며 '21세기형 선진국'으로 세계 경제의 중심을 향해 끝임 없이 행진을 거듭하는 나라가 곧 이스라엘이다. 이스라엘처럼 인적자원을 중시하고 창업을 통하여, 개혁과 변화에 대한 욕구가 강한 우리에게도 다양한 시사점을 던지고 있다.

이러한 시대적 환경하에서 창업국가를 위한 시대적 요구에 따라 창업과 창업보육 전략의 지침서로써 본서를 발간하게 되었다. 특히, 창업을 준비하는 대학(원)생과, (예비)창업자들이 본서를 통하여 종합적으로 창업실무를 쉽게 이해함으로써 실무에 바로 활용되기를 바라는 마음 간절하다. 전적으로 선행연구자들의 주옥같은 자료들을 중심으로 기존의 서적들과는 다른 새로운 실무적인 차별화 전략을 시도하고자 무척 노력하였다.

본서를 마무리하는 동안 코로나 19와 긴 장마는 오히려 집필진을 더욱 긴장시키고 집중하게 만들었으나, 돌아보면 준비에 비해 아직도 당초의 기대에 미치지 못하는 부족한 곳이 곳곳에 산적해 있음을 혜량드리고자 한다.

본서의 발간하는 동안 광속 같은 세월도, 계절도 바뀌었다. 계절의 변화만큼 창업과 보육환경도, 창업전략도 급격하게 변하고 있다. 따라서, 관련된 프레임과 전략들을 가장 쉽게 이해할 수 있도록 노력하였다.

여러모로 부족한 본서가 잉태하도록 세심한 배려로 언제나 삶의 나침반 역할을 다하는 사랑하는 가족과, 국내외의 여러 유관기관 및 학계, 기업 등에서 재직하는 선후배와 동료 제현의

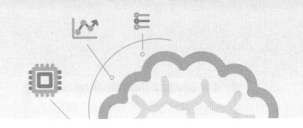

주옥같은 자료지원과 제자들의 응원에도 깊이 감사드린다.

특히 자료 정리에 큰 도움을 준 연구원들과 대내외 출판업계의 어려운 환경 속에서도 '출판업계의 전통과 최상의 전문서 출판', 오직 한 길을 뚜벅뚜벅 달려가는 박영사 임직원님들의 지원과 응원이 본서를 잉태하는 데 가장 큰 청량제 역할이었음에 진심으로 감사드린다.

본서의 부족한 공간을 오랜 향나무 같이 더 알차게 채워야 한다는 책임감과 '이제 또 청산행 (靑山行)을 향한 새로운 시작이다'는 바람이 간절하다. 큰 꿈과 희망찬 목표를 향한 독자 여러분의 무한한 건승을 기대한다.

Nothing Ventures, Nothing Gains

계명동산 天地齊와 火旺山 靑山行 碩松연구실을 오가며

저자대표 김영국(Ph. D. England Kim)

목차

CHAPTER 01   4차 산업혁명

1.1 4차 산업혁명의 이해 ··· 3

1.2 사례연구 1: 4차 산업혁명과 낡은 비닐우산 ················· 7

1.3 사례연구 2: 4차 산업혁명과 독일의 개구리 전용 도로 ············· 9

1.4 사례연구 3: 제4차 산업혁명과 스마트 세상 ················· 11

1.5 사례연구 4: '이론과 증거' 사이의 디지털 세상 ··············· 13

1.6 4차 산업혁명 핵심기술 ··· 15
     1.6.1 인공지능(AI·Artificial Intelligence) ··················· 15
     1.6.2 사물인터넷(IoT·internet of things) ···················· 20
     1.6.3 지능형 로봇(intelligent robots) ························· 21

1.7 사례연구 5: 미국 샌프란시스코에서 라스베이거스까지
     885km 달린 무인차 ·· 23

1.8 사례연구 6: 대구 달서구, 스마트 IoT 보행로 설치 ·············· 24

1.9 사례연구 7: 농업용 지능형 로봇 법적 근거 마련을··· ·········· 25

1.10 사례연구 8: KT, 지능형 로봇 키운다 ··························· 26

1.11 4차 산업혁명과 신산업 ··· 27

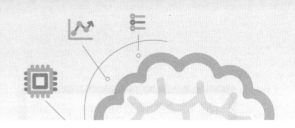

CHAPTER 02   실전 창업의 이해

2.1   창업의 개념 ·· 51

2.2   창업으로 보지 않는 창업의 범위 ······················· 53

    2.2.1   사업의 승계 ··· 53

    2.2.2   기업형태의 변경 ····································· 54

    2.2.3   폐업 후 사업재개 ·································· 54

2.3   사례별 창업 인정 여부 ·································· 55

2.4   창업의 종류 ··· 56

    2.4.1   창업의 종류와 운영 ······························· 56

    2.4.2   창업 종류 ··· 57

2.5   핵심요소 ·· 65

    2.5.1   핵심요소 ··· 65

    2.5.2   핵심요소 검토 ······································· 66

2.6   창업 제외 업종 ·· 68

2.7   기술 분야 창업 업종 ···································· 71

    2.7.1   신산업창출 분야 ··································· 71

    2.7.2   미래성장동력 분야 ······························· 72

2.8   사례연구 1: '전략적 모호성'과 상추 이파리 ············· 78

2.9   사례연구 2: 네덜란드의 창업정책 엿보기 ············· 80

목차

CHAPTER 03   창업모델 설계

3.1   창업 아이템 발굴 ··· 85

3.2   창업 아이템 분석 ··· 87

3.3   비즈니스모델의 활용 ··· 89
    3.3.1   Business Model Canvas(BMC) ················· 89

3.4   자금조달과 창업지원제도 ····································· 95
    3.4.1   기업성장단계와 자금유치 유형 ················· 95
    3.4.2   엔젤투자와 벤처캐피탈 ··························· 96
    3.4.3   창업지원제도 ··· 98

CHAPTER 04   스타트업 마케팅

4.1   창업기업의 특성과 이해 ······································· 101

4.2   창업기업의 마케팅이란? ······································· 103
    4.2.1   생산중심의 시대 ···································· 104
    4.2.2   제품중심 시대 ······································ 104
    4.2.3   판매중심시대 ·· 104
    4.2.4   마케팅 중심 시대 ·································· 105
    4.2.5   사회지향적 마케팅 시대 ························ 106
    4.2.6   패션마케팅의 시대 ································ 107

4.2.7 비대면 마케팅(Untact marketing) ··· 107

4.2.8 마케팅 개념의 변화 ·· 108

4.3 창업기업 마케팅의 특징 ··· 110

4.4 마케팅 환경의 변화 ··· 112

4.5 마케팅전략 수립과 실행 ··· 117

4.5.1 기업의 미션과 비전 ··· 117

4.5.2 상황분석 ·· 119

4.5.3 STP전략 ··· 126

4.5.4 4P(7P) 분석 및 전략 수립 ·· 128

4.6 벤치마킹 ··· 132

4.7 마케팅조사 ··· 133

CHAPTER 05

지식재산권의 총설

5.1 지식재산권의 의의 ··· 137

5.2 지식재산권의 종류 ··· 138

5.3 저작권 ··· 140

5.3.1 저작권법의 목적 ··· 140

5.3.2 산업재산권과의 차이 ··· 140

　　　　5.3.3　저작물 ··· 140

　　　　5.3.4　저작권의 구성 ·· 141

　　5.4　**산업재산권** ·· 143

　　　　5.4.1　산업재산권의 의의 ·· 143

　　　　5.4.2　산업재산권의 종류 ·· 143

　　5.5　**특허제도** ·· 145

　　　　5.5.1　특허제도의 목적 ·· 145

　　　　5.5.2　특허출원 ·· 145

　　　　5.5.3　특허등록 요건 ·· 147

　　5.6　**주요 특허제도** ··· 149

　　　　5.6.1　우선심사제도 ·· 149

　　　　5.6.2　출원공개제도 ·· 149

　　5.7　**해외출원** ·· 150

　　　　5.7.1　조약우선권제도 ·· 150

　　　　5.7.2　국제특허출원 ·· 151

　　　　5.7.3　해외출원 방법 ·· 151

　　5.8　**특허권의 효력** ··· 153

　　5.9　**디자인제도** ··· 154

　　　　5.9.1　정의 ··· 154

　　　　5.9.2　성립요건 ·· 154

　　　　5.9.3　디자인의 등록요건 ·· 154

　　　　5.9.4　디자인권의 효력 ·· 155

　　　　5.9.5　디자인의 유사여부 판단 ·· 155

5.10 상표제도 ··· 156

  5.10.1 상표의 정의 ·· 156

  5.10.2 식별력이 없어서 등록받을 수 없는 상표 ············· 156

  5.10.3 상표의 유사 ·· 158

  5.10.4 상표권의 효력 ·· 158

  5.10.5 상표권의 효력이 미치지 않는 범위 ····················· 158

  5.10.6 존속기간갱신등록제도 ··· 159

CHAPTER 06   상가 임대차계약과 보증금 및 권리금의 보호

6.1 상가임대차법의 보호 ··· 163

  6.1.1 상가임대차법의 적용범위 ····································· 163

  6.1.2 환산보증금 ··· 164

  6.1.3 환산보증금 초과시 상가임대차 보호 ···················· 165

6.2 상가 임대차계약 시 주의사항 ····································· 166

  6.2.1 등기사항전부증명서에 의한 건물 확인 ················· 166

  6.1.2 계약서의 주요 내용 ··· 167

6.3 상가임대차의 사용·수익 ··· 172

  6.3.1 임대차 기간, 차임 등 증감청구권 ························· 172

  6.3.2 계약갱신과 갱신거절 ··· 174

6.4 임대차계약의 해지 ·· 175

  6.4.1 임차권 등기명령 ··· 175

  6.4.2 권리금 ··· 176

CHAPTER 07 　　　　　　　　　신용관리의 중요성과 기법

7.1　신용의 개념 ·· 183

　7.1.1　신용의 의의 ··· 183

　7.1.2　개인신용평가 및 등급 ··· 183

7.2　우리나라의 개인신용평가제도 ··· 185

　7.2.1　의 의 ··· 185

　7.2.2　도입 배경 ··· 185

　7.2.3　자기신용정보확인 방법 및 정정절차 ····················· 186

　7.2.4　신용정보 집중관리 활용정보 ···································· 186

　7.2.5　개선된 개인신용평가제도 ··· 188

7.3　신용등급관리의 중요성과 기법 ······································· 193

　7.3.1　신용등급관리의 중요성 ··· 193

　7.3.2　신용등급 산출기준과 반영비중 ······························· 193

　7.3.3　서민금융·채무조정·학자금 대출 성실상환의
　　　　　개인신용평가 반영 ··· 195

　7.3.4　신용등급 상향 방법과 하락 원인 ····························· 196

　7.3.5　10가지 기본적인 신용 상식 ······································ 197

　7.3.6　개인신용등급관리 10계명 ··· 198

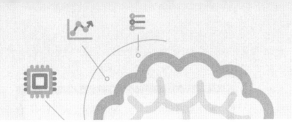

CHAPTER 08   창업회계와 세무

8.1 세무기초 ·· 203

  8.1.1 개인사업자 vs. 법인사업자 ·· 203

  8.1.2 사업자가 알아야 할 세무일정 ·· 207

  8.1.3 부가가치세 ·· 209

  8.1.4 법인세 ·· 215

  8.1.5 종합소득세 ·· 222

  8.1.6 원천징수 ·· 226

8.2 회계기초 ·· 229

  8.2.1 회계의 기본개념 ·· 229

  8.2.2 재무제표 ·· 232

8.3 결산 관련 체크포인트 ·· 235

  8.3.1 매출액 확인 ·· 235

  8.3.2 거래처와의 확인 ·· 235

  8.3.3 재고관리 ·· 235

  8.3.4 가지급금 및 가수금 ·· 236

CHAPTER 09   투자유치 전략

9.1   투자유치의 필요성 ··· 239

     9.1.1   재무구조의 개선 ··· 239

     9.1.2   투자자들의 참여로 주변의 협력을 받을 수 있음. ·············· 239

     9.1.3   유동성의 여유가 생김. ·· 240

9.2   투자유치의 방법 ··· 241

     9.2.1   자금조달과 투자유치 ·· 241

     9.2.2   투자유치 단계 ··· 241

     9.2.3   사업계획서 작성 ··· 243

     9.2.4   사업계획서 발표(Pitching)시 착안사항 ···················· 243

9.3   투자유치의 준비 ··· 244

     9.3.1   네트워크 ·· 244

     9.3.2   사업계획서 작성 ··· 244

     9.3.3   요약보고서(Executive Summary) 작성 ················ 244

     9.3.4   연습을 많이 해야 한다 ··· 245

     9.3.5   자신감 ··· 245

     9.3.6   끊임없는 업데이트 ·· 245

     9.3.7   성실한 커뮤니케이션 ·· 246

     9.3.8   팀조직 ··· 246

9.4   투자자들의 관심 분야 ··· 247

     9.4.1   사업 동기 및 대표자의 사업관 ······························· 247

     9.4.2   사업 분야의 지식과 경험 및 네트워크 ····················· 247

     9.4.3   비즈니스 모델(BM: Business Model) ·················· 248

     9.4.4   모방 가능성과 진입장벽 ·· 248

     9.4.5   신뢰할 수 있는 재무제표와 회계관리 ······················ 248

9.4.6 회사의 지분구조의 적정성 ·· 248

9.4.7 성장성 ·· 249

9.4.8 지속적인 네트워크 형성 ··· 249

9.4.9 엑시트(Exit) 가능성 ·· 249

9.4.10 소득세 감면 혜택 소개 ·· 250

9.5 엔젤 투자유치 ·· 251

9.5.1 엔젤투자의 유래 ··· 251

9.5.2 창업자 자금 투자 단계 ·· 251

9.5.3 인간관계를 통한 투자유치 단계 ·· 252

9.5.4 엔젤, 액셀러레이터(Accelerator: 창업지원기관) 투자단계 ···· 252

9.5.5 엔젤투자자 검증 단계 ··· 253

9.5.6 매칭펀드 투자유치 ·· 253

9.5.7 투자 규모에 맞는 투자유치 ·· 253

9.6 크라우드 펀딩 ·· 255

9.6.1 크라우드 펀딩의 종류 ··· 256

9.6.2 크라우드 펀딩 전망 ·· 256

9.6.3 크라우드 펀딩 업체 ·· 256

9.6.4 스타트업 투자유치 관점에서 크라우드 펀딩 활용 ············· 257

9.6.5 필요한 서류 ·· 257

9.6.6 크라우드 펀딩 절차 ·· 258

9.7 스타트업이라면 알아야 할 투자 관련 사이트 모음 ················· 259

9.7.1 THE VC – 스타트업 투자 데이터베이스(https://thevc.kr/) 259

9.7.2 DIVA(중소기업창업투자회사 전자공시)(http://diva.kvca.or.kr/) 259

9.7.3 KVCA(한국벤처캐피탈협회)(http://www.kvca.or.kr/) ········ 259

9.7.4 엔젤투자지원센터(http://www.kban.or.kr/) ····················· 259

9.8 정부의 창업 지원 정책 ·· 260

CHAPTER 10 　　　　　　　　　　사업계획서의 이해

10.1　사업계획서의 기본개념 ···································· 263

　　10.1.1　창업기업의 마음 자세 ······························ 263

　　10.1.2　창업 사업계획서의 개념 ·························· 265

　　10.1.3　사업계획서의 종류 ································· 266

　　10.1.4　사업계획서 작성 절차 ······························ 267

　　10.1.5　사업계획서 작성 시 지켜야 할 유의할 점들 ···· 269

10.2　사업계획서의 구성요소 ·································· 273

　　10.2.1　사업계획서 ·· 273

　　10.2.2　사업계획서의 구성항목 ·························· 274

　　10.2.3　사업계획서의 구성요소와 목적 ················· 275

　　10.2.4　사업계획서 작성 체크포인트(Check Point) ········· 279

부록 　　　　　　　　사업계획서 표준양식 및 각종서식(사례)

1. 사업계획서 표준양식(중소기업청, 2018) ····················· 285

2. 주요 개별 인·허가 사항들의 작성방법 ······················· 305

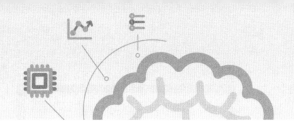

표목차

〈표 1-1〉 발전단계별 산업혁명의 특징 ································· 15

〈표 1-2〉 북미·일본·중국지역 응답자 대상 2개국 간 경쟁력 비교 ········ 29

〈표 1-3〉 중소기업 기술로드맵 기술개발테마 리스트 ················· 31

〈표 2-1〉 창업의 형태에 따른 분류 ······························· 52

〈표 2-2〉 사례별 창업 인정 여부 ································· 55

〈표 2-3〉 기술창업과 일반창업의 차이 ··························· 58

〈표 2-4〉 개인사업자와 법인사업자의 종류 및 책임 ················ 61

〈표 2-5〉 창업지원법상 창업 지원 제외 업종 ····················· 69

〈표 2-6〉 1인 창조기업 범위에서 제외되는 업종 ·················· 69

〈표 3-1〉 창업 아이템 발굴 분석 Check list 예시 ················· 87

〈표 3-2〉 엔젤투자와 벤처캐피탈 비교 ··························· 97

〈표 4-1〉 판매와 마케팅의 차이 ································· 105

〈표 4-2〉 매출(수익)의 구성비율 ································ 113

〈표 4-3〉 보청기 회사의 SWOT분석 활용사례 ·················· 125

〈표 5-1〉 디자인의 유사 여부 ·································· 155

〈표 6-1〉 등기사항전부증명서에서 분석할 내용 ·················· 166

〈표 6-2〉 대항력과 우선변제권, 최우선변제권의 비교 ············· 170

〈표 6-3〉 임차보증과 근저당권에 따른 배당순위와 임차인의 대항력 ······ 171

〈표 6-4〉 임대인이 계약갱신 요구를 거절 할 수 있는 사유 ·········· 174

〈표 7-1〉 개인신용등급에 따른 특징 ···························· 184

〈표 7-2〉 개인신용평가제도의 개선방안 ························· 190

〈표 7-3〉 신용등급 산출에 영향을 미치는 요소 ·················· 194

〈표 7-4〉 개인신용평가에 따른 긍정적 요소와 부정적 요소 ········· 194

〈표 7-5〉 신용등급 분류 현황 ·································· 194

〈표 7-6〉 신용등급별 가계대출 비중 ··························· 195

〈표 7-7〉 신용상식 10가지 ···································· 197

〈표 8-1〉 법인사업자 설립절차 ································· 204

〈표 8-2〉 종합소득세 세율 ···································· 205

〈표 8-3〉 법인세 세율 ·· 205

〈표 8-4〉 개인사업자와 법인사업자의 비교요약 ·································· 206

〈표 8-5〉 개인사업자의 세금일정 ·· 208

〈표 8-6〉 법인사업자의 세금일정(12월 결산법인) ······················ 209

〈표 8-7〉 허위 세금계산서에 대한 벌금(세무조사 시) ·················· 214

〈표 8-8〉 결산일에 따른 법인세 신고기간 ································ 215

〈표 8-9〉 접대비 한도(2019년 귀속분 기준) ···························· 217

〈표 8-10〉 중소기업특별세액감면 비율 ······································ 219

〈표 8-11〉 청년 창업중소기업 감면율 ·· 220

〈표 8-12〉 연구인력개발비 세액공제 비율 ·································· 221

〈표 8-13〉 간편장부대상자 ·· 223

〈표 8-14〉 인적공제 항목 ·· 225

〈표 8-15〉 회계의 기본 계정과목 ·· 230

〈표 8-16〉 거래의 8요소 ·· 231

〈표 9-1〉 소득공제 혜택(시행일: 2018년 1월 1일) ···················· 250

〈표 10-1〉 사업계획서의 종류 ·· 267

〈표 10-2〉 사업계획서 작성 절차 ·· 267

〈표 10-3〉 기업의 성장에 따르는 사업 단계별 강조점 ·················· 274

〈표 10-4〉 사업계획서의 구성항목 ·· 275

〈표 10-5〉 사업계획서의 구성요소와 목적 ·································· 278

〈표 10-6〉 사업계획서작성 체크포인트(Check Point) ················ 281

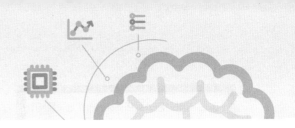

<그림 1-1> 우리는 어디로 가는가? ··· 3
<그림 1-2> 4차 산업혁명의 변천 ··· 5
<그림 1-3> 4차 산업혁명 진화 순서 ··· 6
<그림 1-4> 인공지능 알고리즘의 윤리적 개입구조 ····················· 17
<그림 1-5> 인공지능 사례 ·· 19
<그림 1-6> 사물인터넷 사례 ·· 20
<그림 1-7> 지능형 로봇 연관 기술 ·· 22
<그림 1-8> 무인자동차 ·· 23
<그림 2-1> 창업의 개념 ··· 51
<그림 2-2> 창업의 종류 ··· 56
<그림 2-3> 제조업 창업 절차도 ·· 62
<그림 2-4> 서비스업 창업절차도 ·· 63
<그림 2-5> 도·소매업 창업절차도 ·· 64
<그림 2-6> 기본적 핵심요소 ·· 65
<그림 3-1> 창업 아이템 발굴에 대한 질문 ······························· 85
<그림 3-2> BMC 구조 ·· 90
<그림 3-3> BMC 주요 작성 예시 ·· 94
<그림 3-4> 자금유치 유형 ··· 96
<그림 3-5> 창업지원 중앙부처 및 주요지원 사항 ······················ 98
<그림 4-1> 필자의 2004 아테네 올림픽 성화봉송 장면 ················ 102
<그림 4-2> 마케팅 개념의 발전단계 ·· 103
<그림 4-3> 그린마케팅의 사례 ··· 107
<그림 4-4> 사업환경의 변화 ·· 108
<그림 4-5> 경영환경의 변화 ·· 112
<그림 4-6> 경영환경의 변화 - 불투명한 기업의 미래 ················· 114
<그림 4-7> 경영환경의 변화 - 쓰나미 ···································· 115
<그림 4-8> 경영환경의 변화 - 쓰나미가 지나간 자리 ················· 116
<그림 4-9> 마케팅전략 수립 개념도 ·· 117
<그림 4-10> 비전의 사례 ·· 118
<그림 4-11> PEST분석 ··· 119
<그림 4-12> 3C 분석 ··· 121

〈그림 4-13〉 버섯농장 SWOT분석 예시 ··· 123

〈그림 4-14〉 STP Model ·· 127

〈그림 4-15〉 마케팅 믹스 ··· 129

〈그림 4-16〉 통합적 마케팅 커뮤니케이션의 체계 ····························· 131

〈그림 5-1〉 지식재산권의 종류 ·· 138

〈그림 5-2〉 산업재산권의 예 ··· 144

〈그림 5-3〉 특허제도의 목적 ··· 145

〈그림 5-4〉 특허출원의 절차 ··· 146

〈그림 5-5〉 조약우선권제도 ··· 150

〈그림 5-6〉 해외출원 방법 ··· 152

〈그림 8-1〉 부가가치세의 흐름 ·· 210

〈그림 8-2〉 부가가치세의 계산 ·· 211

〈그림 8-3〉 원천징수의 흐름(국세청) ·· 227

〈그림 8-4〉 회계의 기본개념 ··· 229

〈그림 8-5〉 재무상태표 구조 ··· 232

〈그림 8-6〉 손익계산서 구조 ··· 233

〈그림 9-1〉 기업 발전 단계에 따른 투자자금 조달 유형 ······················ 242

〈그림 9-2〉 크라우드 펀딩의 구조 ·· 255

〈그림 9-3〉 크라우드 펀딩의 종류 ·· 256

〈그림 10-1〉 사업계획 수립 ··· 265

〈그림 10-2〉 사업계획서의 작성 요령 ·· 269

〈그림 10-3〉 비즈니스 플랜 ··· 276

CHAPTER

1

4차 산업혁명

1.1 4차 산업혁명의 이해

1.2 〈사례연구-1〉: 4차 산업혁명과 낡은 비닐우산

1.3 〈사례연구-2〉: 4차 산업혁명과 독일 개구리 전용도로

1.4 〈사례연구-3〉: 제4차 산업혁명과 스마트 세상

1.5 〈사례연구-4〉: '이론과 증거' 사이의 디지털 세상

1.6 4차 산업혁명 핵심 기술

1.7 〈사례연구-5〉: 미국 샌프란시스코에서
라스베이거스까지 885km 달린 무인차

1.8 〈사례연구-6〉: 대구 달서구, 스마트 IoT 보행로 설치

1.9 〈사례연구-7〉: 농업용 지능형 로봇 법적 근거 마련을

1.10 〈사례연구-8〉: KT, 지능형 로봇 키운다

1.11 4차 산업혁명과 신산업

4차 산업혁명의 이해

4차 산업혁명은 엄청난 변화의 속도와 다양한 범위, 전 산업군에 미치는 영향력 등에서 분명히 3차 산업혁명과 차별화가 되고 있다. 따라서 획기적인 기술적 진보, 파괴적 기술에 의한 산업 재편, 전반적인 시스템의 변화 등 여러 분야의 혁신 기술이 융합되고 있다. 특히, 산업구조는 물론 세계의 경제·사회·문화를 포함한 모든 영역에 큰 변화를 이끌어 내고 있다.

2016년 '알파고 충격' 이후 4차 산업혁명은 이제 우리 시대의 화두가 되었다. 4차 산업혁명의 핵심기술로서 인공지능(AI)은 사회경제적 변화는 물론, 오랫동안 우리의 의식과 행동을 규정해온 규범 체계마저 근본적으로 재검토할 것을 요구하고 있다. 전 산업의 지능정보화로 인하여 국내의 경우, 신규매출 85조 원, 비용절감 200조 원, 소비자후생 175조 원 등 약 460조 원(2030년 기준)에 달하는 총 경제효과를 창출할 것으로 예상되고 있다.

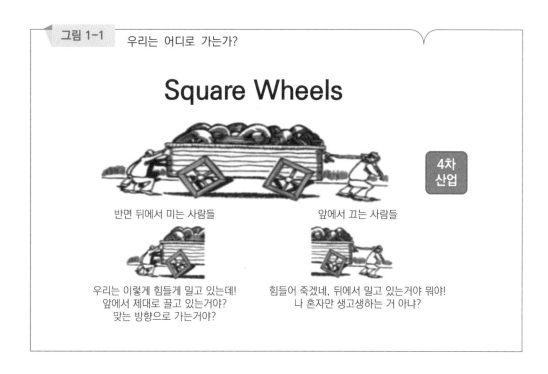

그림 1-1 우리는 어디로 가는가?

    4차 산업혁명이 가져올 변화에 대한 정책 대응의 양상 또한 초기에는 기술개발, 산업진흥에 초점을 둔 투자 및 연구개발이 강조되었다가, 최근에 와서는 점차 사회문화적 역기능이나 윤리적 규범 이슈에 대한 정책 대응이 중요하게 부각되고 있다.

    물론 4차 산업혁명의 정책 대응 과정에서 윤리적, 규범적 대응의 중요성이 강조된 데에는 인공지능 기술이 다양한 산업 분야 및 서비스 영역에서 적용되는 과정에서 발생 가능한 윤리적 이슈들이 학계는 물론, 언론, 시민사회에서 끊임없이 제기되었기 때문이다.[1]

    지금까지의 변화의 속도와 그리고 4차 산업 혁명의 태동에 따라서 우리 사회는 엄청나게 변화되고 있다. 여러분은 어떻게 생각하는지? 기존의 자동차나 운반구의 바퀴는 무조건 둥글어야 된다는 둥근 바퀴가 대세였다.

    그러나 앞으로는 이렇게 스퀘어휠도 우리 사회의 한 축이 될 것이다. 이 스퀘어휠이 의미하는 바는 4차 산업은 앞으로 다양한 분야에서 우리가 가고자 하는 방향을 주도 면밀하게 변화시킬 것이다.

    그리고 최근 인공지능 스피커의 목소리가 인간과 구별되지 않아서 발생 가능한 윤리적 문제, 인공지능에 의한 면접 채용의 공정성 논란에서 보듯이, 점차 인공지능 기술의 서비스 채택 범위가 넓어질수록 인공지능 기반의 의사결정이나 선택의 공정성, 합리성에 대해 지속적으로 문제 제기하는 일이 많아지고 이에 대한 윤리적 규제 논의도 수반될 것이다.[2]

    최근 가장 큰 이슈가 되고 있는 4차 산업혁명이란 무엇인지 알아보고, 4차 산업혁명의 특징 및 영향과 전망을 살펴보자. 특히 시대적으로 자주 접하는 이슈인 4차 산업혁명이란 무엇인가? 요약하면 다음 <그림 1-2>와 같다.

    4차 산업혁명(4th Industrial Revolution)은 점점 현대 기술의 급속한 발전에 따른 진화로 곧 인공지능(AI), 사물인터넷(IoT), 로봇 기술, 드론, 자율 주행차, 가상현실(VR) 등이 주도하는 차세대 산업혁명을 말한다.

---

1 지금의 지능정보사회에 따른 규범과 인공지능(AI)의 윤리적 기준에 관한 상세한 내용 및 학계의 주요 연구로는 권헌영 외(2017), 이원태(2015), 심우민(2017) 및 토비 월시(2016; 2018) 등의 연구를 참고.

2 상세한 내용은 정보통신정책연구원; 대통령 직속 4차산업혁명위원회(2018; 12-1071400-000016-01) 참고.

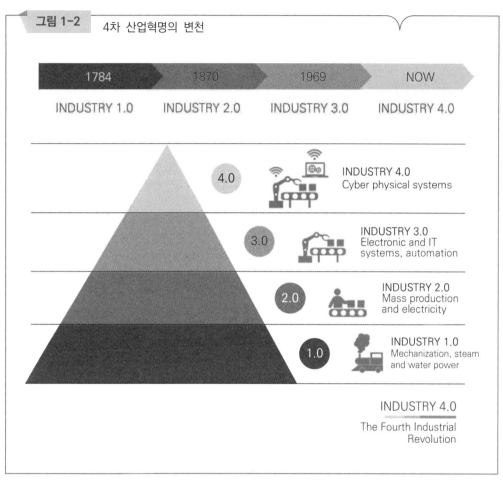

출처: https://krand.kr:The Fourth Industrial Revolution

4차 산업혁명은 1차, 2차, 3차 산업혁명을 뛰어넘는 새로운 차원의 산업혁명으로 각광을 받고 있으며, 산업혁명은 3차 산업혁명에서 이룬 정보통신기술과 여타 산업과의 결합을 통하여 한 단계 더 진전시킨 산업혁명으로 볼 수 있다.

4차 산업혁명으로 진화한 순서로 보면 다음 <그림 1-3>과 같이 정리할 수 있다. 4차 산업혁명은 제조업의 근간을 사람의 노동 중심에서 사람의 전략 중심으로 바꾸는 혁신이라 볼 수 있다.

3차 산업혁명을 통해 정보통신기술을 통해 공정 자동화 기술, 로봇 기술, 공정제어 기술 등이 주축을 이루며 자동화된 산업 생산 시설의 효율성과 정밀성을 증대시켰다.

4차 산업혁명에서는 3차 산업혁명에서 한 단계 더 나아가 인공지능, 고도화된 로봇 기술, 사물인터넷, 빅데이터, 클라우드 컴퓨팅, 스마트센서 기술 등 다양한 산업 기술과 공학 기술이 접목되어 다음과 같이 정리할 수 있다.

- 1784년 영국에서 시작된 증기기관과 기계화로 대표되는 1차 산업혁명
- 1870년 전기를 이용한 대량생산이 본격화된 2차 산업혁명
- 1969년 인터넷이 이끈 컴퓨터 정보화 및 자동화 생산시스템의 3차 산업혁명
- 로봇이나 인공지능(AI)을 통해 실제와 가상이 통합돼 사물을 자동적·지능적으로 제어할 수 있는 가상 물리 시스템의 구축이 기대되는 산업상의 변화인 4차 산업혁명

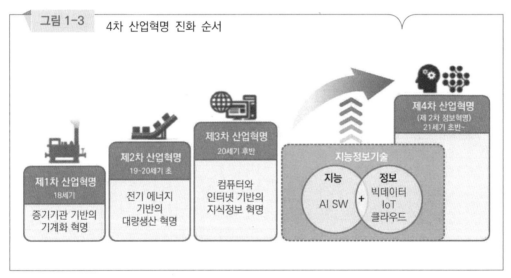

그림 1-3   4차 산업혁명 진화 순서

출처: https://krand.kr;The Fourth Industrial Revolution

사례연구 1

4차 산업혁명과 낡은 비닐우산

한국일보 엠플러스한국 고정칼럼 〈김영국 교수의 속 보이는 경제 이야기〉

4차 산업혁명과 낡은 비닐우산

최근 스마트폰 등 이동통신 기기의 보급 확대와 모바일금융 기술의 발전에 힘입어 모바일뱅킹서비스 등록 고객 수는 1억 607만 명으로 지난 해에 비해 17% 수준 증가하였다. 하루 평균 이용금액도 5조 원이 넘는다. 전체 인터넷뱅킹 이용고객 수는 1억 4,656만 명으로 2018년 동안 전년에 비해 8.5% 증가했다. 한국은행은 스마트폰의 급격한 확산이 모바일뱅킹 이용자의 확대를 가져왔고, 이로 인한 인터넷뱅킹도 늘어난 것으로 추정했다.

금융서비스 채널변화의 엄청난 대전환인 셈이다. 은행의 모든 금융서비스를 인터넷상에서 제공하는 것이 인터넷은행이다. 오프라인 지점을 토대로 하고 있는 기존 은행과는 다르다. 인터넷은행은 물리적 공간이 존재하지 않는다. 인터넷뱅킹과 개별서비스 내용으로는 동일하거나 중복되는 면도 있다. 그러나 인터넷은행은 전적으로 사이버공간을 출발점으로 하고 있다는 점이다. 따라서 인터넷 환경의 편의를 위해 보조적으로 활용하는 오프라인은행의 인터넷뱅킹과는 근본적인 차이가 있다.

인터넷전용은행은 오프라인 점포가 아예 없거나 극소수로 운영되기 때문이다. 은행은 점포를 유지하는 데 소요되는 막대한 고정비를 절감할 수 있다. 따라서 거기서 발생하는 수익으로 고객에게 보다 좋은 조건의 서비스를 제공할 수 있게 된다.

또, 기존 은행에 비해 상대적으로 소수의 회원 고객을 대상으로 맞춤형 금융상품 서비스 제공이 가능하다. 인터넷은행은 고객과의 양방향 서비스를 통해 차별화된 화면 구성으로 일대일 맞춤 서비스를 제공할 수 있다. 즉 종이 없이(paperless), 국경 없이 (borderless), 시간 제약 없이(24hours) 그리고 오프라인은행과 달리 365일, 24시간 내내 제한 없이 운영된다는 점도 강점이다.

최근에는 세계적으로는 샤오미뱅크, 라인뱅크, 알리바바뱅크 등 인터넷전문은행 붐이 일고 있다. 각국이 인터넷전문은행 육성을 위해 꾸준히 노력한 결과다. 한국은 다르다. 최초의 인터넷은행 '케이뱅크'는 겨우 2017년 4월 서비스를 개시했다. 하루 만에 2만 명이 등록할 정도로 국민적 관심이 뜨거워 향후 은행업계에 어떤 영향을 미칠지 주목된다. 그러나 2년 만에 겨우 추진된 세 번째 인터넷은행은 최근에 불발했고, 기존 업체도 자본 확충에 어려움을 겪고 있다. 낡은 규제 때문에 성장 기회를 놓치고 있다는 지적이 지배적이다.

최근에 대만은 은산분리 규제를 엄격하게 적용해오다가 최근 비(非)금융자본이 인터넷전문은행 지분을 60%까지 확보할 수 있도록 허용하는 추세이다. 홍콩은 중국 최대 인터넷기업인 텐센트와 스마트폰업체 샤오미, 전자상거래업체 알리바바 등 네 곳에 인터넷은행을 인가 등 올해 인가를 내준 인터넷은행만 무려 여덟 개다. 태국도 올해 초에 첫 인터넷은행이 영업을 시작했다. 곧 카시콘은행과 라인이 세운 합작법인 카시콘라인이 인터넷은행 서비스를 개시할 계획이다. 선두주자인 미국과 영국은 이미 20여 곳의 인터넷은행이 활발하게 영업 중에 있다.

20년여 전 젊은 시절, 필자는 금융기관에 재직 시에 국내 최초로 인터넷뱅킹 연구로 박사학위를 받았다. 엄청난 예측(?)이었을까?. 사계절이 80여 차례나 바뀐 지금, 인터넷으로 인해 우리의 삶과 금융서비스 채널의 변화는 광속과 같다.

그러나 4차 산업혁명 시대를 살아가는 지금, '하늘을 나는 택시(Flying Car)'가 곧 등장하는 때이다. 금융서비스 채널의 엄청난 변화 속도에 비하면, 낡은 비닐우산처럼 쓸모없는 많은 규제들이 곳곳에 산적해 있다. 아직도 제자리 빈 걸음만 하고 있다. 안타까운 맘 금할 길 없다. 곧 여름 장마 시즌으로 새 우산이 꼭 필요할 때다(김영국 계명대 벤처창업학과 교수).

사례연구 2

4차 산업혁명과 독일의
개구리 전용 도로

한국일보 엠플러스한국 고정칼럼 〈김영국 교수의 속 보이는 경제 이야기〉

4차 산업혁명과 독일의 개구리 전용 도로

일본의 국제학회를 거쳐 국비 과제 연구차 독일의 뮌스터 대학에 와 있다. 일요일 오후, 비 온 뒤의 도시와 캠퍼스는 소싯적 동화 속의 나라 같다. 독일은 곳곳에 내면의 여백이 아름다운 나라이다. 불과, 예닐곱 번 와 본 나라에서 수없이 느낀 솔직한 감정이다.

괴테와 히틀러의 정신이 곳곳에 켜켜이 쌓여 있다. 탱크 정신과 다섯 사람이 모여 성냥 1개비로 담배를 태운다는 성냥개비 정신(?)도 보인다. 독일은 우리가 상상하는 것 이상으로 참 아름답고 깨끗하다. 네덜란드처럼 자전거 천국이다. 곧 절약과 근면의 상징이다. 삶의 질을 높이려는 환경 의식이 우리와는 너무 다르다. 정직함과 절약, 합리성과 근면 성실한 태도가 독일인의 미덕이라면 필자만의 착각일까? '라인강의 기적'이 곧 독일의 매력이라는 한 단어로 함축된다. 그들은 바쁘다. 그러나 결코 서두르는 법이 없어 보인다.

오랜 시간 동안, 척박한 기후를 극복하면서 살아온 독일인이다. 독일인들은 프랑스나 스페인, 이탈리아 문화의 시각적인 매력과 화려함 보다는, 오히려 '명상적인 삶의 방식'인 듯하다. 그래서 그들의 삶의 방식이 외형적인 치장보다는 내면적인 여백의 미(美)를 갖게 한 것일까?

니체는 저서 〈비극의 탄생〉을 통해, '합리적 독일정신은 음악에 의해 창조적으로 혁신되어야 한다'고 강조했다. 저력 있는 독일, 또 하나의 정신은 '수준 높은 교양과 시민 정신'이다. 그것이 곧 '정신적 중산층'의 힘이 된 것이다. 정신적 중산층이 두터운 고전음악의 나라로, 언어가 끝나는 곳에서 시작되는 게 그들의 '음악'이다.

우리가 독일에 좀 더 가까이 할 수 있는 이유는 '분단 상황'의 통일 체험과 '파독 광부와 간호사'의 역사일 것이다. 참 딱딱하지만, 무척 정확한 독일인의 정직성도 보인다. 미국과 영국에 이어 100명 이상의 노벨상 수상자를 배출한 3개국 가운데 하나인 독일의 정서와 저력이 곳곳에 있다. 인류 문명 건설에 기여한 사람들을 많이 배출한 나라가 일류국가일 것이다. 그 한 지표가 노벨상 수상자 수이다. 독일은 4차 산업혁명 태동의 으뜸이다. 곧 인더스트리(industries) 4.0이 그것이다. 중소기업 선도로 4차 산업 혁명이 성숙단계에 진입하고 있으나, 현재 독일 정부는 인더스트리 4.0의 업그레이드 버전을 만들어 재추진하고 있다. 대·중소기업 간의 상생협력을 통한 새로운 사업모델을 창출하고 있어, 우리의 타산지석 같은 모델이다.

우리는 광적인(?) 축구를 통해 '독일은 하나'라고 외치는 모습을 종종 TV를 통해 본다. 위성 내비게이션을 뺨치는 한없는 친절함과 밝은 웃음도 곳곳에서 느낀다.

생활안전과 자연친화적 환경을 위해서는 기꺼이 모든 불편을 감수하는 시민정신이 짧은 생활 속에서도 보인다. 며칠째 입은 셔츠가 아직도 깨끗하다. 깨끗한 공기 탓에 그리 쉽게 때를 타지 않는다. 유학생들은 양말을 한 번 신고, 거풍(擧風)해 놓으면 한 이틀 후에는 다시 신는다고 한다. 이미 도시 전체를 설계할 때, '순환되는 공기의 흐름까지도 철저하게 계산하고 각계각층에서 두루두루 검증하여 건물을 짓고 도로를 내며 공원을 만든다'고 한다. 곳곳이 풍성한 녹지다. 아주 작은 터널과 실개천 같은 통로가 종종 보인다. '독일 개구리용 전용 도로'다. 이런 자연친화적인 환경이 독일인에게 삶 중에, 듬뿍 주는 여백(餘白)의 큰 선물인 것 같다.

아침에는 비교적 찬 음식(칼테스 에센)으로, 점심과 저녁은 따뜻한 음식(바르메쓰 에센)을 먹는다는 게 뮌스터 대학 교수의 말이다. 그 이유를 묻자, 아침에는 대부분이 출근하느라 돈과 시간을 절약하고, 점심에는 친구와 동료들과 저녁에는 가족들과 좀 더 많은 대화의 시간을 갖기 위함이란다. 스스로의 일상생활 속에서 합리적인 시간 관리와 인간 관리를 해온 셈이다.

이러한 독일인의 철저함이 곧 그들의 '원칙주의'와 맞닿아 있는 것일까? 철저한 시민정신과 준법정신이 곧 '나일강의 기적'이요, '여백의 아름다움'이 아닐까 싶다. '법 따로 현실 따로 같은 시민 정신은 아예 존재하지도 않는다'는 독일 교수의 말이 귓가에 맴돈다.

지금은 4차 산업혁명의 시대임에도 불구하고 짧은 연구일정이나마, 이곳 뮌스터의 날씨와 아름다운 풍광이 만들어내는 독일인의 내면적 여백을 필자의 기준에서 발견해본다. 이 시대의 교수로서, 합리적이고 원칙적인 한국을 위한 진정한 역할은 무엇일까? 부끄러울 뿐이다(김영국 계명대 벤처창업학과 교수).

사례연구 3
제4차 산업혁명과
스마트 세상

한국일보 엠플러스한국 고정칼럼 〈김영국 교수의 속 보이는 경제 이야기〉

제4차 산업혁명과 스마트 세상

전 세계적으로 4차 산업혁명의 효과와 효율이 관건이 되고 있다. 효과(Good Work)는 곧 매출과 연관되고, 효율은 곧 원가와 직결되어 투입(input) 대비 산출(output)이 클 경우를 말한다. 즉 A기업의 경우 매출이 100에서 200이 되면 A기업은 효율이 높은 기업이 되고, B기업의 경우 매출이 200에서 300이 되면 효과가 높은 기업이 된다는 뜻이다. 단순한 지식은 아는 것에 불과할 뿐, 지혜는 곧 할 수 있는 대안을 찾는 능력과 마찬가지로 해석하면 된다.

이제 디지털(digital)세상의 생산수단들은 이미 데이터베이스(data Base)화되어, 온통 CPS(Cyber Physical System; 사이버물리시스템)화가 되고 있다 해도 과언이 아니다. 그럼 CPS는 무엇인가? 웨어러블 디바이스의 사례처럼, 현실의 물리적 시스템을 사이버시스템으로 전환함으로써 다양한 채널을 통한 모의실험을 통하여 가장 최적의 환경과 상태를 추출하는 것을 말한다. 즉, 사이버시스템의 디지털기술을 현실의 물리시스템에 바로 적용하고자 하는 최상의 기술인 셈이다.

25년여 전에 필자가 한국의 인터넷뱅킹을 처음 연구할 때 지도교수마저 코웃음을 치곤했다. 통장을 믿지, 어이해 사이버뱅킹을 믿을 수 있느냐며 효과와 효율 측면에서 보면, 엄청난 관점의 차이와 당시의 우리 대학(원)교육의 민낯 같은 한 부분이었던 같아 부끄럽기 그지없다.

4차 산업혁명과 더불어 최근 년부터 확산되기 시작한 스마트팩토리(Smart Factory; 자율운용공장), 이는 CPSs와 상호커뮤니케이션의 결합으로 인하여 물리적 객체와 임베디드시스템, 그리고 디지털네트워크와 자율제어 및 기계학습과의 상호커뮤니케이션을 말한다. 그럼 과연 모든 기업에 곧 적용이 가능하고, 대대적으로 구축이 가능할 것인가?가 화두이다. 인더스트리 4.0은 기존의 시스템에서 갖고 있던 대량맞춤형(Mass

Customizing)과 다르다. 다시 말해 각 개인별 맞춤형의 제품을 주문한 고객이 수용할 만한 가격에 제공받기 위한 것이기 때문이다. 실제로 최근 독일의 보고서에 따르면, 독일에서는 실제 이러한 사이버물리시스템을 산업의 근간 및 기반으로 하여 대량맞춤형의 생산방식의 구현을 목표로 하고 있다. 즉 네트워크화된 기업의 환경에서 다양한 채널을 통하여 수집된 방대한 각종의 데이터의 분석을 클라우드 플랫폼을 통하여 구현하고 있는 셈이다. 현장에서 필요한 서비스와의 연계시스템을 하드웨어나 데이터의 분석, 소프트웨어에 기반하여 새로운 B2B플랫폼 비즈니스를 개발하는 것이다. 일본의 경우는 독일처럼 중앙집중형 컴퓨팅이 아닌 에지컴퓨팅(Edge Computing) 기반을 통하여, 그야말로 인간 중심형의 스마트팩토리를 추구하고 있다는 점에서 접근방식이 무척 다르다.

이제 곧 셔츠는 전도성 실로 만든 직물내장형의 컴퓨터를 구현하고, 손목시계나 손목밴드는 시계와 만보기 기능뿐만 아니라 메시지와 알람과 표시 및 수면시간 측정기로, 안경은 네비게이션과 증강현실(AR/VR) 기능을, 손에는 피부내장형 칩을 삽입함으로써 의료기록과 신용카드 및 여권정보 등 각종 기능을 하게 되며 신발은 GPS기능과 LED전등 및 방향과 거리표시 기능을 하게 될 것이다.

각종 데이터수집과 처리기능이 신체와 네트워크와의 연결성, 즉 컴퓨팅화되는 물리적 세계로의 상호작용으로 인간과의 인터페이스가 속속 진행되는 스마트 세상에서 조만간 우리는 살게 될 것이다(김영국 계명대 벤처창업학과 교수).

사례연구 4

'이론과 증거' 사이의
디지털 세상

한국일보 엠플러스한국 고정칼럼 〈김영국 교수의 속 보이는 경제 이야기〉

'이론과 증거' 사이의 디지털 세상

통상적으로 '이론'을 강조할 때는 데이터가 아닌 '증거'가 뒷받침 되어야 한다. 그렇다면, 우리 사회의 곳곳에서 발표되고 있는 다양한 데이터의 유용성은 과연 어느 정도일까? 시시각각 분초를 다투며 수없이 발표되고 있는 그 데이터 생산의 경우, 종종 사회적 합의에 의해 좌우되고 결정되고 있다는 사실에 특히 주목해보자.

증거의 오류는 데이터의 정확성에 악영향을 끼칠 수 있는 다양한 요소에 주의를 기울인다는 전제하에서 데이터를 마치 '증거'로 그대로 쓰고 있는 것은 아닌가? 이때 우리는 반드시 데이터가 어떠한 이론이나 아이디어의 '증거'로서 타당한지를 거듭 생각해야 하지 않을까 싶다.

사회 곳곳에서 놀라운 속도로 축적되고 있는 디지털 데이터는 지금 사회과학자들을 '증거 기반 연구'로, 정책관계자들을 '증거 기반 정책'으로 이미 눈 돌리게 했다. 이러한 흐름에는 데이터가 넘쳐나면 증거도 마냥 넘쳐날 것이라는 순진한(?) 전망이 깔려 있는데, 오늘도 쏟아지고 있는 이러한 전망이 종종 비과학적 오류로 흘러갈 수 있지는 않을까?

이때 핵심적인 각종 사회적인 메시지는 다양한 데이터가 매일매일 수없이 홍수처럼 넘쳐나는 4차 산업혁명의 시대에는 매우 중요한 의사결정 방법 중의 하나가 되고 있다. 정보의 취사선택이 아니라 정보의 공유가 벌써부터 디지털 세상의 필수이기 때문이다.

그러나 그 메시지는 바로, 증거는 데이터와 이론을 연결해주는 핵심적 고리이며, 이론은 데이터가 아닌 증거로 뒷받침되어야 한다는 사실이다. 엄청난 빅테이터로 수집된 정보의 양과 질, 엄청난 정보의 쓰나미 속에서 우리는 정확한 증거인식과 해독을 위한 판단이 갈수록 어려워지게 된다.

해당 정보의 조회 수가 마치 명확한 증거인 것 같은 착시(錯視)현상이 아닐까 싶다. 사회학의 역사에서 사회조사방법론적인 데이터는 종종 이런저런 잘못된 방식의 증거로 활용되어 왔던 게 사실이다. 그러한 방식은 참으로 다양한 사회적 원인들에 의해 유발되기도 하였다.

1930년대 미국의 '마약과의 전쟁'이 주요 의사결정자의 문화적 편향에서 발견된 증거의 오류가 아니었던가? 인공지능(AI), 클라우드, 데이터 등 디지털 기술 기반 비즈니스가 이제 4차 산업혁명의 주력산업이 재편되고 있다. 디지털 전환은 이제 선택이 아니라 필수로 생존의 문제이기 때문이다.

최근 하버드비즈니스스쿨 연구에 따르면 디지털 전환을 추진한 상위 25% 선도기업이 하위 기업보다 3개년 평균 매출은 55%, 평균 순이익은 11%가 더 높은 것으로 나타났다. 각 개별 기업은 디지털 전환 시대에 적응하기 위해 4차 산업혁명형의 기업체질 개선이라는 쉽지 않은 과제를 안게 됐다.

1987년 영화 '백 투 더 퓨처(Back to the future)'는 길거리에서 전자기기로 정보를 검색하는 미래를 그리고 있다. 자연 상태의 물질은 모두 도체 혹은 부도체 둘 중의 하나였던 고전역학의 틀을 깨고 전자들의 성질을 제어할 수 있게 된 반도체 기술의 발전은 영화 속 상상의 세계를 더 이상 놀랍지 않은 일상으로 바꾸었다.

이제 AI, 빅데이터, 사물인터넷, 5G, 자율주행차, 로봇, 웨어러블 디바이스, 바이오 헬스케어 등으로 대표되는 4차산업혁명 시대는 기존 반도체의 물리적 한계를 뛰어넘는 더욱 혁신적인 차세대 기술의 등장을 크게 예고하고 있다.

작은 반도체 칩 하나에 수십~수백억 개의 소자를 집적하는 나노미터급 초미세·저전력 반도체가 바로 그것이다. 디지털 전환에 성공적으로 안착한 세계적인 기업은 스타벅스와 나이키, 마스터카드, 마이크로소프트 등이 꼽힌다. 이들은 디지털로 기업체질을 개선했다는 공통점이 있다. 이들이 성공한 비결의 키워드는 크게 ▲리더십 ▲비전 ▲전담조직 ▲오픈이노베이션 등 4가지로 요약할 수 있다(김영국 계명대 벤처창업학과 교수).

1.6 4차 산업혁명 핵심기술

이제 4차 산업혁명의 시대 도래에 따라 디지털 혁명(3차 산업혁명)에 기반하여 물리적 공간, 디지털적 공간 및 생물학적 공간의 경계가 점차적으로 희석되는 기술융합의 시대가 어거 있다. 또한 다음과 같은 발전 단계별 산업혁명 특징과 주기별로 정리해보면 다음 <표 1−1> 및 <그림 1−4>와 같다[3].

⚙ 〈표 1-1〉 발전단계별 산업혁명의 특징

구분		내용
1차 산업혁명(18C)	▶ 동력	수력 및 증기기관 기계식 생산설비(다리, 터널, 항만 등의 기반시설 건설)
2차 산업혁명(19~20C)	▶ 자동화	노동 분업, 전기 대량생산(국가적/국제적 대량생산의 공급사슬로 확대)
3차 산업혁명(20C 후반)	▶ 디지털	전자기기, IT 자동화생산(사람 · 사람, 사람 · 자연, 사람 · 기계 간의 연결 증가)
4차 산업혁명(2015~)	▶ 융합	사이버−물리시스템(Cyber-Physical System) 자동화와 연결성이 극대화되는 변화

4차 산업혁명과 관련된 주요 핵심기술을 정리하면 다음과 같다.

1.6.1 인공지능(AI · Artificial Intelligence)

알리바바 그룹의 마윈 회장은 2015년 중국의 베이징에서 개최된 빅데이터산업설명회에서 "IT시대는 자기제어와 자기관리를 위주로 한다면 DT시대는 대중 서비스와 생산력 촉발을 위주로 하게 된다"며 "양자 사이에 특정한 기술적 차이가 있는 것처럼 보이지만 사실은 사고 관념 측면의 차이"라고 언급한 바 있다. "이제 20년 간 지속돼

---

3 상세한 내용은 World Economic Forum(2016), 한국창업보육협회(2020) 참조

온 IT의 시대가 저물고 앞으로 30년간 DT(Data Technology)혁명에 기반한 새로운 인터넷시장이 열릴 것이다. 이제는 방대한 고객 데이터를 활용해 개별 고객의 요구에 부응할 줄 아는 기업이 성공하는 'DT시대'다"라고 강조하였다.[4]

인간의 인식 판단, 추론, 문제해결, 언어나 행동 지령, 학습 기능과 같은 인간의 두뇌작용과 같이 컴퓨터 스스로 추론·학습·판단하면서 작업하는 시스템을 가리킨다.

인공지능이란 사고나 학습 등 인간이 가진 지적 능력을 컴퓨터를 통해 구현하는 기술이다. 인공지능은 개념적으로 강 인공지능(Strong AI)과 약 인공지능(Weak AI)으로 구분할 수 있다. 강 AI는 사람처럼 자유로운 사고가 가능한 자아를 지닌 인공지능을 말한다.

인공지능이 폭넓게 활용되고 윤리 이슈가 쟁점화되는 산업 분야를 제조, 의료, 금융, 국방 등 통상적으로 4개 영역으로 설정하고 있다. 각각 자율주행 자동차, AI의료서비스, 로보어드바이저, 치명적 자율무기 체계(LAWS: Lethal Autonomous Weapons System)[5]로 나누고 있어 <그림 1−4>와 같은 인공지능 알고리즘의 윤리적인 개입구조에 관한 이해가 필요한 것이다.

로보어드바이저(Robo−advisor)[6]는 전문가 대신 컴퓨터가 알고리즘을 통해 자산을 운용하는 금융서비스를 말한다. 즉, 컴퓨터를 사용한 자산운용 시스템이다. 핀테크 산업의 하나로 인간이 아닌 컴퓨터가 특정 알고리즘을 통해 자동으로 개인별 포트폴리오

4　연합뉴스, 2015. 6. 9

5　킬러로봇(Killer Robot)이란 공격용 전투 로봇을 말한다. 일반적인 무기와 달리 인공지능기술을 활용해 목표물을 추적·공격할 수 있는 것이 특징이다. 넓은 의미에서 군사로봇(Military Robot)에 포함된 자동화 무기(Autonomous Weapons)를 의미하며, 이를 통틀어 치명적인 자동화 무기 체계(LAWS, Lethal Autonomous Weapons Systems) 혹은 자율 살상 무기라 부르기도 한다. 사람의 개입 없이 스스로 판단해 공격할 수 있다면 킬러로봇으로 분류한다.
　영국의 무인전투기인 타라니스(Taranis)와 미국의 무인전투기 노스톱 그루먼 X−47B(Northrop Grumman X−47B) 등이 대표적이다. 2015년 영국의 일간지인 인디펜던트(The Independent)는 삼성테크원이 개발한 지능형 감시 경계로봇(Intelligent Surveillance and Guard Robot) SGR−A1을 킬러로봇이라 주장하기도 했다. SGR−A1은 적외선 조명기로 목표물을 추정하고 기관총 또는 고무탄을 발사하는 등 감시·추적 기능을 갖춘 로봇이다. 다만 SGR−A1을 킬러로봇으로 분류하기 위해서는 스스로 표적을 선별해 공격하는 시스템이 있어야 하며, 삼성테크원은 SGR−A1에 해당 기능이 없다고 밝혔다.

6　상세한 내용은 https://daum.net/encyclopedia 참조
　2016년 한국에도 로보어드바이저가 도입되어 랩 어카운트나 은행 신탁, 일임형 ISA(개인종합자산관리계좌) 등에 활용되고 있다. ISA는 개인이 한 계좌에 여러 금융상품을 넣어 통합 관리하는 서비스로 투자자가 직접 투자 상품을 고르는 신탁형과 전문가에게 운용을 맡기는 일임형으로 나뉜다. 일임형 ISA의 경우 로보어드바이저와 사람 중에서 누구에게 운용을 맡길지 선택할 수 있다.

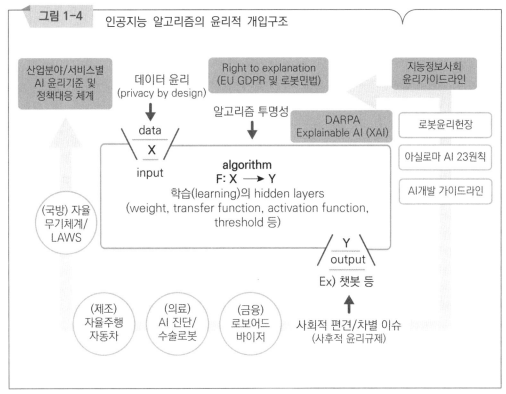

그림 1-4 인공지능 알고리즘의 윤리적 개입구조

출처: http://roadmap2020.planidev.com/classroom/view/id/108#u

를 구성한다. 로보어드바이저란 로봇(Robot)과 조언자(Advisor)의 합성어다. 자산관리 전문가(PB, Private Banker)를 대신한다고 해서 로봇 PB라고도 한다.

　로보어드바이저는 빅데이터와 투자 알고리즘을 사용해 자산을 관리한다. 소프트웨어가 사람을 대신하므로 프라이빗뱅킹 등 기존 자산관리 서비스보다 저렴하고 접근성이 좋다.

　투자를 원하는 개인이 인터넷 사이트나 모바일 앱을 통해 투자성향과 금액, 기간 등을 정하면 맞춤형 포트폴리오가 구성된다. 투자 알고리즘 로직은 업체마다 다르다.

　미국에서는 2012년경 로보어드바이저가 처음 등장했다. 초창기에는 웰스프런트(Wealthfront)나 베터먼트(Betterment) 등 스타트업회사들이 참여했다. 이후 해당 기업들의 매출이 성장하면서 뱅가드(Vanguard)나 찰스 슈왑(Charles Schwab) 같은 기존 투자회사들도 참여를 시작했다.

　인간처럼 여러 가지 일을 수행할 수 있다고 해서 범용인공지능(AGI, Artificial General

Intelligence)이라고도 한다. 강 AI는 인간과 같은 방식으로 사고하고 행동하는 인간형 인공지능과 인간과 다른 방식으로 지각·사고하는 비인간형 인공지능으로 다시 구분할 수 있다. 약 AI는 자의식이 없는 인공지능을 말한다.

주로 특정 분야에 특화된 형태로 개발되어 인간의 한계를 보완하고 생산성을 높이기 위해 활용된다. 인공지능 바둑 프로그램인 알파고(AlphaGo)나 의료분야에 사용되는 왓슨(Watson) 등이 대표적이다.

현재까지 개발된 인공지능은 모두 약 AI에 속하며, 자아를 가진 강 AI는 등장하지 않았다. 인간의 인식, 판단, 추론, 문제해결, 그 결과로서의 언어나 행동 지령, 더 나아가서는 학습 기능과 같은 인간의 두뇌작용을 이해하는 것을 연구 대상으로 하는 학문 분야. 궁극적으로는 두뇌의 기능을 기계로 실현하는 것을 목적으로 하는데, 3가지 분야로 크게 나눌 수 있다.

① 외계 정보의 인식에 관한 분야

시각에 의한 2차원 패턴의 인식, 3차원 세계의 인식, 음성의 인식, 언어의 인식 등을 연구한다. 이들은 지식과 추론 규칙을 사용한 검색에 입각하여 이루어지며, 화상 이해, 로봇 비전, 음성 이해, 자연언어 이해의 분야를 구성한다. 이들과 쌍을 이루는 음성 합성, 문장 생성, 로봇의 행동 계획 등, 생성과 행동에 관한 분야도 이 범주에 들어간다.

② 지식의 체계화

각종 사실로서의 지식을 어떠한 형식으로 컴퓨터에 기억시키는가 하는 지식 표현문제이다. 추론 규칙으로서의 지식을 어떠한 형식으로 만들어서, 입력되는 정보와 사실 지식에서 추론 규칙을 작용시켜서 희망하는 결론을 얻느냐 하는 검색 문제, 정리 증명 등 주어진 문제를 푸는 순서를 발견하는 문제해결 등을 다루는 분야이다. 시행 착오적 검색이 중심이 된다. 검색을 효율적으로 행하기 위해 절대 확실하지는 않지만 대부분의 경우에 성립하는 휴리스틱한 지식을 사용한다.

③ 학습에 관한 분야

외계로부터 정보를 얻어서 사실 지식을 축적하여, 추론 규칙을 자가 형성하는 방법을 명백하게 하고, 더 나아가서는 몇 가지 지식의 구조가 그 어떤 의미에서 유사하다는 것을 검출하여 이들을 통합하는 메타 지식을 형성해 가는 방법을 연구한다. 이것은 컴퓨터상의 모델에 의한 심리학적 연구, 또는 인지 과학에 있어서의 인지시스템의 연구로 간주할 수 있다.

인공지능의 연구는 컴퓨터의 탄생과 거의 같은 시기에 개시되었다. 1950년에 새넌의 체스머신에 관한 논문이 있고, 1956년에는 새넌과 맥카시가 편집한 "오토머턴 연구"가 발표되었다. 같은 해에 다트머스 대학에 모인 연구가들이 인공지능이라는 명칭 하에 인간의 지적 기능을 모방한 기계의 연구를 적극적으로 개시하였다. 인공 지능의 명칭은 여기에서 유래되었다고 한다.

그 후 1960년대 전반에 걸쳐서 정리의 자동증명, 게임 프로그램, 일반문제 해결기(GPS)와 같은 해답을 발명하는 프로그램, 수식의 미분, 적분, 인수분해 등을 자동적으로 행하는 수식 처리 프로그램 등, 많은 지능적인 프로그램이 만들어졌다.

1970년대에 들어와서 자연언어의 이해, 지식표현의 문제가 적극적으로 다루어지게 되었고, 로봇의 시각과 행동의 연구도 진전되었다. 최근에는 인공지능 응용 시스템의 하나로서 엑스퍼트 시스템이 만들어져, 사회의 여러 분야에 적용되게 되었다.[7]

그림 1-5   인공지능 사례

출처: https://krand.kr; The Fourth Industrial Revolution

---

7 상세한 내용은 다음 백과사전 등 참조.

1.6.2 사물인터넷(IoT · internet of things)

생활 속 사물들을 유무선 네트워크로 연결해 정보를 공유하는 환경을 말한다. 즉, 각종 사물들에 통신 기능을 내장해 인터넷에 연결되도록 해 사람과 사물, 사물과 사물 간의 인터넷 기반 상호 소통을 이루는 것이다.

이를 통해 가전제품과 전자기기는 물론 헬스케어, 원격검침, 스마트홈, 스마트카 등 다양한 분야에서 사물을 네트워크로 연결해 정보를 공유할 수 있다.

그림 1-6   사물인터넷 사례

출처: https://krand.kr; The Fourth Industrial Revolution

스마트폰, PC를 넘어 자동차, 냉장고, 세탁기, 시계 등 모든 사물이 인터넷에 연결 되는 것을 사물인터넷(Internet of Things)이라고 한다. 이 기술을 이용하면 각종 기기에 통신, 센서 기능을 장착해 스스로 데이터를 주고받고 이를 처리해 자동으로 구동하는 것이 가능해진다.

교통상황, 주변 상황을 실시간으로 확인해 무인 주행이 가능한 자동차나 집 밖에 서 스마트폰으로 조정할 수 있는 가전제품이 대표적이다.

이미 삼성전자, LG전자, 구글, 아우디 등 세계 각 분야의 기업들은 사물인터넷 서 비스 개발·상용화에 나섰다. 구글은 스마트 온도조절기 업체인 네스트랩스를 인수해 스마트홈 시장에 뛰어든 데 이어 최근에는 무인차 개발에 나섰다고 밝혔다.

삼성전자·LG전자도 사물인터넷 기능이 들어간 생활가전 제품을 대거 개발해 시 장에 선보였다. 이를 통해 앞으로 터치 한 번, 말 한 마디면 모든 것을 조정할 수 있다.

사물인터넷은 아주 간단히 정리하면 세상 모든 물건에 통신 기능이 장착된 것을 뜻한다. 이를 통해 각 기기로부터 정보를 수집하고 이를 가공해 사용자에게 제공할 수 있다. 대표적인 예가 최근 급성장하고 있는 웨어러블(착용형) 기기다. 시계나 목걸이 형태의 이런 기기는 운동량 등을 측정하고, 스마트폰과 연결해 전화·문자·웹서핑 등이 가능하다.

본래 한국을 비롯한 세계에서는 초기 단계의 사물인터넷 기술들이 대거 적용돼있었다. 기계 간 통신(M2M, Machine To Machine)이라고도 불린 이 기술은 버스나 지하철을 탈 때 교통카드를 갖다 대는 것이라고 보면 된다. 교통카드와 단말기가 서로 통신해 정보를 교환하고 결제 행위가 이뤄지는 것이기 때문이다.

최근 주목받는 사물인터넷 서비스는 바로 스마트홈이다. 스마트홈이란 집 안에 있는 모든 가전제품을 하나의 통신망으로 연결해 관리하는 것을 의미한다.

예를 들어 스마트폰을 이용해 모바일 메신저인 카카오톡으로 집 안에 있는 에어컨에 메시지를 보내 '30분 후 도착하니 22도로 냉방 가동해줘'라고 지시하는 것이 바로 스마트홈서비스다.

무인자동차 역시 사물인터넷의 산물이다. 본래 자동차는 운전자의 운전에 따라 움직이는 기계이지만, 사물인터넷 기술이 적용되면 차량 곳곳에 센서가 장착돼 주변에 있는 장애물을 파악한다. 또 네트워크 기술을 이용해 탑승자의 목적지를 입력하고 가장 빨리 가는 길을 찾는다. 교통신호 역시 네트워크를 통해 판단하고 자동으로 정지·운전할 수 있다.[8]

1.6.3 지능형 로봇(intelligent robots)

지능형 로봇(intelligent robots)은 별도의 조작이 없이도 스스로 주변의 상황을 인지하여 행동하는 능력을 가진 로봇이다.

프로그램에 의해 지시된 동작을 반복하는 기존의 로봇과는 달리 외부환경을 인식(perception)하고, 주어진 상황을 스스로 판단(cognition)하여 자율적으로 동작(manipulation)하는 로봇이다. 유비쿼터스 네트워크 등의 IT 기술이 접목된 복합 시스템으로 다양한 센서에 의해서 주변의 상황을 인식하고 프로그래밍하거나 학습된 자료를 활용하여 스스로 상황을 판단하고 자율적으로 동작한다.

---

8 상세한 내용은 다음 백과사전 등 참조

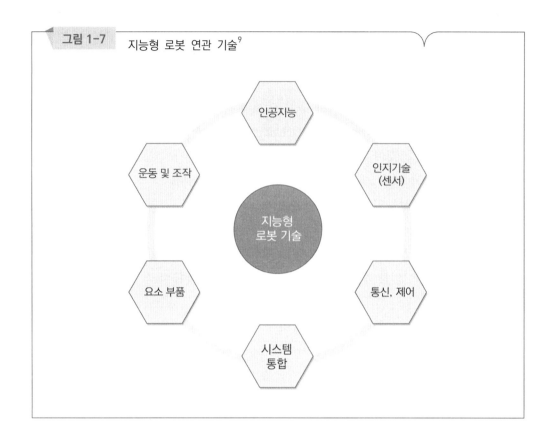

그림 1-7   지능형 로봇 연관 기술[9]

사례연구 5

미국 샌프란시스코에서 라스베이거스까지 885km 달린 무인차 [10]

그림 1-8 무인자동차

　현재 세계 주요 IT · 자동차 업체 등은 대부분 사물인터넷 시장에 뛰어든 상태다. 구글은 2014년 1월 13일 온도조절기 업체인 '네스트'를 32억 달러에 인수했다. 네스트의 온도조절기를 플랫폼으로 삼아 스마트홈 시장을 장악하겠다는 것이다. 삼성전자 역시 2014년 스마트싱스라는 사물인터넷 업체를 인수한 데 이어 2017년부터는 가전제품의 90% 이상에 통신기능을 장착해 사물인터넷 서비스를 선보일 예정이다. 애플 역시 2014년에 차량용 운영체제(OS)인 카플레이, 웨어러블 기기인 애플 워치 등을 선보였다.

　2015년 1월 미국 라스베이거스에서 열린 세계 최대의 전자제품 전시회인 CES2015에서 아우디는 무인자동차 주행 테스트를 마쳤다고 밝혔다. 단순히 라스베이거스에서 주행 테스트를 한 것이 아니었다. 미국 샌프란시스코에서 출발해 라스베이거스까지 약 885km의 주행을 무사히 마치고 정확히 정해진 시간에 도착한 것이다. 세계 IT의 중심지인 미국 실리콘밸리에 가면 구글, 애플 등이 테스트 중인 무인차를 심심치 않게 만나볼 수 있다.

10 상세한 내용은 smoothgroover22 │ CC BY－SA 참조

1.8

사례연구 6

대구 달서구, 스마트 IoT 보행로 설치

대구 달서구가 어린이 통학로를 안전하게 할 '스마트 IoT 보행로'를 설치한다. '스마트 IoT 보행로'란 보행자 및 차량 감지기와 전광판, 로고젝터 등을 이용해 제한속도 경고, 정지선 위반, 보행자 알림 등의 사물인터넷 안전장치가 설치된 보행로를 말한다.

달서구는 행정안전부 주관 '주민생활 혁신사례 확산 지원사업'에서 스마트서비스 분야의 우수사례인 초등학생 보행 안전을 위한 '스마트 IoT 보행로' 사업을 신청해 선정됐고 특별교부세 8,000만원도 확보했다.

'주민생활 혁신사례 확산지원 공모사업'은 각종 평가 및 경진대회 등을 통해 전국적으로 확산 가능한 사례를 선정하고, 이를 도입하고자 하는 자치단체를 지원하는 사업이다.

달서구 기획조정실 이호철 기획팀장은 "지난 해 첫 공모사업에서도 민원 불편을 최소화하기 위한 '통합순번 대기시스템 우수사례'에 선정돼 국비 2,200만원을 확보한 바 있다"고 밝혔다.

이태훈 달서구청장은 "타 지자체의 혁신 우수사례들을 지속적으로 벤치마킹하고, 우리 구 여건에 맞는 다양한 신규 사업들을 적극적으로 발굴하기 위해 혁신과제 발굴 보고회, 혁신정책 해커톤 행사 등을 계획하고 있다"며, "지역 주민들이 직접 체감할 수 있는 좋은 사업들로 만들어 가겠다"고 말했다(출처: 동양뉴스, 2020.07.24.).

사례연구 7

농업용 지능형 로봇 법적 근거 마련을…

최근 농업인구 감소에 따라 농기계업체들이 농업용 지능형 로봇에 시선을 집중하고 있는 가운데 '농업용 지능형 로봇'을 개발·보급하기 위한 법적 근거가 마련될 수 있을지 주목된다.

김형동 미래통합당(경북 안동·예천) 의원은 "최근 농업인구 감소 및 고령화와 더불어 인력의존도가 높은 친환경농산물 수요가 빠르게 증가하고 있어 우리나라뿐만 아니라 많은 국가에서 농업용 지능형 로봇에 관심을 높이고 있다"면서 "현행법에는 농업용 지능형 로봇에 관한 별도 규정이 없어 관련 사업에 대한 체계적인 지원이 어렵다"고 지적, 농업용 지능형 로봇의 법적근거를 담은 '농업기계화 촉진법 일부개정법률안'을 내놨다.

이번 개정안에는 '농림축산물의 생산과 유통 및 소비분야에서 외부환경을 스스로 인식하고 상황을 판단해 자율적으로 동작하는 기계장치'란 농업용 지능형 로봇의 정의와 함께, 농업기계화 기본계획 수립시 '농업용 지능형 로봇의 개발 및 보급에 관한 사항'도 진행할 것을 명시했다. 또, 농업용 지능형 로봇의 개발 및 보급 촉진을 위해 관련 전문인력 양성, 기술의 개발 및 사업화 등에 필요한 시책을 수립·시행할 수 있다는 조항을 신설했다.

김 의원은 "현행법에 농업용 지능형 로봇의 정의 규정 등을 명시해 농업의 생산성 향상과 경영 개선에 이바지하자는 것"이라고 개정안 제안이유를 설명했다(출처: 한국농어민신문, 2020.07.21.).

1.10 사례연구 8

KT, 지능형 로봇 키운다

KT는 16일 서울 종로구 KT 광화문빌딩에서 현대로보틱스와 500억원 규모의 투자 계약과 전략적 제휴를 위한 사업협력 계약을 맺었다고 밝혔다. KT는 현대로보틱스의 지분 10%를 확보하게 된다. 현대로보틱스는 국내 산업용 로봇 시장 점유율 1위 기업으로, KT는 현대중공업그룹과 전략 제휴를 통해 지능형 서비스 로봇 사업을 육성, 제조업의 디지털 혁신을 가속한다는 포부다.

KT와 현대중공업그룹은 1년 전부터 5G, 인공지능(AI), 스마트팩토리 등에 기반한 디지털 혁신(DX·Digital Transformation)을 위한 협력을 지속해 왔다. 지난 2월에는 AI 1등 국가를 목표로 출범한 'AI 원팀'에 양사가 참여했고, 4월에는 그 결과물로 호텔로봇 '엔봇(N bot)'을 노보텔 앰배서더 서울 동대문 호텔&레지던스에서 선보이기도 했다.

양사는 지능형 서비스로봇 개발, 자율주행 기술 연구, 스마트팩토리 분야 등에서 협력할 예정이다. KT는 지능형 서비스로봇과 자율주행기술 관련 소프트웨어 개발 및 적용을, 현대로보틱스는 하드웨어 개발 및 제작을 각각 담당한다. KT 구현모 대표는 "포스트 코로나 시대 KT의 5G, AI 역량을 바탕으로 현대중공업그룹과 협력해 대한민국 산업 경쟁력을 강화하는 데 기여하고 제조산업의 혁신을 이끌어나가겠다"고 밝혔다 (출처: 국민일보, 2020. 06. 17).

1.11 4차 산업혁명[11]과 신산업[12]

빅데이터(BigData)라는 개념이 나온 것은 불과 7~8년 정도밖에 되지 않았지만 사회 각 분야에서 큰 주목을 받고 있으며, 가트너, IDC, EMC와 같은 세계적인 시장 조사기관 10개 중 9개에서는 빅데이터의 전망을 밝게 보고 있다.

이와 같이 빅데이터가 주목을 받은 이유는 시장 규모의 급격한 증가와 관련 있다. 이러한 추세와 맞물려 빅데이터는 우리 생활의 여러측면에서 지대한 영향을 미칠 것으로 예상되고 있다.

일반적으로, 빅데이터의 기초 단위인 데이터는 의미 있는 수치나 문자, 기호를 뜻한다. 기존의 빅데이터에 관한 사전적 정의는 단순히 데이터의 양이 많은 것을 의미하였다. 최근 빅데이터의 정의의 범주가 확장 되어, 기존의 대용량의 정형화된 데이터를 뜻하는 정의뿐만 아니라 비정형화된 일상의 정보들까지 포함하는 거대한 데이터의 집합을 의미한다.

- 디지털 경제의 확산으로 규모를 가늠할 수 없을 정도로 많은 정보와 데이터가 생산되면서, 과거에 비하면 그 규모가 방대하고, 생성 주기도 짧으며, 수치와 문자 등의 정형 데이터뿐만 아니라 영상, 음향 등의 비정형 데이터를 포함하는 대규모 데이터를 칭한다.
- 또한 기존 컴퓨팅 시스템을 이용한 데이터 수집, 처리, 분석 할 수 있는 역량을 넘어서는 대량의 데이터 집합과 이러한 데이터로부터 가치를 추출하고 결과를 분석하는 기술을 의미한다.
- 이러한 빅데이터에 대해 가트너의 더그레이니(Doug Laney)는 데이터양(Volume), 증가속도(Velocity), 다양성(Variety) 등 3V로 정의하였으며, 이후에도 여러 사람이 유효성(Validity), 진실성(Veracity), 가치(Value), 가시성(Visibility) 등의 다양한 V를 추가하며 빅데이터에 대한 정의를 확대해오고 있다.

---

11 KOTRA(2018); WEF, 2016.

12 상세한 내용은 Kotra, Global Market Report (18-008) 참조.

따라서 빅데이터에 대한 정의는 주관적이고 상대적이며, 기술의 발달에 따라 계속 변화해 나갈 것으로 예상되고 있다.

빅데이터 산업은 최근 ICT기술의 발전으로 데이터 축적이 급격히 이루어지면서 이를 활용하기위한 각국 산업계 및 정부의 관심이 뜨거우며 방대한 양의 데이터를 분석하여 가치 있는 정보를 추출하고 경제적 가치를 창출하는 4차 산업혁명의 핵심 기반 기술로서 산업 전반에 큰 파급효과를 불러올 것으로 예상된다.

Klaus Schwab 세계경제포럼(WEF) 회장은 2016년 다보스 포럼에서 4차 산업혁명과 관련하여 "우리는 지금까지 우리가 살아왔고, 일하던 삶의 방식을 근본적으로 바꿀 기술 혁명의 직전에 와 있다. 이 변화의 규모와 범위, 복잡성 등은 이전에 인류가 경험했던 것과는 전혀 다를 것이다"라고 주장하였다.

4차 산업혁명은 3차 산업혁명을 주도한 ICT 기술을 기반으로 물리학, 생물학 분야의 기술이 상호 교류와 융합하면서 사회경제적 측면에서 혁명적 변화를 가져올 것으로 예상, 4차 산업혁명이 이전 산업혁명과 달리 전략적 지향점으로서 사전적으로 제시되고 있다는 점에서 정의나 개념이 다소 모호하며 현재 진행 중이라는 점에 유의할 필요가 있다.

특히, 4차 산업혁명은 초자동화, 초연결성, 초지능화의 특성을 갖는 사이버 물리 시스템(Cyber Physical Systems) 기반을 통해 기존 하드웨어 제품 중심의 제조 및 조립 위주의 생산방식에 변화가 크다.

제품 및 제조공정에서의 혁신 이외에도 제품기획, 연구개발, 시제품 제작, SCM, AS 등 가치사슬 전반에서의 획기적 비용절감과 고부가가치화, 상호연계와 융합으로 제조업과 서비스간의 융합이 급속히 진행되고 있다.

사물인터넷, 클라우드 및 모바일 기술과의 융합으로 초연결성 기반의 플랫폼이 발전하고 O2O, 공유경제와 같은 새로운 비즈니스 모델 등이 속속 등장하고 있다.

한편, 주요국들은 다양한 전략으로 4차 산업혁명에 능동적으로 대비 중에 있다. WEF 4차 산업혁명 준비 평가 결과, 스위스(1위), 미국(5위), 일본(12위), 독일(13위), 한국(25위), 중국(28위) 순으로 나타났다.

이에 따라, 정부는 4차 산업혁명에 대응하여 고부가가치 창출 미래형 신산업 발굴·육성을 통해 성장과 고용 창출 전략을 추구하고 있다. 특히, 4차 산업혁명 대응을 위해, 플랫폼 제품 중심의 '5대 신산업 선도프로젝트' 착수하였다.

한편, 고부가가치 창출 미래형 신산업 발굴·육성을 위해 5대 신산업 프로젝트를 중심으로 성과 창출 목표를 제시('18.1.24)하였다.

신산업 12개 분야별 5개국 간 경쟁력 비교[13]

전체 12개 분야 중 독일이 8개 분야에서 가장 높은 평가를 받았으며, 미국(3개), 일본(1개) 순으로 나타났다. 중국은 전반적으로 한국제품보다 낮은 평가를 받았으나, 항공·드론(96), 전기차·자율차(89), AR/VR(88) 분야는 상대적으로 높은 평가를 받고 있다. 상대국 입장에서 평가한 한국 신산업 경쟁력은 다음과 같다.

〈표 1-2〉 북미·일본·중국지역 응답자 대상 2개국 간 경쟁력 비교

구분	북미지역 응답자 대상 2개국 비교		일본지역 응답자 대상 2개국 비교		중국지역 응답자 대상 2개국 비교	
	한국	미국	한국	일본	한국	중국
전기차·자율차	76.7	100	84.0	100	96.5	100
스마트선박		100	87.1	100	99.7	100
IoT가전	88.5	100	101.2	100	113.4	100
로봇	81.7	100	74.0	100	113.3	100
바이오헬스	88.0	100	77.4	100	142.8	100
항공·드론	86.2	100	88.4	100	98.1	100
프리미엄 소비재	92.1	100	78.5	100	138.2	100
에너지산업	89.4	100	89.6	100	112.4	100
첨단 신소재	76.1	100	83.1	100	109.0	100
AR, VR	91.4	100			105.6	100
차세대 디스플레이	115.8	100	109.9	100	122.4	100
차세대 반도체	83.9	100	83.3	100	117.4	100

* 美·日·中 평가를 100으로 환산 후 한국 평가를 역으로 산출

---

13 신산업 분야별 5개국 간 경쟁력 비교는 한국을 100이라 할 때, 미·독·일·중에 관한 전반적인 평가를 수치로 비교.

전반적으로 북미, 일본지역 응답자들은 자국 신산업을 한국보다 높게 평가하였다. 중국지역 응답자들은 중국을 한국보다 낮게 평가하나, 전기차·자율차, 스마트선박, 항공·드론 등 3개 분야는 한국보다 높게 평가하였다.

4차 산업혁명 신산업, 독일이 가장 강한 경쟁력을 보유한 것으로 평가

- 독일이 가장 높은 산업 경쟁력을 보유
  - 4차 산업혁명 관련 신산업 12개 분야 중 독일이 8개 분야에서 가장 높은 평가
  - 8개 분야에서 독일은 한국보다 20% 내외로 고평가되어, 한국과 독일 간 격차가 큰 것으로 나타남

- 로봇, 바이오헬스, 에너지산업 강국
  - 3개 분야에서 독일은 대부분의 지역에서 조사대상 5개국 중 가장 높은 평가를 받아, 세계적으로 선도적 지위를 구축한 것으로 보임

한국은 주요 선진국(독·미·일) 대비 경쟁력 열위

- 전반적으로 세계 각 지역에서 독·미·일은 한국보다 높은 평가를 받는 경향
- 일본지역은 자국 신산업을 높이 평가하고, 타 지역에 비해 한국을 더 낮게 평가하는 경향
  - 로봇, 바이오헬스, 프리미엄소비재 분야는 일본지역에서 자국인 일본이 5개국 중 가장 높게 평가됨
  - 일본지역 응답자를 대상으로 한국과 일본을 비교한 결과, IoT가 전, AR·VR을 제외한 10개 분야에서 일본을 높게 평가
  - 한국 신산업에 대한 요소별 평가에서도 일본지역에서 인식 저조[14]

중국, 일부 분야에서 한국을 근소한 격차로 추격

- 5개국 간 경쟁력 비교에서 항공·드론(96), 전기차·자율차(89), AR/VR(88) 분야는 상대적으로 높은 평가
- 중국지역 응답자를 대상으로 한국과 중국을 비교한 결과, 전반적으로 한국에 대한 평가가 중국보다 높았으나, 전기차·자율차, 스마트선박, 항공·드론 등 3개 산업은 자국을 한국보다 더 높게 평가

---

14 일본지역에서는 한국의 신산업 8개 분야에 대하여 품질기술력, 가격 등 7개 평가요소 전체에 대하여 설문전체평균보다 낮게 평가

(한국 신산업 요소별 평가)

신산업 12개 분야 전반적으로 품질·기술력은 우수하나 AS등 고객관리, 합리적 가격에 대한 평가는 낮음

⚙ 〈표 1-3〉 중소기업 기술로드맵 기술개발테마 리스트

중소기업 기술로드맵 기술개발테마 리스트

□ 4차 산업혁명(15개 분야)[15]

전략분야	기술개발 테마	전략분야	기술개발 테마
AI/ 빅데이터 (8)	음성인식 SW 영상처리 시스템 인공지능 플랫폼 인지과학 SW 빅데이터 기반 SW Cloud Brokering Cloud service 가상화/컨테이너	미래형 자동차 (9)	운전자용 편의시스템 자율주행차량용 카메라 정보제공 시스템 자율주행자량의 Lidar 전기자동차 충전인프라 친환경 경량화 부품 전력변환 시스템 전기구동 시스템 에너지 저장/관리 시스템
5G (7)	초고속단거리 무선통신부품 5G 무선전송 및 접속 기술 5G 프론트홀·백홀 기술 5G 코어 네트워크 기술 massive MCT 기술 무선 접속을 위한 RRH 기술 고속 이동체를 위한 초고속 인터넷 제공 기술	스마트 공장 (8)	스마트 제조 애플리케이션 센서 및 화상처리 기술 스마트 제조 CPS 제조 빅데이터 분석 시스템 스마트 제조 AR/VR 3D 프린팅 제조 시스템 산업용 고신뢰/저전력 네트워킹 스마트공장 플랫폼
정보 보호 (9)	생체인증 클라우드 보안 사물 인터넷 보안 모바일 보안 스마트 산업제어시스템(ICS) 보안 지능형 자동차 보안 지능형 보안위협 대응 블록체인/블록체인 기반 보안	바이오 (9)	유전체분석 및 정보 분석 바이오칩 분자진단 면역화학진단 웰빙 전통식품 건강 기능성 식품 소재 기능성 화장품 아토피개선 화장품

---

15 상세한 내용은 중소기업벤처부 기업과제 공고(2018) 참조.

	지능형 영상보안		부착형 화장품
지능형 센서 (9)	광학부품 및 기기 반도체 검사장비 반도체 공정장비 반도체 패키징 소재 전력반도체소자 고주파 반도체 SoC 부품 반도체 센서 반도체 화학 소재	웨어러블 (8)	스마트 시계·밴드 스마트 신발 스마트 의류 스마트패치 생활약자보조 착용기기 실감·체험형 웨어러블 디바이스 레저·스포츠용 웨어러블 디바이스 휴대용 생체인증기기·시스템
AR/VR (7)	AR/VR 응용 서비스 플랫폼 실사 기반 AR/VR 영상 입력 장치 과업 특화형 개인 AR/VR 디스플레이 도구 AR/VR 서비스용 콘텐츠 AR/VR 오감 인터랙션 시스템 공간형 AR/VR 디스플레이 솔루션 AR/VR 콘텐츠 제작용 소프트웨어	물류 (6)	물류 로봇·드론 관제시스템 소형지게차 기술 스마트 화물이동정보 모니터링 시스템 스마트 패키징 시스템 배송물류 라우팅 지원시스템 스마트 물류창고
스마트 가전 (8)	피코 프로젝터 스마트 미러 에어가전 스마트 콘센트 및 플러그 스마트 비서 융·복합형 정수기 스마트키친 디바이스 고효율 난방기기	안전 (6)	센서형 식품 안전관리 시스템 안전사고 대응 지능형 모니터링시스템 지능형 화재안전 대응 시스템 유해물질 유통 모니터링 시스템 미세먼지 측정 시스템 범죄 대응 시스템
로봇 (8)	인간 친화형 협동로봇 착용형 근력증강 웨어러블 로봇 산업용 부상방지 및 작업지원 로봇 물류 로봇 스포츠 시뮬레이터 로봇 노인과 장애인을 위한 근력보조 웨어러블 로봇 소셜 로봇 플랫폼 및 서비스 가전 로봇	에너지 (15)	대기오염 물질처리 소재 및 공정 수처리 공정 전처리 설비 재활용 폐기물 분리 및 재사용 설비 연료전지용 M-BOP xEMS 시스템 소규모 분산자원 중개 시스템 폐열에너지 활용 시스템 제조업 부생가스 재활용 레독스 플로우 배터리 초고용량 커패시터 이차전지 전해질 건물 일체형 신재생에너지 시스템

		태양광 발전시스템 태양광 공정장비 소형풍력발전기
	스마트홈 (5)	생활밀착형 스마트디바이스 스마트홈 서비스 플랫폼 스마트 통합형 홈 네트워크 연동기술 홈/빌딩 지능형 공간 서비스 지능형 HEMS

1. AI/빅데이터

구분	기술개발테마	정의
1	음성인식 SW	컴퓨터와 같은 자동적 수단을 이용해 인간이 발생시키는 음성신호로부터 언어적 의미를 식별해내는 기술을 의미
2	영상처리 시스템	영상을 분석하여 내포된 특성을 인식하고 패턴을 추출하는 기술로 목적과 대상에 따라 객체 인식(얼굴, 색상, 글자, 숫자, 사물 등), 상황 감지, 모션 인식 및 추적, 검색할 수 있는 시스템
3	인공지능 플랫폼	비정형, 정형 데이터, 사진, 동영상 등 다양한 멀티 콘텐츠에 대한 상황 정보(Context)를 인지/학습하고 분석하여 사용자가 원하는 정보를 신속하게 검색, 추천, 예측하는 기술을 의미
4	인지과학 SW	사람의 지각, 기억, 학습 및 감정 등 인지과정을 규명해 인간 중심의 사회를 구현하고 각종 인공물 개발에 적용 가능한 SW
5	빅데이터 기반 SW	빅데이터 플랫폼을 통한 데이터 수집, 저장, 분산 처리, 검색, 공유, 분석, 시각화 등을 이용하여 데이터를 처리하는 소프트웨어
6	Cloud Brokering	복수의 퍼블릭 IaaS 플랫폼과 연동하여 맞춤형 서비스 구성, 워크플로우 매니저 기능 등을 제공하는 서비스
7	Cloud service	사용자의 환경 밖에서 서비스로서 제공된 확장 가능한 컴퓨팅 자원을 사용한 양에 따라 비용을 지불하고 사용하는 서비스를 제공하는 기술
8	가상화/컨테이너	기존의 서버 가상화가 '하드웨어 레벨'의 가상화라 한다면, 가상화/컨테이너는 OS레벨의 가상화라 할 수 있으며 도커(Docker)가 대표적인 컨테이너 기술의 하나임

2. 5G

구분	기술개발테마	정의
1	초고속단거리 무선통신부품	기존의 주파수 대역에서 벗어나 다양한 주파수 대역을 활용할 수 있는 초고속 무선 통신 및 초절전 무선통신 부품
2	5G 무선전송 및 접속 기술	이동통신 네트워크의 용량을 증대하는 Flexible spectrum usage 기술과 소형셀 기지국 SW에 서로 다른 여러 개의 주파수 대역을 묶어 하나의 주파수처럼 속도를 끌어올리는 기술을 융합하여 사각지대 없는 데이터 전송을 구현하는 기술
3	5G 프론트홀·백홀 기술	5G로 이동통신이 발달함에 따라 트래픽 증가에 대한 대안이 되는 기술
4	5G 코어 네트워크 기술	각종 서비스를 제공해주는 유선 네트워크 시스템에 대한 기능 분산화, 유무선 융합화, 트래픽 최적화 기술
5	massive MCT 기술	소량의 데이터를 송/수신하는 무수히 많은 MTC device를 수용하기 위해 기존과 다른 네트워크·통신 방식 및 비용 측면을 고려한 새로운 메커니즘
6	무선 접속을 위한 RRH 기술	전기적 또는 무선 인터페이스를 통해 원격 전파 트랜스시버에 연결해주는 전파 조작 기술
7	고속 이동체를 위한 초고속 인터넷 제공 기술	고속 이동 환경에서 기가(Gbps)급 데이터 서비스를 제공하여 고속으로 움직이는 철도나 자동차에 고속 인터넷 제공

3. 정보보호

구분	기술개발테마	정의
1	생체인증	생체인식이라고도 하며 지문 · 목소리 · 눈동자 등 사람마다 다른 특징을 인식하는 것. 즉, 인간의 신체적 · 행동적 특징을 자동화된 장치로 측정하여 개인 식별의 수단으로 활용하는 모든 것을 가리킴
2	클라우드 보안	HW/SW 등 각종 ICT 자원을 통신망에 접속해서 서비스로 이용하는 방식인 클라우드의 안전성 강화를 위해 요구되는 보안 기술
3	사물 인터넷 보안	인간과 사물, 서비스 세 가지 분산된 환경 요소에 대해 인간의 명시적 개입 없이 상호 협력적으로 센싱, 네트워킹, 정보 처리 등 지능적 관계를 형성하는 사물 공간 연결망인 사물인터넷의 안전성 강화를 위해 요구되는 보안 기술
4	모바일 보안	모바일 환경을 보호하기 위한 총체적인 활동으로, 보안 위협은 스마트폰의 보안 위협 이슈로 부각
5	스마트 산업제어시스템 (ICS) 보안	산업제어시스템은 산업 생산을 위해 이용되는 제어 시스템으로 SCADA 시스템, 분산 제어 시스템, 프로그래머블 로직 컨트롤러 및 프로그래머블 오토메이션 컨트롤러 등이 있음.ICS 보안 은 주로 전력, 석유 · 가스, 물, 통신 및 교통 운송 등의 분야에 도입 중
6	지능형 자동차 보안	기술융합을 통해 안전성 및 편의성을 획기적으로 향상시킨 자동차인 지능형 자동차의 안전성 강화를 위해 요구되는 보안 기술
7	지능형 보안위협 대응	특정 ICT의 불법 조작 또는 정보 탈취를 위하여, 오랜 기간동안 불법 정보활동을 지속하는 지능형 보안위협에 대응하여 네트워크 샌드박스와 엔드포인트 보안, 이메일 필터링, 메모리 분석 기반 지능형 익스플로잇 탐지, 데이터 및 보안이벤트 연관성 분석 등을 수행하는 전방위적 보안 대응 기술
8	블록체인/ 블록체인 기반 보안	블록체인 기술이 적용된 전자화폐의 거래를 투명하고, 안전하게 보호하기 위한 분산 네트워크 운영, 암호화 등의 다양한 보안 기술
9	지능형 영상보안	고정식 카메라 및 단일 센서를 이용한 기존 아날로그/디지털 CCTV 감시 통합관제 시스템의 문제점을 개선하여 실시간(사전 예방형) 모니터링이 가능하도록 루프 센서, 열적외선 이미지 센서, RFID 및 초음파 방식 등을 활용한 통합관제 시스템

4. 지능형센서

구분	기술개발테마	정의
1	광학 부품 및 기기	렌즈를 통해 들어온 이미지를 디지털 신호로 변환시키는 부품이며, 모듈을 구성하는 이미지 센서와 렌즈 모듈, IR-filter Package 등의 개발 및 양산 기술 포함
2	반도체 검사장비	반도체 제조공정에서 공정이 완료된 후 웨이퍼와 패키지 상태에서 반도체 칩이 제 기능을 올바로 수행할 수 있는지를 확인하고 불량 유무를 결정하는 장비
3	반도체 공정 장비	반도체 회로설계, 웨이퍼 제조 등 반도체 제조를 위한 준비 단계부터 웨이퍼를 가공하고 칩을 제조하는 단계까지의 모든 장비를 지칭
4	반도체 패키징 소재	반도체 칩에 필요한 전원을 공급하고, 반도체 칩과 메인 PCB 간에 신호연결을 위해 전기적으로 연결하고 외부의 습기나 불순물로부터 보호할 수 있도록 포장하는 데 필요한 소재
5	전력 반도체 소자	전력반도체 전력을 시스템에 맞게 배분하는 제어와 변환기능을 가진 소자로 에너지 절약 및 제품의 크기를 축소하기 위해 전력변환 장치에 사용
6	고주파 반도체	고주파수 대역 신호를 고속 처리 할 수 있는 고주파 시스템에 사용되는 고주파 반도체
7	SoC 부품	스마트폰, 태블릿 등 차세대 이동통신기기에 필수적으로 내장되어 동영상·멀티미디어 콘텐츠, 웹 콘텐츠 등의 다양한 데이터 서비스를 지원할 수 있는 관련 부품
8	반도체 센서	외부로부터의 갖가지 신호를 전기신호로 변환하는 것으로, 반도체의 여러 가지 효과가 이용되고 있으며, 이것을 이용한 다양한 센서를 통칭
9	반도체 화학 소재	반도체용 화학 소재로 박리성, 도전성 및 정전기 차폐 등의 기능성이 부여된 소재 및 고성능 반도체 소재를 지칭

5. AR/VR

구분	기술개발테마	정의
1	AR/VR 응용 서비스 플랫폼	각 기업이나 개인들이 소비자들에게 자신들의 AR/VR 응용 서비스를 편리하게 제공할 수 있도록 지원해주는 플랫폼
2	실사 기반 AR/VR 영상 입력 장치	실제 환경을 기반으로 하는 AR/VR 콘텐츠 제작이 가능하도록 하는 영상 입력 장치
3	과업 특화형 개인 AR/VR 디스플레이 도구	부품 수리, 수중 탐사 작업 등 특정 과업에 특화된 개인 AR/VR 디스플레이 도구
4	AR/VR 서비스용 콘텐츠	사용자가 현실 세계에서 직접 경험하지 못하는 상황을 체험할 수 있도록 하는 AR/VR 서비스에 특화시킨 콘텐츠
5	AR/VR 오감 인터랙션 시스템	실감 시네마, 차세대 게임(가상현실), 홀로그램, ScreenX 등 실감형 기술을 이용해 시청각 중심의 콘텐츠 한계를 극복하는 상호작용 시스템
6	공간형 AR/VR 디스플레이 솔루션	복수의 사용자가 거리와 상관없이 같은 가상공간에서 상호작용이 가능하도록 제작된 AR/VR 디스플레이용 솔루션
7	AR/VR 콘텐츠 제작용 소프트웨어	AR/VR 콘텐츠 제작을 위한 엔진, 시뮬레이터 등 AR/VR 콘텐츠 제작에 최적화된 소프트웨어

6. 스마트가전

구분	기술개발테마	정의
1	피코 프로젝터	기존의 업무용, 가정용 프로젝터와 달리 매우 작은 크기로 휴대하기 간편한 프로젝터 제품군을 지칭하며, 작은 배터리를 내장해 외부전원이 없이도 화면 투사 및 시청이 가능한 프로젝터
2	스마트 미러	특수증착 처리된 유리를 사용해 평소에는 일반거울처럼 사용하다가 터치 등의 동작을 통해 PC 모니터나 스마트폰 액정 역할을 하는 스마트 디스플레이
3	에어가전	공기청정기, 선풍기, 에어컨, 제습기 등 실내공기 상태를 조절하는 가전을 통칭하는 기기
4	스마트 콘센트 및 플러그	전원On/Off 제어, 전력측정, 안전관리, 통신기능을 포함한 차세대 제품으로 기존의 단순한 기계식구조를 탈피하여 전력의 이상상태를 모니터링하고 외부에 전송할 수 있는 IoT형 기기를 의미
5	스마트 비서	주요가전제품을 컨트롤하고, 화재, 침입 등 위기상황에서 자체적으로 제어하는 지능형 비서 기기 및 시스템
6	융·복합형 정수기	융복합형 정수기는 물리/화학적인 정수기능 외에 수질에 대한 측정, 필터의 오염정도, 급수수질에 대한 실시간 모니터링 등 입/출력되는 수질정보를 사용자에게 실시간 제공하는 통신기능을 포함하며, 냉/온수, 탄산, 수소수, 커피추출 등 부가기능을 결합하여 활용도를 높인 제품을 의미
7	스마트키친 디바이스	스마트 전자레인지, 렌지 후드 등 가정용 주방에서 탑재된 센서를 통해 자동 작동하는 기능 등 IoT 기반의 센서 네트워크를 이용하여 동작되는 중방용 가전기기를 의미
8	고효율 난방기기	가정용 전기기기 중 1~2인이 사용가능한 가정용 소형 난방기기 및 이를 제조하기 위한 기술로, 스마트 기능 탑재를 통한 사용자설정에 따라 자동으로 온도설정 및 On/Off 기능 등이 가능한 기술 및 시스템

7. 로봇

구분	기술개발테마	정의
1	인간 친화형 협동로봇	산업자동화 분야에 사용되며 인간과 작업 공간을 공유하면서 인간과의 직접적인 상호 작용을 위해 설계된 로봇
2	착용형 근력증강 웨어러블 로봇	신체 외부에 착용해 근력을 증강시키고, 이를 통해 기존 사용자가 수행하기 힘들었던 과업들을 효과적으로 수행하도록 지원해주는 로봇
3	산업용 부상방지 및 작업지원 로봇	산업현장에서 개별 작업에 최적화된 보조력을 생성하여 작업자의 부상을 방지하거나 작업 효율을 증가시켜주는 로봇
4	물류로봇	인간을 대신하여 생산자와 소비자 사이에서 원료 재료, 부품, 상품을 안전하고 효율적으로 전달하기 위하여 물류 센터 등에서 상품을 자동으로 관리하는 로봇
5	스포츠 시뮬레이터 로봇	스포츠 활동의 실제적인 움직임을 모사하는 로봇으로, 실제 스포츠 환경의 제약 요인으로부터 벗어나 효과적인 스포츠 활동을 가능하게 하고 실감나는 가상의 스포츠 체험을 제공
6	노인과 장애인을 위한 근력보조 웨어러블 로봇	노인들과 장애인들을 위한 근력보조 서비스를 제공하기 위해 신체 외부에 장착하는 로봇
7	소셜 로봇 플랫폼 및 서비스	사람들의 반응이나 행동에 따라 상호 작용하는 지능형 서비스 콘텐츠를 통해서 사람들의 교육 및 여가 활동에 도움을 주는 로봇
8	가전 로봇	일반 가정 내에서 인간과 함께 생활하며 지능형 가전 역할 또는 가사 활동을 보조하는 미래 지능형 로봇

8. 미래형자동차

구분	기술개발테마	정의
1	운전자용 편의시스템	운전자에게 편의를 제공해주는 목적으로 사용되는 전기 전자장치(도어 및 윈도우, 스마트키, 선루프, 메모리시트, TPMS, 공조기, 시트벨트 등)와 관련된 부품 및 시스템
2	자율주행 차량용 카메라	차량의 윈드쉴드에 부착되어 전방의 장애물(차량, 보행자, 자전거, 이륜차)을 감지하거나 도로 정보를 인식하여 운전자 지원시스템 및 자율주행시스템에 제공함으로써 차량의 안전을 확보하는 데 필요한 제품군
3	정보제공 시스템	반 자율주행 상황에서도 주행 중 운전자에게 안전하게 정보제공을 해주고 사고 위험을 줄일 수 있는 정보 제공의 기능을 갖춘 시스템
4	자율주행 차량의 Lidar	사물까지의 거리측정을 위한 수단으로 활용되고 있는 Lidar는 빛을 발사해 물체에 반사되어 돌아오는 시간과 강도, 주파수와 편광상태의 변화 등을 측정하여 대상과의 거리 등 물리적 성질을 측정하는 장치
5	전기자동차 충전인프라	전기자동차에 탑재된 이차전지를 급속 충전하기 위한 기본적인 충전시스템과 관제 플랫폼, 긴급충전 서비스 등을 포함하는 기술
6	친환경 경량화 부품	자동차 중량 감소를 위한 차제 내부의 경량화 부품 소재 등을 의미
7	전력변환 시스템	전기에너지를 이용하여 운행하는 전기자동차(EV)나 하이브리드자동차(HEV), 플러그인 하이브리드 자동차(PHEV) 등의 전기동력 기반 자동차(xEV)에서, 차량 전장시스템이 요구하는 전원형태(전압, 전류, 주파수 등)를 갖도록 전기에너지를 변환하고 제어하는 장치
8	전기구동 시스템	엔진이 없는 전기자동차에서 동력을 발생하는 장치로 전동기와 인버터로 구성되며 전동기축에 감속기 또는 변속기를 연결하여 회전력을 바퀴에 전달하여 차량을 구동시키는 모듈 부품임
9	에너지 저장/관리 시스템	리튬배터리 셀/모듈, 대용량 릴레이, 전류센서, 고전압 케이블, 커넥터 등의 에너지 저장기술과, 에너지의 소모, 방전, 충전을 관리하는 시스템을 의미

9. 스마트공장

구분	기술개발테마	정의
1	스마트 제조 애플리케이션	스마트공장의 공정설계, 제조실행분석, 품질분석, 설비보전, 안전/증강 작업, 유통/조달/고객대응 등을 실행하는 애플리케이션
2	센서 및 화상처리 기술	기존 센서에 논리, 판단, 통신, 정보저장 기능이 결합되어 데이터 처리, 자동보정, 자가 진단, 의사결정 기능을 수행하는 고기능, 고정밀, 고편의성, 고부가가치 센서
3	스마트 제조 CPS	기업의 정보시스템(ERP, CRM, SCM, MES 등) 및 컴퓨팅 시스템(PLC, CAD, CAM, 센서 등)과 현실세계의 사물(기계, 로봇 등)들과 네트워크로 통합하여 제어하는 기술
4	제조 빅데이터 분석 시스템	제조의 全주기를 빅데이터 심층분석을 통해 정확한 수요예측, 고객 맞춤형 설계, 심층적 피드백 반영, 라인효율 최적화, 예방형 장비 교체, 선진적 물류/유통체계, 장비효율 극대화, 레고식 맞춤형/주문형 생산, 이상탐지 기반 고품질 제품 생산 등을 가능하게 하는 시스템
5	스마트 제조 AR/VR	자동차/기계 부품 등의 여러 요소를 입력하여 산출된 시제품의 AR/VR 영상을 검토하여 보완, 정밀도 등 품질향상, 비용 및 시간 절감을 도모하게 하는 기술
6	3D 프린팅 제조 시스템	디지털 디자인 데이터를 이용, 소재를 적층(績層)해 3차원 물체를 제조하는 기술로 사용자 요구에 맞게 다종소량 제조에 적합하고 제조사의 전체 비용절감 효과를 볼 수 있는 제품
7	산업용 고신뢰/저전력 네트워킹	스마트공장 환경에 적합한 네트워킹 기술을 제공하는 제품 및 기술을 개발하는 것으로 공장 환경에 적합한 고신뢰성 저전력의 네트워킹 기술을 탑재한 제품, 단위 시간당 전송 속도뿐만 아니라 지연시간(latency), 전력 소모 등 종합적인 성능의 획기적 개선이 필요하며, 설치 면적, 유연성, 신뢰성 등에서도 우수한 특성을 제공해야 함
8	스마트공장 플랫폼	글로벌 기업이 주도하고 있는 스마트공장 플랫폼의 국내 실정에 맞는 중소기업형 스마트공장 공통 플랫폼을 의미. 센서, PLC, 설비 등과의 공통 연결을 지원하고 표준화된 데이터 교환을 가능하게 하고, 응용프로그램 및 클라우드와 통합 등의 기능을 제공하는 제품

10. 바이오

구분	기술개발테마	정의
1	유전체 분석 및 정보 분석	인간 등 생물의 유전체를 초고속으로 해석하여 산업적, 의학적 유용한 유전 정보를 획득하기 위한 차세대 유전정보 해독, 분석 및 활용 기술
2	바이오칩	작은 기판 위에 DNA, 단백질 등 생물 분자들을 결합시켜 유전자 결함, 단백질 분포, 반응 양상 등을 분석해낼 수 있는 생물학적 마이크로칩
3	분자진단	대표적 체외진단 기법으로, 인체나 바이러스 등의 유전자 정보를 담고 있는 DNA의 분자수준 변화를 기내 핵산 증폭기술 PCR 등의 기술을 적용하여 질병 등을 진단
4	면역화학 진단	감염성 인자, 외부 이물질, 독소(독성물질), 살아있는 세포와 암 등을 포함한 모든 자극에 대한 방어 기전이 포함된 면역에 기초를 두고 혈청학적 현상을 화학적인 입장에서 추구하는 진단
5	웰빙 전통식품	건강기능성 소재와 발효기술로 새로운 유통기술 등을 융합한 고부가 식품
6	건강 기능성 식품 소재	생물, 식물에서 추출한 소재나 신체에 존재하는 효소 등으로 신체의 항상성을 유지시키며 대사를 촉진시키기 위하여 제조·가공하기 위한 소재
7	기능성 화장품	피부의 미백에 도움을 주는 제품, 피부의 주름개선에 도움을 주는 제품, 피부를 곱게 태워주거나 자외선으로부터 피부 보호에 도움을 주는 제품 중 어느 하나 이상 포함
8	아토피 개선 화장품	유아기 혹은 소아기에 시작되는 만성적이고 재발성의 염증성 피부질환인 소양증(가려움증)과 피부 건조 증상 등을 완화하거나 개선을 목적으로 하는 화장품
9	부착형 화장품	얼굴 모양 및 개선시키고자 하는 부분의 모양에 맞추어 시트, 하이드로겔과 카타플라스마 제형 등을 사용하여 피부에 수분과 다양한 영양 성분, 미백과 주름 개선 성분 등을 공급

11. 웨어러블

구분	기술개발테마	정의
1	스마트 시계 · 밴드	센서기술을 활용하여 사용자 신체 및 활동 정보를 측정하는 손목 착용형 기기로 스마트폰과 연동하여 문자 · 전화 · SNS 등을 이용할 수 있고, 연동 없이 직접 데이터 처리가 가능한 기기도 포함
2	스마트 신발	신발에 지능형 센서를 장착하여 사용자의 운동상태 및 보행습관 등의 분석이 가능한 신발로 일체형, 분리형(기기장착 또는 인솔) 등이 있음
3	스마트 의류	디지털화된 의류로 웨어러블 컴퓨터를 패션에 적용한 것을 의미. 의류에 디지털 센서, 초소형 컴퓨터 칩이 들어있어 의복 자체가 외부 자극을 감지하고 반응할 수 있음
4	스마트 패치	신체에 부착하여 내 · 외부의 다양한 정보를 획득하여 외부 전자기기 혹은 의료 전문가에게 전달하여 사용자의 건강 증진에 기여할 수 있는 패치를 의미
5	생활약자 보조 착용기기	유아 · 노약자 · 장애인 등에게 위급 상황 발생 시 센서 작동으로 보호자에 도움을 요청하거나, 건강패턴을 실시간으로 기록 · 분석하는 디바이스를 의미. 착용자의 신체적 · 인지적 정보를 수집하여 필요한 정보제공 및 신체적 · 인지적 능력을 보조하는 기능을 갖춘 디바이스를 의미
6	실감 · 체험형 웨어러블 디바이스	오감(시각, 청각, 촉각 등)의 표현 및 인터페이스 기술을 조합해서 실제와 유사한 느낌을 제공하는 웨어러블 기술을 의미. 영상물 속에 직접 들어가 있는 것과 같은 생생함을 주거나 다른 대상이 된 것 같은 느낌을 줄 수 있음
7	레저 · 스포츠용 웨어러블 디바이스	레저 · 스포츠용 각종 도구나 장갑, 신발, 안경 등 신체의 각 부위에 부착된 장치로 운동량 데이터를 수집하고 모바일 기기를 통해 시각화된 정보를 제공하고 운동량 향상을 위한 코칭 등이 가능한 디바이스
8	휴대용 생체인증기기 · 시스템	사람의 신체적 특징(지문, 얼굴, 홍채)과 행동적 특징(음성, 서명, 걸음걸이)을 자동화된 IT기술로 추출 및 저장하여 휴대용 IT기기로 개인을 식별하거나 확인하는 수단을 의미

12. 물류

구분	기술개발테마	정의
1	물류로봇 · 드론 관제시스템	배송로봇 · 드론에 관한 감시, 통제 및 트래픽 관리 등을 위해 현장상황을 별도의 장소에서 집중화하여 모니터링하기 위한 시스템
2	소형지게차 기술	소형 트럭에 싣고 다니면서 500kg 수준의 중량물까지 들어 올려 적재함에 싣고 내릴 수 있는 소형 지게차 기술
3	스마트 화물 이동 정보 모니터링 시스템	RFID/센서 기술이 결합된 물류용기(파렛트, 플라스틱 상자, 대차 등)를 기반으로 상품의 이력 추적, 상품 품질 지표 기준, 다양한 물류 정보 서비스 등을 제공할 수 있는 친환경 첨단 물류시스템
4	스마트 패키징 시스템	온도, 충격, 냄새 등 화물 특성에 따라 다양한 화물 상태를 실시간으로 확인하여 공유함으로써 화물의 안전성, 보안성을 확보하고 가시성을 향상시켜 물류서비스 수준을 향상하는 기술
5	배송물류 라우팅 지원시스템	중소기업 등이 말단 배송 시 배송루트 결정, 물동량 배분, 운행 지역 결정 등 말단 배송 운영의 효율화를 지원할 수 있는 상용화된 시스템 제공 기술
6	스마트 물류창고	단순히 제품을 보관만 하는 곳이 아니라, 고객의 수요변동에 능동적으로 대처하는 공급망 관리(SCM) 및 부가서비스(Value Added Service)를 수행하는 창고

13. 안전

구분	기술개발테마	정의
1	센서형 식품 안전관리 시스템	ICT, 바이오기술, 센싱기술 등을 활용해 식품의 이력, 안전, 품질과 신선도 등의 각종 정보를 제공하고 효율적인 관리가 가능하도록 하는 차세대 식품 시스템
2	안전사고 대응 지능형 모니터링 시스템	모바일과 앱을 통해 정보를 공유하고, 문자·영상 등 다양한 ICT 기술과 장비들을 활용하여 재난관리 정보를 사전에 공유·전파하고 피해를 최소화 하기 위한 시스템
3	지능형 화재안전 대응 시스템	ICT 및 센싱기술을 바탕으로 최근 대형 및 고층화된 건물에서 발생하는 화재를 조기에 발견하고 신속하게 대응함으로써 피해를 최소화하도록 하는 시스템
4	유해물질 유통 모니터링 시스템	유해물질이 누출되었을 경우, 곧바로 감지해 통합 모니터링을 한 뒤 처리시스템으로 전송해 정보를 수집하고 전달하는 시스템으로, 유독성물질 누출로 인한 피해를 최소화하고 쾌적한 환경에서 작업하도록 도움
5	미세먼지 측정 시스템	심장과 호흡기에 치명적인 질환을 일으키는 원인으로 작용하는 미세먼지 및 초미세먼지로의 노출을 사전에 차단하고 실시간으로 경보하는 시스템
6	범죄 대응 시스템	대량살상용 유독성산업용화합물(군사용 화학작용제 포함), 폭발물 및 감염성병원균에 대한 탐지/식별 또는 실시간 모니터링 장비/시스템을 개발하여 원인물질을 추적 조사함으로써 경보/주의보를 조기에 발령하고 신속히 대처함으로써 인명 및 물적 피해확산을 줄여 사회적 경제적 피해를 최소화하기 위한 시스템

14. 에너지

구분	기술개발테마	정의
1	대기오염 물질 처리 소재 및 공정	대기 중 잔류하여 환경오염을 유발하는 물질을 저감하는 공정 및 정화 기술로 사전에 예방하거나 사후에 대기 환경 부하를 저감할 수 있는 기술 및 제품
2	수처리 공정 전처리 설비	수처리 공정의 유입수에 공정의 효율을 감소시키거나 오염을 유발하는 물질을 제거하거나 감소시키는 기술 및 시설
3	재활용 폐기물 분리 및 재사용 설비	폐기물 매립/소각기술, 유해 폐기물 처리기술, 폐기물 재활용 및 자원화와 관련된 기술로, 폐기물의 재사용이 가능하도록 설계 하는 기술을 의미. 최근에는 플라즈마를 이용한 열분해 용융방법을 이용한 폐기물 처리 기술이 개발되고 있음
4	연료전지용 M-BOP	연료전지용 M-BOP는 연료전지 스택의 안정적 운전을 위하여 가스공급 등에 필요한 기계적 주변장치들을 의미. 스택 및 시스템의 내구성 향상과 운전 최적화를 위한 연료 공급 시스템, 공기 공급 시스템, 수처리 시스템 등으로 구분 가능
5	xEMS시스템	에너지의 효율적인 이용이 가능하도록 관련 데이터를 수집, 분석, 정보화하여 관리 및 운용하는 시스템을 의미하며 스마트그리드, 스마트시티, 마이크로그리드 등 다양한 환경에서 필수적으로 요구하는 시스템
6	소규모 분산자원 중개 시스템	10MW이하의 수요 인근에 위치하는 자원을 총칭하며 기존의 중앙전원이 가지고 있는 대규모 및 장거리 송전과 대비되는 개념
7	폐열에너지 활용 시스템	에너지 생성 과정에서 사용하지 못하고 버려지는 폐열을 이용하여 새로운 에너지를 생산하는 시스템
8	제조업 부생가스 재활용	화력발전소 또는 일반 산업체에서 배출되는 CO_2를 고농도로 포집한 후 산업적인 용도로 이용하거나, 지중이나 해저에 주입하여 대기로부터 격리하는 기술을 의미하며, 분리방법을 통한 CO_2 포집, 포집된 CO_2의 산업 목적으로의 이용, 포집 CO_2의 압축, 수송 및 저장 기술을 포함
9	레독스 플로우 배터리	산화수가 다른 액상의 양극전해액 및 음극전해액으로 구성된 전지로서 양극 및 음극 전해액을 구성하고 있는 레독스 쌍의 전위차에 의해 기전력이 발생하고 충·방전이 가능한 이차전지 시스템
10	초고용량 커패시터	대용량 에너지를 저장 후 높은 전류를 순간적·연속적으로 공급하는 고출력 전기에너지 저장장치로 전극활물질, 전해질 등 핵심원료소재 개발 기술과 시스템 제작기술 등의 내용을 포함

11	이차전지 전해질	이차전지의 양극 및 음극사이에서 해당 이온의 삽입/탈리 혹은 산화/환원 반응에 필요한 이온이 이동하는 매질의 역할을 하는 물질. 성상에 따라 액체 전해질, 고체 혹은 젤 상태의 고분자 전해질, 이온성 액체 전해질, 기타 세라믹 형태의 무기 고체 전해질 등을 포함
12	건물 일체형 신재생에너지 시스템	건축물의 에너지 자립을 위해 태양광 모듈을 건물의 외피 또는 설비 시스템과 접목하여 건축 부자재의 기능과 전력생산을 동시에 할수 있는 기술을 의미
13	태양광 발전시스템	태양광 발전시스템은 태양전지(solar cell)로 구성된 모듈(module)과 축전지 및 전력변환장치 등의 기술로 구성
14	태양광 공정장비	태양광 공정 장비란 실리콘계(실리콘 박막 포함) 및 박막 태양전지 등을 제조할 수 있는 공정 및 제조할 수 있는 모든 장비를 의미
15	소형풍력 발전기	한국에너지공단 인증 기준에 의해 회전자 면적 200㎡ 이하 정격용량 30kW 미만을 소형 풍력발전기로 정의하며 용도 상으로 독립전원용 또는 계통연계형으로 구분됨

15. 스마트홈

구분	기술개발테마	정의
1	생활밀착형 스마트 디바이스	통신기능을 통해 다양한 기능을 수행할 수 있는 기능뿐만 아니라, 지능화된 자원 관리 시스템과 사용자 인터페이스를 통해 각종 스마트 기기를 상호 제어하고 연동할 수 있는 기술
2	스마트홈 서비스 플랫폼	스마트홈과 외부의 소통을 위한 통신 채널을 제공하고 스마트홈을 구성하는 다양한 스마트가전 및 서비스들을 관장하며 실감 · 감성 · 융합형 홈 서비스를 제공하는 플랫폼 기술
3	스마트 통합형 홈 네트워크 연동기술	가정 내의 디지털 정보가전을 유 · 무선으로 연결하여 정보교환, 원격제어, 멀티미디어 서비스 등을 제공하는 기반기술
4	홈/빌딩 지능형 공간 서비스	다목적(주거 및 비 주거) 빌딩에서 전통적인 제어를 위한 BAS와 시설/설비의 제어를 위한 BMS뿐만 아니라 에너지 효율적인 관리를 위한 EMS 또는 BEMS를 포함하는 기술
5	지능형 HEMS	댁내 에너지 사용량 정보를 실시간으로 획득한 Bigdata 처리 및 다양한 IoT 통신 기능을 제공하며, 사용자 패턴 및 외부환경 요인과의 지능적 결합, 에너지 공급사와의 협력을 통해 고객 중심의 전력, 물, 가스, 온수 등의 총 에너지 사용량 및 비용을 절감 가능하게 해주는 제품

CHAPTER

2

실전 창업의 이해

2.1 창업의 개념

2.2 창업으로 보지 않는 창업의 범위

2.3 사례별 창업 인정 여부

2.4 창업의 종류

2.5 핵심 요소

2.6 창업 제외 업종

2.7 기술 분야 창업 업종

2.8 〈사례연구 1〉: '전략적 모호성'과 상추 이파리

2.9 〈사례연구 2〉: 네덜란드의 창업 정책 엿보기

2.1 창업의 개념

중소기업 창업지원법 제2조에서 창업은 중소기업을 새로이 설립하여 사업을 개시하는 것을 말한다. 이때 사업의 승계, 기업형태의 변경, 폐업 후 사업재개에 해당하는 경우에는 창업에 해당되지 않는다.

창업이란 일반적으로 "영리를 목적으로 개인이나 법인회사를 새로 만드는 일" 또는 "창업자가 사업아이디어를 갖고 자원을 결합하여 사업 활동을 시작하는 일"이라고 정의할 수 있다. 창업가의 기술 및 경험, 전문성을 바탕으로 이뤄지는 창업을 의미하며, '기술창업'으로도 이해되고 있다.

영미권에서는 기술기반 창업에는 기술기업가 정신(Technology entrepreneurship)이 수반되는 것으로 인지하고 있다. 주로 제조업과 지식서비스업에 해당하는 7년 이내의 기업을 가리키며, 유사한 의미로는 '벤처기업', '스타트업(Start-up)' 등이 있다.

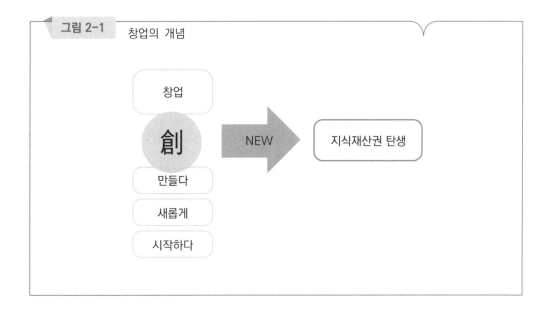

그림 2-1 창업의 개념

창업의 형태에 따라 일반창업, 벤처창업, 기술창업으로 구분하는데 그 정의와 개념은 다음 표와 같다.

창업은 일반적인 사업과 달리 '새로운 것을 만들어서 시작한다.'는 개념으로 이해하면 쉬울 것 같다. 즉, 창업의 아이템 발굴에 따른 선정을 통해서 창업자는 연구를 통해 가능한 경우 기술과 발명을 1개 이상은 확보를 할 수 있도록 하여 향후 다른 창업자 또는 사업자들이 창업자의 아이템을 침해하지 못하도록 특허 또는 실용신안을 출원하여 등록을 해놓는 것이 미래를 위해 안전성을 확보하는 방법이 될 수 있다.

참고로 지식재산권은 산업재산권(특허, 실용신안, 디자인, 상표)과 저작권, 신지식재산권(IT, BT, NT 등)을 말하며, 창업기업의 유형 및 형태에 따른 분류는 다음 표와 같다.

〈표 2-1〉 창업의 형태에 따른 분류

창업기업의 유형	세부내용
중소기업	• 「중소기업창업 지원법」에서 "창업", "창업자" 정의 • 창업이란 중소기업을 창업하는 자 • 창업하여 사업을 개시한 날로부터 7년이 지나지 않은 자
벤처기업	• 「벤처기업 육성에 관한 특별조치법」에서 "벤처기업의 요건" 정의 • 법 제2조제2항의 요건을 갖춘 기업
소기업/소상공인	• 「소기업 및 소상공인 지원을 위한 특별조치법」에서 "소상공인" 정의 • 소상공인이란 소기업 중 상시근로자가 10명 미만인 사업자로서 업종별 상시근로자수 등이 기준에 해당하는 자
사회적기업	• 「사회적기업 육성법」에서 "사회적기업" 정의 • 사회적 목적을 추구하면서 재화 및 서비스의 생산·판매 등의 영업활동을 하는 기업
1인 창조기업	• 「1인 창조기업 육성에 관한 법률」에서 "1인 창조기업" 정의 • 창의성과 전문성을 갖춘 1인이 상시근로자 없이 지식서비스업, 제조업 등을 영위하는 자

출처: 한국창업보육협회 홈페이지 참조

창업으로 보지 않는 창업의 범위

2.2.1 사업의 승계

　타인으로부터 사업을 승계하여 승계 전의 사업과 동종의 사업1)을 계속하는 경우(영 §2, 1호)에는 중소기업을 신규로 창설하는 효과가 없으므로 창업으로 보지 않는다.

　• 사업승계의 예
　① 상속이나 증여에 의해 사업체를 취득하여 동종사업을 계속하는 경우
　② 폐업한 타인의 공장을 인수하여 동일한 사업을 계속하는 경우
　③ 사업의 일부 또는 전부의 양도·양수에 의해 사업을 개시하는 경우
　④ 기존공장을 임차하여 기존 법인의 사업과 동종의 사업을 영위하는 경우
　⑤ 합병 분할 현물출자 등으로 사업을 승계하여 동종사업을 계속하는 경우

　• 사업승계에 해당하지 않는 경우
사업의 일부를 분리하여 당해 기업의 임원, 직원 또는 그 외의 자가 사업을 개시하는 경우로서 다음의 요건에 해당하는 경우(칙 §2)
　① 사업을 영위하던 자와 사업을 개시하는 자간에 사업분리에 관한 계약을 체결할 것.
　② 사업을 개시하는 자가 새로이 설립되는 기업의 대표자로서 당해 기업의 최대주주 또는 최대 출자자가 될 것.
　③ 경매절차를 통하여 채권 채무를 인수하지 아니하고 경락을 받아 다시 동종의 사업을 영위하는 경우.

2.2.2 기업형태의 변경

　　개인사업자인 중소기업자가 법인으로 전환하거나 법인의 조직변경 등 기업형태를 변경하여 변경 전의 사업과 동종의 사업을 계속하는 경우 형식상의 창업절차만 있고 실질적으로는 중소기업의 창설효과가 없으므로 창업으로 보지 않는다.

- 개인사업자가 법인으로 전환하거나, 합명회사와 합자회사, 유한회사와 주식회사 상호간에 법인형태를 변경하여 동종의 사업을 계속하는 경우
- 기업을 합병하여 동종의 사업을 영위하는 경우(A기업과 B기업이 합병하여 C기업을 설립하는 경우)

2.2.3 폐업 후 사업재개

　　폐업 후 사업을 개시하여 폐업전의 사업과 동종의 사업을 계속하는 경우(다만, 폐업을 한 후에 사업을 재개하더라도 폐업전의 사업과는 다른 업종의 사업을 새로이 개시하는 경우는 창업으로 인정한다.)

- 사업의 일시적인 휴업이나 정지 후에 다시 사업을 재개하는 경우
- 공장을 이전하기 위해 기존장소의 사업을 폐업하고, 새로운 장소에서 사업을 재개하는 경우

2.3 사례별 창업 인정 여부

⚙ 〈표 2-2〉 사례별 창업 인정 여부

주체	사업장소	사례		창업여부
A개인이	갑 장소에서	갑장소에서의 기존 사업을 폐업하고	B법인 설립하여 동종업종 제품을 생산	조직변경
			B법인 설립하여 이종업종 제품을 생산	창업
		갑장소에서의 기존 사업을 폐업않고	B법인 설립하여 동종업종 제품을 생산	형태변경
			B법인 설립하여 이종업종 제품을 생산	창업
A법인이	갑 장소에서	갑장소에서의 기존 사업을 폐업하고	B법인 설립하여 동종업종 제품을 생산	위장창업
			B법인 설립하여 이종업종 제품을 생산	창업
		갑장소에서의 기존 사업을 폐업않고	B법인 설립하여 동종업종 제품을 생산	형태변경
			B법인 설립하여 이종업종 제품을 생산	창업
A개인이	을 장소에서	갑장소에서의 기존 사업을 폐업하고	B법인 설립하여 동종업종 제품을 생산	법인전환
			B법인 설립하여 이종업종 제품을 생산	창업
		갑장소에서의 기존 사업을 폐업않고	B법인 설립하여 동종업종 제품을 생산	창업
			B법인 설립하여 이종업종 제품을 생산	창업
A법인이	을 장소에서	갑장소에서의 기존 사업을 폐업하고	B법인 설립하여 동종업종 제품을 생산	사업승계
			B법인 설립하여 이종업종 제품을 생산	창업
		갑장소에서의 기존 사업을 폐업않고	B법인 설립하여 동종업종 제품을 생산	창업
			B법인 설립하여 이종업종 제품을 생산	창업
A가 (법인 개인)	을 장소에서	갑장소에서의 기존 사업을 폐업하고	다시 A명의로 동종업종 제품을 생산	사업이전
			다시 A명의로 이종업종 제품을 생산	창업
		갑장소에서의 기존 사업을 폐업않고	다시 A명의로 동종업종 제품을 생산	사업확장
			다시 A명의로 이종업종 제품을 생산	업종추가

주: 1. 이종업종은 한국표준산업분류의 세분류(4자리)를 달리하고 당해 매출액의 50%를 넘는 경우
　　2. "갑" 장소는 기존사업장, "을" 장소는 신규사업장
　　3. "갑" 장소와 "을" 장소는 사회통념과 창업지원법의 취지등을 감안할 때 공장확장으로 인정할 수 없을 정도의 거리를 충분히 유지한 경우
　　4. "B"법인은 "A"가 출자한 법인임
　　5. "기존사업을 폐업하고"란 사업자등록을 반납 또는 취소 조치함을 말함

출처: 중소기업청

2.4 창업의 종류

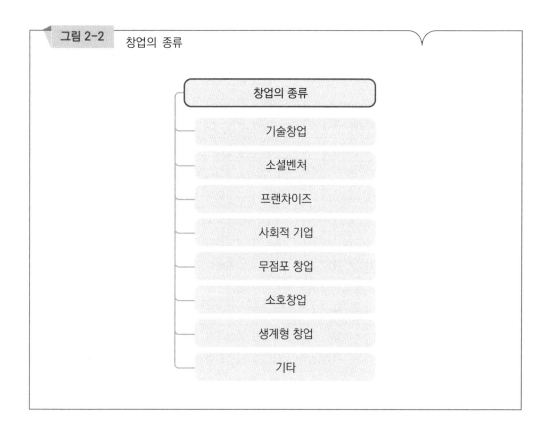

그림 2-2 창업의 종류

창업의 종류

기술창업

소셜벤처

프랜차이즈

사회적 기업

무점포 창업

소호창업

생계형 창업

기타

2.4.1 창업의 종류와 운영

위의 그림과 같이 창업은 기술창업, 소셜벤처, 벤처창업, 프랜차이즈, 사회적 기업, 무점포창업, 소호창업, 생계형 창업 등 다양한 형태의 창업이 있으며, 창업의 형태에 따른 창업의 다양한 명칭이 지속적으로 발생하고 있다.

특히 창업은 대부분 창업자 본인이 창업을 하여야 한다는 전제를 가지고 있으나, 대리상 또는 위탁매매인, 중개상을 통해서 간접적으로 운영하기도 한다.

또한 창업의 운영방식은 직·간접적으로 운영하는 것 외에도 라이선스 또는 기술이전, M&A를 통해 수익을 발생시키는 창업을 하는 경우도 있음을 인지하여야 한다. 즉, 라이선스, 기술이전, M&A를 통해서 회사의 이익을 발생시킨 이후 새로운 기술 등을 통해서 신규 창업 또는 재창업, 사업 확대 등을 통해서 창업자 스스로를 성장시키기도 한다.

창업의 아이템은 IT, 소재, 식품, 지식재산 등의 분야를 통해서 모든 창업을 할 수 있다는 장점이 있다. 그러나 시장성과 실현성 등을 고려하지 않을 경우에는 창업을 시작 또는 성공할 가능성이 적어 실패할 가능성이 매우 크다. 따라서 사전에 충분한 시장조사 등 사전점검을 철저히 진행해 놓는 것이 중요하다.

2.4.2 창업 종류

1) 기술창업

'기술창업'은 어떠한 특정분야의 혁신적인 기술을 창출하는 창업을 말한다. 일반적으로 기술창업은 벤처, 기술 집약형, 기술혁신 등을 포괄하여 사용되고 있다. 또한 기술창업을 '벤처(venture)'의 개념인 '기술 집약형 중소기업'으로 이해하는 경우가 많다. 기술창업은 창업자의 성격, 특징, 창업동기를 기준으로 일반적인 창업과 차이점은 다음 <표 2-3>과 같다.

⚙️ 〈표 2-3〉 기술창업과 일반창업의 차이[1]

구분		해당 업종	혁신형 창업
기술 창업	제조업	의료용 물질 및 의약품, 전자부품·컴퓨터·영상·음향 및 통신장비, 의료·정밀·광학기기 및 시계, 항공기·우주선 및 부품제조업	혁신형 제조업
		화학물질 및 화학제품(의약품 제외), 전기장비, 기타 기계 및 장비, 자동차 및 트레일러, 철도 및 기타운송장비(항공기 제외)	
		코크스·연탄 및 석유정제품, 고무제품 및 플라스틱제품, 비금속광물제품, 1차금속, 금속가공제품(기계 및 기구 제외), 선박 및 보트건조업	비혁신형 제조업
		식료품, 음료, 담배, 섬유제품(의복 제외), 의복·의복 액세서리 및 모피제품, 가죽·가방 및 신발, 목재 및 나무제품(가구 제외), 펄프·종이 및 종이제품, 인쇄 및 기록매체 복제업, 가구, 기타제품 제조업	
	지식 서비스업	출판, 영상, 정보통신 및 정보서비스업	혁신형 서비스업
		전문, 과학 및 기술 서비스업	
		사업지원 서비스업	
		교육 서비스업	
		보건업 및 사회복지 서비스업	
		예술, 스포츠 및 여가서비스업	
일반 창업	생계형 창업	도매 및 소매업	비혁신형 서비스업
		숙박 및 음식점업	
	기타 서비스업 및 건설업	일반 서비스업	기타
		건설업 등	

출처: 한국창업보육협회

2) 소셜벤처

'소셜벤처(social venture)'는 사회적으로 발생되는 문제를 해결하기 위하여 개인 또는 창업자의 창업정신을 통해서 사회에 이바지하기 위한 목적으로 설립한 사회적 기업을 말한다. 소셜벤처는 일반적인 창업기업과 같은 경영 및 영업활동을 통해서 수익을 발생시키고 장애인 등 사회의 취약계층에게 일자리를 제공하고, 사회적 서비스를 제공

1 　상세한 내용은 한국창업보육협회, 국가승인통계, 중소벤처기업부, 창업진흥원, 한국은행 및 기술보증기금 참조.

하여 사회의 문제점을 적극 해결하는 데 주목적이 있는 창업의 형태이다.

3) 벤처창업

벤처창업은 새로운 아이템 또는 기술 등을 사업화하기 위해 설립된 신생기업으로 사업에 대한 리스크는 존재하나 성공할 수 있는 가능성이 있어 이익을 기대해볼 수 있는 창업을 말하며, 신기술기업, 모험기업, 연구개발형기업, 하이테크기업 등으로 사용되기도 한다. 일반적으로 벤처창업은 모험이 필요하지만 높은 수익의 예상으로 향후 투자의 대상이 된다.

4) 프랜차이즈

국내의 프랜차이즈 사업은 공정거래위원회에서 「가맹사업거래의 공정화에 관한 법률」(이하 "가맹사업법"이라 한다)을 2002.5.13.에 제정하여 정부에서 관리를 하고 있다. 가맹사업은 현재 국내에서 가장 많이 선호하고 있는 창업으로 가맹본부의 노하우를 기초로 창업을 하는 방법으로 가맹비를 내고 사업을 쉽게 시작할 수 있다는 장점이 있다.

프랜차이즈의 가장 중요한 절차는 가맹본부(franchisor)와 가맹점사업자 또는 가맹희망자(franchisee)간의 계약을 기초로 상거래를 하는 개념이다.

그러나 가맹본부에 의한 사기 등이 빈번히 발생함에 따라 가맹사업법은 지속적으로 가맹본부를 관리하기 위한 방안으로 가맹계약 전에 가맹희망자에게 정보공개서를 제공하여 가맹희망자가 가맹본부의 세부적인 사항을 확인할 수 있도록 시간을 부여하고, 이후 가맹계약을 체결하도록 해야 한다.

가맹금에 대한 예치를 금융기관에 하도록 하여 일정기간 내에 가맹희망자가 계약을 해지하거나 가맹본부의 귀책사유로 인한 계약을 해지하는 경우 예치금을 반환받을 수 있도록 규정하고 있다.

프랜차이즈에 대한 가맹본부로 활동하기 위한 중요한 요소는 가맹본부의 상호, 영업표지(상표), 노하우, 매출액 등이 기본이 됨을 인지하여 철저한 준비를 통해 창업을 시작할 경우 실패를 최소할 수 있을 것이다.

5) 사회적 기업

'사회적 기업(social Enterprise)'은 소셜벤처와 유사적 개념으로 기존의 기업은 경제적 영리에 따른 가치만을 목적으로 기업을 운영하였다. 그러나 최근 기업은 사회적 가치를 우선으로 하여 재화나 서비스의 생산과 판매, 영업 활동 등을 수행하여 기업에 대한 이미지 개선 및 고객을 확보하는 수단으로도 활용되고 있다. 즉, 소셜벤처와 같이 사회적 기업은 취약계층에게 취업을 연결 또는 제공하고, 지역의 경제 활성화를 통한 지역경제발전에 이바지하고, 기업의 사회공헌에 따른 경영문화의 윤리적 확장과 시장을 형성하는 데 목적이 있다.

정부로부터 사회적 기업으로 인증이 될 경우 컨설팅 제공, 사회보험료 지원, 세금 감면, 국·공유지의 임대, 시설비·부지 구입비 등의 지원, 융자 혜택 등을 받을 수 있다. 우리나라의 대표적인 사회적 기업은 '아름다운 가게'[2]와 '위캔'[3] 등이 있다.

6) 무점포 창업

무점포 창업은 인터넷의 발달에 따른 전자상거래를 말하며, 무점포라 함은 별도의 점포 공간이 필요 없고, 자신이 거주하고 있는 임대차 물건 등을 통해서 쉽게 창업을 할 수 있다는 점이 가장 큰 장점이라고 할 수 있다.

무점포 창업의 경우 자금이 부족한 창업자 또는 가족간의 창업을 희망하는 창업자들이 가장 많이 선호하는 창업이며, 쇼핑몰, 온라인마켓, O2O, 번역사업 등이 대표적이다.

7) 소호창업

SOHO는 "Small Office, Home Office"의 약자로 작은 공간의 사무실, 소규모 사업장, 자택 등을 통해 일반창업의 자본이나 기술의 노하우가 아닌 정보와 아이디어의 노하우로 가지고 창업을 하는 것을 말하는 것으로 무점포 창업과 유사성이 있다.

SOHO는 넓은 의미에서는 자택이이나 작은 사무실을 통해서 소기업 형태 또는 프리랜서로 활동하는 것을 말하며, 좁은 의미로는 아이디어와 컴퓨터 네트워크를 결합한 소규모의 벤처기업이다. 즉, 창업자의 자본 또는 인력 등의 부담 없이 자택 또는 작은 사무실을 통해서 인터넷을 활용한 자신의 아이디어와 경력 등의 실력만을 가지고

---

2 해당 지역의 시민들이 사용하지 않는 재활용품 등을 수거하여 ·판매하는 방식으로 운영된다.
3 해당 지역의 지적 장애인 등을 고용하여 우리밀로 만든 과자를 생산하는 업체로 취업을 적극 지원하고 있다.

사업을 영위하는 새로운 스타일의 비즈니스이다. 예로서 홈케어 서비스(곰팡이, 진드기 등), 세차 서비스 등이 대표적이다.

8) 생계형(일반) 창업

생계형 창업은 일반적으로 어떠한 아이디어 또는 아이템을 가지고 체계적으로 시작하는 창업과는 달리 기존의 제품 또는 상품을 구매하여 즉시 수익을 기대하는 경우가 많다. 또한 일반적 창업이라고도 하며, 통상적인 사업을 하는 것으로 개인사업자 또는 법인사업자 중 창업자의 선택에 따른 사업자로 창업을 진행할 수 있다. 개인사업자와 상법상 법인사업자의 종류와 책임은 다음 <표 2-4>와 같다.

〈표 2-4〉 개인사업자와 법인사업자의 종류 및 책임

구분		책임
개인사업자		창업에 대한 모든 책임을 사업자가 부담
법인사업자	주식회사	① 주식 발행 ② 주주가 인수한 주식의 인수가액에 한하여 책임을 짐
	유한회사	① 50명 이하의 사원으로 구성 ② 각 사원이 출자한 금액의 한도 내에서 책임을 짐
	합명회사	① 무한책임사원으로 구성 ② 각 사원이 연대하여 회사의 채무를 무한책임을 짐
	합자회사	① 무한 또는 유한책임사원으로 구성 ② 무한책임사원은 상기의 합명회사와 같은 책임을 짐 ③ 유한책임사원은 유한회사와 같은 책임을 짐
	유한책임회사	① 사원의 출자 및 설립등기에 의하여 설립 ② 사원은 출자금액의 한도 내에서 책임을 짐

그림 2-3　제조업 창업 절차도

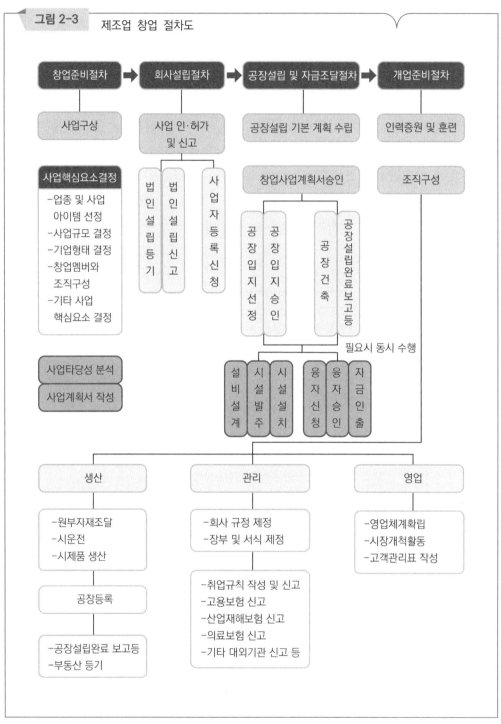

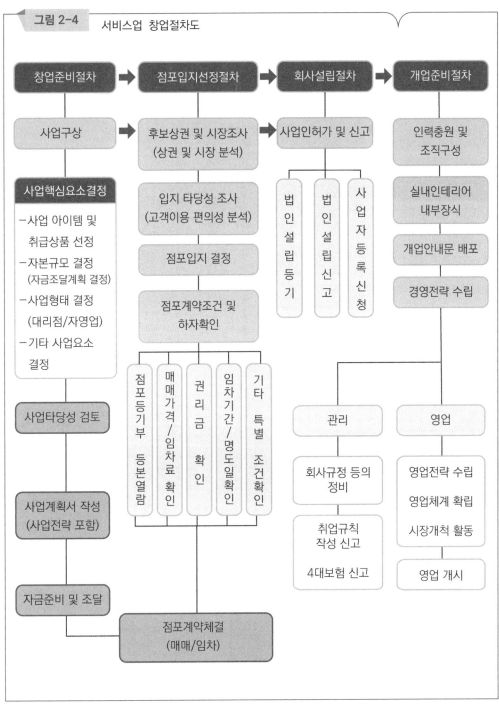

그림 2-4 서비스업 창업절차도

출처: 중소기업청

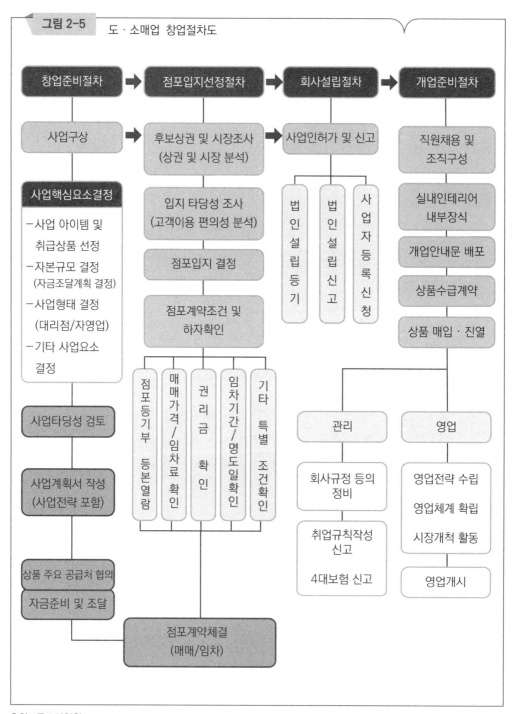

그림 2-5 도 · 소매업 창업절차도

출처: 중소기업청

2.5 핵심요소

2.5.1 핵심요소

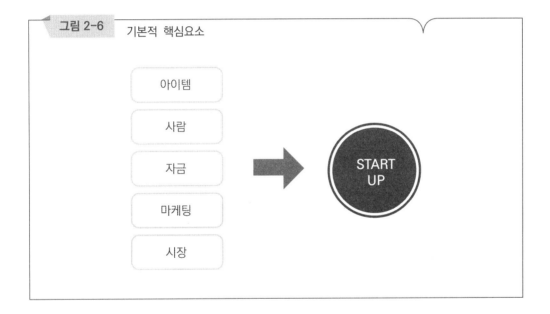

그림 2-6 기본적 핵심요소

안정적이고 효율적인 창업을 운영하기 위해서는 ① 창업을 위한 아이템을 발굴하여 사전조사를 통한 시장성 및 실현가능성 등이 검토되어야 하고, ② 창업자를 포함한 조직적 개념의 전문적인 직원들과 자신을 지원해 줄 수 있는 인적 네트워크(사람)가 필요하며, ③ 창업을 할 때 필요한 자금으로 돈이 가능한 한 준비되어야 한다. ④ 아이템에 대한 판매 및 홍보를 위한 마케팅의 준비가 필요하며, ⑤ 해당 아이템 제품의 생산에 따라 최종 판매할 수 있는 시장이 준비되어 있어야 한다.

그러나 현실적으로 창업을 하면서 ① 내지 ⑤까지 사전에 준비되어 창업을 하는 창업자는 많지 않으므로, 창업을 하면서 발로 뛰어다니며 적극적인 준비를 해야 한다.

2.5.2 핵심요소 검토

1) 아이템

창업의 아이템은 창업자의 창업을 성공 또는 실패를 결정짓는 매우 중요한 요소라고 할 수 있다. 창업자는 창업에 대한 아이템 개발의 배경을 기초로 아이템의 구조와 편리성을 제공함에 있어서 제3자의 Needs, Demand 등을 충분히 조사하여 고려함으로써 좋은 기술과 서비스를 통해 가격 및 품질의 경쟁력을 확보하여야 한다.

그러나 창업자들은 대부분 현재 잘 팔리고 있는 제품 등을 카피 또는 벤치마킹하여 창업을 하는 경우가 많아 새로운 창업아이템의 발굴을 기대하기가 어렵고, 경우에 따라 제3자로부터 지식재산권 침해에 따른 분쟁 등이 발생하기도 한다. 즉, 창업자만의 신규성 또는 진보성적인 요소가 없다면 해당 아이템은 시장에서 이미 사장되어 가거나 사장될 제품으로 판단될 가능성이 높다.

2) 사람

창업자의 아이템을 같이 공유하면서 아이템 성장을 위한 고민을 함께 할 수 있는 팀원 또는 직원과 창업진행의 도움을 줄 수 있는 멘토 등의 인적자원인 사람이 필요하다. 창업을 처음 시작하는 창업자의 경우 자신의 창업아이템을 제3자와 공유 및 소통하여 발전을 시키려 노력하기보다는 자신만의 창업 세계에 빠져 무조건 창업에 성공할 수 있다는 자신감을 통해서 제3자(전문가 등)의 의견을 적극 받아들이지 못해 실패하는 경우가 많다.

따라서 창업자와 함께 아이템을 공유하며 자신의 의견과 방향성을 제시할 수 있는 조직적 분위기를 구성하고, 제3자의 의견을 수렴하여 수용할 수 있는 마음가짐도 필요하다.

3) 자금

창업은 자금이 없으면 어려움이 발생하는 것은 현실적 문제이다. 일반적으로 창업 시 자금의 해결 방안으로 자신이 모아놓은 돈을 사용하거나, 부모 또는 친구 등에게 자금을 빌리는 경우가 대부분이다. 또한 창업자의 신용 또는 기술을 통한 대출을 고려하면서 VC 또는 엔젤투자자 등을 통한 투자유치를 고려하기도 한다. 그러나 금융기관 또는 투자자들은 창업자의 창업성공을 기대할 수 없는 상황에서 창업자에게 대출 또는 투자 등을 고려하지 않는 것이 현실이다.

4) 마케팅

창업은 경영학에서 파생된 실무적 학문으로 경영학을 배제하고서는 창업을 생각할 수 없다. 즉, 창업자는 현재의 상황을 점검해볼 수 있는 다양한 경영 TOOL을 통해서 사전 점검과 방향성을 설정하여, 경영·영업·판매·자금·광고 등의 전략을 구체적으로 수립할 수 있어야 한다.

5) 시장

창업 아이템을 시제품으로 제작 후 다양한 pilot test 등을 통해서 시제품을 제품으로 양산할 경우 최종 제품을 판매할 수 있는 시장이 존재하지 않는다면 어렵게 만들어진 제품은 한 순간에 판매해보지도 못한 채 사장될 위기에 처하게 된다. 따라서 해당 제품이 양산될 경우 시장에 대한 환경을 사전에 명확히 분석하여야 하고, 필요한 경우 전문가를 통해서 시장 환경을 분석하여 전략적으로 생산 및 판매를 구상하여야 한다. 또한 제품을 구매 또는 판매해줄 수 있는 업체를 사전에 섭외하고 경우에 따라서 구매조건부 계약을 체결하여 판매를 시도하는 것도 현실적으로 필요하다.

2.6 창업 제외 업종

창업지원법 시행령 제4조에 따라 창업에서 제외되는 업종으로 규정되어 있는 산업은 다음과 같다.

① 금융 및 보험업
② 부동산업
③ 숙박 및 음식점업[4]
④ 무도장운영업
⑤ 골프장 및 스키장운영업
⑥ 기타 갬블링 및 베팅업
⑦ 기타 개인 서비스업
⑧ 그 밖에 제조업이 아닌 업종으로서 산업통상자원부령으로 정하는 업종은 창업 범위에서 제외된다.

기존에는 금융 및 보험업에 대하여 제외업종으로 규정하였으나 창업지원법이 개정(2016. 5. 29.)되면서 정보통신기술을 활용하여 금융서비스를 제공하는 업종으로서 ① 금융 및 보험업으로서 정보통신기술을 활용하여 금융서비스를 제공하는 업종을 그 주된 업종(「중소기업기본법 시행령」 제4조에 따른 주된 업종을 말함)으로 할 것, ② 그외 기타 여신금융업을 주된 업종으로 하지 아니할 것을 전제로 제외 업종을 구분하고 있다.

창업 제외 업종과 1인 창조기업 범위에서 제외되는 업종은 다음과 같다.

---

4 호텔업, 휴양콘도 운영업, 기타 관광숙박시설 운영업 및 상시근로자 20명 이상의 법인인 음식점업은 제외하고 있다.

💠 〈표 2-5〉 창업지원법상 창업 지원 제외 업종

No	대상 업종	코드번호 세세분류
1	금융 및 보험업 – 정보통신기술을 활용하여 금융서비스를 제공하는 업종제외	K64~66
2	부동산업	L68
3	숙박 및 음식점업 – 호텔업, 휴양콘도 운영업, 기타 관광숙박시설 운영업 및 상시근로자 20명 이 상의 법인인 음식점 제외	I55~56
4	무도장 운영업	91291
5	골프장 및 스키장 운영업	9112
6	기타 갬블링 및 베팅업	9124
7	기타 개인 서비스업(그외 기타 개인 서비스업은 제외)	96
8	그 밖에 제조업이 아닌 업종으로서 산업통상자원부령으로 정하는 업종	–

💠 〈표 2-6〉 1인 창조기업 범위에서 제외되는 업종[5]

구분	해당 업종	한국표준 산업분류번호
광업	석탄, 원유 및 천연가스 광업	05
	금속광업	06
	비금속광물 광업(연료용 제외)	07
	광업지원 서비스업	08
제조업	담배제조업	12
	코크스, 연탄 및 석유정제품 제조업	19
	1차 금속 제조업	24
전기, 가스, 증기 및 수도사업	전기, 가스, 증기 및 공기조절 공급업	35
	수도사업	36
하수·폐기물처리, 원료재생 및 환경복원업	하수, 폐수 및 분뇨 처리업	37
	폐기물 수집운반, 처리 및 원료재생업	38
	환경 정화 및 복원업	39
건설업	종합건설업	41
	전문직별 공사업	42

구분	해당 업종	한국표준 산업분류번호
도매 및 소매업	자동차 및 부품 판매업	45
	도매 및 상품중개업	46
	소매업(자동차 제외) - 전자상거래업은 제외한다.	47
운수업	육상운송 및 파이프라인 운송업	49
	수상 운송업	50
	항공 운송업	51
	창고 및 운송관련 서비스업	52
숙박 및 음식점업	숙박업	55
	음식점 및 주점업	56
금융 및 보험업	금융업	64
	보험 및 연금업	65
	금융 및 보험 관련 서비스업 (그 외 기타 금융지원 서비스업은 제외)	66
부동산업 및 임대업	부동산업	68
	임대업(부동산 제외)	69
보건업 및 사회복지 서비스업	보건업	86
	사회복지 서비스업	87
예술, 스포츠 및 여가관련 서비스업	스포츠 및 오락관련 서비스업	91
협회 및 단체, 수리 및 기타 개인서비스업	기타 개인 서비스업	96

※ 비고: 해당 업종의 분류는 「통계법」 제22조에 따라 통계청장이 고시하는 한국표준산업분류에 따른다(협회 및 단체는 지원이 불가함)

---

5 1인창조기업법 제2조 제1항.

기술 분야 창업 업종[6]

구분	지원분야	핵심기술
신산업창출	5개 분야	17개
미래성장동력	19개 분야	77개
계	24개 분야	94개

2.7.1 신산업창출 분야

지원분야	핵심기술	관련아이템
ICT융합	전기차	주행성능, 차체경량화, 충전서비스 등
	스마트카	스마트카관련 카메라, 센서, SW개발 등
	산업용무인기	항법장치, 고기능 기술개발 등
	지능형로봇	병원용로봇, 물류로봇 등
	웨어러블 디바이스	스마트섬유, 소재, 부품개발, 인증 등
	스마트홈	표준화, 플랫폼, 연동 주변기기 등
첨단신소재	탄소섬유	보급형·초고강도 탄소섬유 개발 등
	마그네슘	자동차, 항공기 등 관련 산업연계 소재 개발 등
	타이타늄	타이타늄 소재 제조 기술개발 등
에너지신산업	ESS (Energy Storage System)	송배전용, 소규모가정용 장치 등
	태양광	태양광관련 소재, 부품 등
	스마트그리드	스마트미터, 에너지관리시스템 등 제품-서비스-솔루션 개발 등

---

6 창업선도대학 관련 기준

지원분야	핵심기술	관련아이템
바이오헬스케어	의약	진단·치료 또는 예방하기위해 신체구조 또는 기능에 영향을 미치는 것을 목적으로 사용되는 약품
	헬스케어	개인건강정보 통합·활용 시스템 등
	의료기기	수술기기, 체외진단기기 등 병원 연계형 의료기기 개발
의료관광서비스	의료 예약·진찰·처방 등 원스톱 서비스	질병의 치료·간호·예방·관리 및 재활을 위한 의료 서비스를 일괄적으로 제공하는 서비스
	의료 코디네이터	환자-의료진 연계, 예약관리, 홍보 및 경영개선 등에 참여하며 공항교통·숙박·관광 서비스

2.7.2 미래성장동력 분야

지원분야	핵심기술	관련아이템
지능형 로봇	로봇지능 기술	로봇인식, 이동, 조작, 소셜, 지능 체계 등
	인지기능의 HRI기술	표정, 제스처, 대화 인식 기술 등
	로봇시스템 설계 기술	안전로봇기술, 직관적 교시 기술, 그리퍼 기술 등
	로봇부품 기술	로봇센서 기술, 로봇구동기 기술, 로봇제어기 기술 등
착용형 스마트기기	핵심부품 기술	시장수요 기반의 착용형 스마트 기기 사용자의 의도나 명령 입력 또는 출력 기술, 안전한 정보 처리기술, 가볍고 유연한 소재를 활용한 플렉시블 배터리 전원 기술 등
	응용디바이스 서비스	레저, ICT융합 상용화 기술을 접목, 안전, 의료, 재난 방지 등 특수업무 활용, 개방형 스마트교육 및 학습활동지원하여 사용자와 기기의 연결 기술 등
실감형 콘텐츠	실감형 영상콘텐츠 기술	실세계 사람 배경 등을 컴퓨터 그래픽, 비전, 3D, UHD, 홀로그램, 입체음향 등을 이용하여 전달하는 기술 등
	지능형 인터랙션 기술	실공간 혹은 가상공간의 환경구현을 위한 AR·MR·VR의 기술과 인간친화적 인터페이싱기술인 NUI·NUX 기술, 환경 적응형 콘텐츠 기술 등
	인포콘텐츠 기술	사용자 성향과 환경에 적합한 콘텐츠 분석·검색, 콘텐츠의 구성과 표현에 다수가 참여하여 콘텐츠 활용 편의성 증대하는 소셜클라우드 협업 기술 등
	감성·뉴로 콘텐츠 기술	뇌파신호 판독하여 콘텐츠와 상호작용 하는 뉴로 콘텐츠 기술, 인간-기기-공간의 자연스러운 감성·인지웨어 기술, 오감인식, 감성UI·UX 기술 등

지원분야	핵심기술	관련아이템
	빅콘텐츠 유통플랫폼 기술	콘텐츠 패키징 · 분산 · 전송, 콘텐츠의 안전한 소비를 위한 환경, 저작권 보호기술, SNS 및 빅데이터서비스의 결합한 콘텐츠 응용서비스 등
스마트 바이오 생산시스템	마이크로나노 생산시스템	자동생산시스템, 배양시스템, 분리정제시스템 등
	에너지기계	의약품 제조기기 등
	정밀가공시스템	융복합 분석기기, 공정기기 등
가상훈련 시스템	가상체감 기술	현실감있는 가상환경 및 체감표현을 위한 SW, HW 생산 등
	원격협업기술	가상환경 저작 및 모사, 모션플랫폼 등 가상현실의 호환성 및 생태계 조성 등
	시뮬레이터	군사용, 의료용, 산업용, 스포츠용 등의 시뮬레이터 제작 등
	기능훈련 서비스	의료, 플랜트, 레저 등 기능훈련 서비스 개발 등
스마트 자동차	주변상황 인식 센싱 시스템	레이더기반 주행상황인지 모듈, 영상기반 주행상황 인지 모듈, 확장성 · 범용성 · 보안성 기반 V2X 통신모듈, 자율주행용 도로 · 지형속성 정보를 포함한 디지털맵, 보급형 고정밀 복합 측위 모듈 등
	클라우드기반 자율주행	클라우드맵 기반 주행상황 인지 및 플랫폼 기술, 수백Mbps급 V2X 통신 및 보안 시스템, 스마트 드라이빙 클라우드 센터 기반 서비스, 커넥티드드라이빙 컴퓨팅 시스템 등
	차세대 차량사물통신	운전자 수용성 기반 자율주행 HVI 차세대 IVN(In-Vehicle Network) 기반 제어기 기술 등
	스마트 액츄에이터 기술	Fail Safety 기반 스마트 액츄에이터 모듈, 사고원인 규명 ADR(Autonomous-driving Data Recorder) 모듈 개발 등
	스마트 자율 협력 주행 도로시스템	도로교통 상황정보 수집기술, 전자지도 플랫폼 기술, 자율협력도로 및 자동차 연계, 실증 기술 등
5G 이동통신	5G 무선전송 용량 증대	Massive MIMO, Advanced Duplex, LTE- Unlicensed, mmWave 기반 광대역통신, 차세대 Wi-Fi 기술 등
	이동 네트워크	고성능인프라, 차량간 직접통신, 차량형 이동셀 기술, 멀티플로우(Multi-flow) 기술 등
	저지연 · 고신뢰 기술 및 다수 다비이스 수용	Short TTI, New Waveform, Fast 상향 링크, 대규모 · 다수연결 디바이스 기술 등
	5G 소형셀 기술	Ultra-Dense Network(UDN) 무선 송 기술, 무선 백홀기술, 멀티RAT, 다층셀 클라우드 RAN기술, Ultra-Dense 소

지원분야	핵심기술	관련아이템
		형셀 가상화 구조, Advanced SON기술 등
	모바일 홀로그램 및 초다시점 서비스 플랫폼	박막형 홀로그래픽 패널 기술, 모듈형 홀로그래픽 콘텐츠 변환 기술, 콘텐츠 획득 및 고속화 기술, 콘텐츠 저작 기술, 양방향 실감 인터랙션 기술 등
심해저·극한환경 해양플랜트	심해 Oil & Gas 플랜트 엔지니어링 기술	Oil & Gas 개발을 위한 해저·해상 통합 FEED 기술, 해저·해상 통합 지능형 진단 및 감시시스템, 해저·해상 통합 지능형 진단 및 감시시스템 등
	부유식 해상플랫폼 상부공정(Topside Process) 시스템	고효율 수분 제거(Dehydration)시스템, 고농도 CO_2 천연 가스 처리시스템, 천연가스에 다량 포함된 CO_2를 처리하는 시스템, 친환경 산성가스처리(Sweetening)시스템, 신개념 NGL((Natural Gas Liquid) 회수 시스템, MEG 회수 및 주입 시스템, 해저·해상 통합플랜트 전력공급/제어/감시 시스템 등
	심해 Oil & Gas 플랜트 설치기술	해저 Foundation 및 StableLowering 기술, 고정밀 Dynamic Positioning 제어 및 해석 기술, 심해 URF 설치 설계/해석 기술 등
	심해저 생산 및 처리 시스템	고속대용량 심해저 원유분리 시스템, 심해저 다상유동 펌프 시스템, 심해저 해수주입 시스템, 심해용 URF(Umbilical/Riser/Flowline), 심해저 대용량 Manifold & Template 등
	극한환경 해양플랜트 통합 설계 기술	극한환경 해양플랜트 기본설계 패키지(Basic Design Package), 극한환경 해양플랜트 위험도 관리 기술, 극한환경 해양플랜트 위험도 관리 기술 등
	극지용 해양 플랜트 빙성능 엔지니어링 기술	구조성능 엔지니어링 기술, 빙저항·운동성능 엔지니어링 기술개발, 방한성능 최적화 기술 등
수직이착륙 무인항공기	엔진개발	기체, 엔진, 임무장비, 항공전자장비, 통지, 통제 지원 장비 제조기술 등
	완제기 개발	군단정찰용, 스마트무인기, 근접감시정찰용, TR-6X 틸트로터, 중고도, 사단정찰용, 차기 군단 등 무인기 개발 및 제조 등
맞춤형 웰니스 케어	빅데이터 공유 보안 기술	데이터접근 통제 기술, 익명화 기술 등
	개인건강기록 연동·통합, 저장 및 교환 표준체계	용어·코드 표준화, 건강정보 연계 기술 등
	라이프로그 데이터	라이프로그 데이터 획득 기술, 데이터 전송시 정보 위·변조

지원분야	핵심기술	관련아이템
	획득 및 저장 기술	방지, 데이터 저장을 위한 정보 모델 등
	개인 건강정보 기반 데이터 저장·분석· 서비스	데이터 연계기술, 정형·비정형 데이터 저장, 대용량 데이터 저장·분석 기술 등
	개인 맞춤형 건강관리 예측 시스템	데이터 추론 기술, Alert/reminder 기술 등
직류 송배전 시스템	핵심부품	스위치, 수동소자, 제어기 등 부품 제작 등
	모듈	DC차단기, VBE(Valve Base Equipment, 제어시스템), 전력제어 차단 및 계측·감시 기능 등
	시스템	DC차단기를 결합하여 다중 Point(1:N) 연계 가능한 매쉬형 직류 송배전 시스템 등
초소형 발전 시스템	기반기술	공정설계, 시뮬레이션, 공정 효율화 기술, 소재 기술 등
	핵심기기	터빈 설계 제작 기술, 압축기 설계 제작 기술, 열교환기 설계 제작 기술 등
	발전시스템 설계· 건설 운영	초임계 CO_2 발전 시스템 설계기술 등
	열원 연계와 확장 기술	원자력, 석탄화력, 복합화력, 신재생 열원연계 등
신재생 에너지 하이브리드시 스템	NRE-H 기반 고효율 융복합 분산형/독립형 발전 및 제어 기술	태양광-연료전지-ESS 하이브리드 발전/전력저장 기술, 바이오연료-NRE-H 기술, 신재생에너지 하이브리드시스템 통합제어 기술개발, 열전소자 등 타 기술분야를 활용한 신재생에너지 하이브리드 발전, 계간축열 기반의 열에너지 활용 기술 등
	NRE-H 고효율 MCFC 융복합발전 및 청정가스 변환시스템	MCFC-압력차발전기(Tubor Expander Generator) 복합발전 기술, MCFC 복합발전을 통한 고효율청정가스 생산기술 등
	제로에너지빌딩을 위한 NRE-H 통합솔루션 시스템 기술	건물의냉난방, 채광조절, 열 및 전기생산 등을 통합적으로 구현할 수 있는 다기능, 고효율의 건물 외피시스템 기술 등
	NRE-H 친환경 자동차 충전 시스템	NRE-H 고효율 전기/수소 생산 및 변환 기술 등
	NRE-H 시스템 ICT융합 플랫폼 기술	신재생에너지원 가용 환경평가 및 최적에너지 Mix 구성 Engineering 기술 등

지원분야	핵심기술	관련아이템
재난 안전 시스템	스마트 재난상황 관리 시스템	스마트, 시뮬레이션, 시큐리티, 세이프티 빅보드 시스템 등
	국토관측센서 기반 감시평가 예측 기술	X-net 기반 수문정보 생성 및 예측기술, 위성기반 가뭄·하천건천화 평가 및 예측기술, 위성, radar, AWS 기반 홍수재해 평가 및 예측기술, 수자원 정보서비스 플랫폼기술 등
	재난상황 조망 시스템	ICT 기반 재난현장 무선통신망 확보 및 긴급지원 기술 등
	도시지하매설물 모니터링 관리시스템	IoT 기반 재난재해 예측 및 대응 기술, 지하매설물 실시간 전역 위험 감시 기술,도시철도 지하구조물 및 주변 지반 감시 기술, 지하수 및 지질 환경 실시간 예측 기술 등
지능형 반도체	지능형반도체 설계기반기술	프로세서 Core 기술, 반도체 SoC IP, 반도체설계 SW Tool, SW-SoC 융합서비스 개발도구 기술 등
	스마트 인지·제어 지능형반도체 (SW-SoC) 기술	지능형센서, 인지신호 처리·제어 SW-SoC 융합 기술, 고정밀 센서 신호처리 반도체, 웰니스케어 지능형반도체 기술 등
	스마트 통신의 지능형반도체 (SW-SoC) 기술	고속 이동통신 SW-SoC 기술, 광대역 네트워크 SW-SoC 기술, 초저전력 Connectivity SW-SoC 기술, 고신뢰성 보장을 위한 SW-SoC 융합 기술 등
	초고속 컴퓨팅의 지능형반도체 (SW-SoC) 기술	신경모사지능형컴퓨팅SW-SoC기술, 지능형 메모리 SW-SoC기술, 지능형반도체 경량·고신뢰 SW 기술, 빅데이터 고속처리 SW-SoC 기술, IoT향 저전력 프로세서 기술 등
	고효율 전력에너지용 지능형반도체 기술	에너지 하베스팅 반도체기술, 에너지고효율전력관리 SW-SoC 기술, 고효율 전력변환 SW-SoC 융합 기술 등
융복합 소재	창의소재	현대판 연금술 기반 가스분리막 및 촉매소재, 휴리스틱스 최적화기술기반 LED용 형광체, 스핀궤도결합에 의한 스위칭 용이 소재, 멀티레벨 컴퓨팅 구현을 위한 스마트소재, 자기동기화 바이오 소재, 오감증진용 자기조절 자기조립 소재 기술 등
	탄소섬유복합재	탄소섬유 저가화 기술, 탄소섬유 표면처리기술, 복합재료용 열가소성 수지기술, 금속 기반 복합재료, 탄소섬유 인증 및 표준화 기술, 금속대체 소재기술, 고내열 소재 기술 등
	하이퍼 플라스틱	고내열 투명소재 기술, 구조부품용 고강성 복합소재 기술, 친환경 수퍼엔지니어링 플라스틱, 수퍼엔지니어링 플라스틱 기능성 향상 중합, 전장부품용 하이퍼 플라스틱 소재개발, UTH용 소재부품개발, 고강성/고탄성 하이퍼 플라스틱 개발 등
	타이타늄	저원가 고품질 Ti생산기술, 생활소재용 Ti산화물 제조기술, Ti중간재 제조기술, Ti제조 및 고성능 합금기술, Ti부품 제조 공

지원분야	핵심기술	관련아이템
		정기술 등
사물 인터넷	디바이스 기술	초경량 저전력 IoT 디바이스 플랫폼 기술, 자율제어/고신뢰 IoT 디바이스 플랫폼 기술, 개방형 HW/SW 플랫폼 기술, 초소형 저전력 스마트 센서 모듈 기술 등
	네트워크 기술	다중 디바이스 연결을 위한 액세스 네트워크 기술, 자율 디바이스 연결을 위한 서비스 인지형 네트워크 기술, 이종기기간 연동을 위한 복합 IoT 게이트웨이 기술 등
	플랫폼 기술	분산구조 기반의 IoT 플랫폼 기술, 실시간성 보장형 IoT 플랫폼 기술, 이종 플랫폼의 Federation 기술 등
	보안 기술	IoT 프라이버시 보호 기술, 하드웨어기반 IoT 보안 기술, 크로스 레이어 보안기술 등
빅데이터	고성능 빅데이터 처리 및 저장 관리 기술	고속 네트워크 통합형 분산처리 고성능화 기술, 성능가속기 기반 고성능 처리 기술, 성능가속기 기반 고성능 저장 관리 기술, 다양한 응용 패턴 통합 지원 기술 등
	빅데이터 플랫폼 자원 관리 및 운영 최적화 기술	이종의 다양한 워크로드 인지형 자원관리 기술, 작업 처리율 향상을 위한 작업 스케줄링 기술, 최적의 성능 도출형 플랫폼 운영관리 기술 등
	예측형 시뮬레이션 및 지능 알고리즘 기반 분석 기술	지능형 예측 분석 기술, 이종 데이터소스 융합 분석 기술, 협업 분석 기술, 모사현실 모델링 프레임워크 기술 등
	빅데이터 원천기술	빅데이터 분석기술, 빅데이터 어플라이언스 구축 기술, 워크플로우 기반 적용 시나리오 구현기술, 데이터 품질 정량화 및 최적화 기술, 빅데이터 유통 인프라 구축 기술 등
첨단소재 가공시스템	첨단소재 가공시스템	첨단소재의 효율적인 가공을 위한 가공 · 검사 장비, 개방형 CNC, 운영 S/W 등을 패키지 개발 등
	첨단공구	첨단소재 가공성을 향상시키기 위한 공구형상 설계, 내마모성, 수명향상을 위한 표면처리 기술을 통해 첨단소재 전용 공구개발 등
	하이퍼텍스	탄소섬유복합재 적층을 통하여 절삭가공 전단계의 CFRP 반제품 생산장비 및 성형장비개발 등

<table>
<tr><td>2.8</td><td>사례연구 1</td></tr>
</table>

'전략적 모호성'과 상추 이파리

□ 한국일보 엠플러스한국 고정칼럼 〈김영국 교수의 속 보이는 경제 이야기〉

'전략적 모호성'과 상추 이파리

최근부터 미국과 중국이 자존심을 건 세기의 한 판 승부처럼 충돌과 갈등의 골이 날이 갈수록 더욱 깊어지고 있다. 미국에는 안보의 의존도가 높고, 중국에는 수출의존도가 높은 우리나라 입장에서는 악몽의 연속인 셈이다. 기업 입장에서는 글로벌시장이 생존보다 훨씬 더 중요할 수는 없는 일이다.

미국과 중국 간 협상의 최대 핵심쟁점 키워드를 우선순위별로 요약해보면 8가지로 분류할 수 있다. 환율과 미국상품구매, 비관세 장벽과 강제 기술이전, 산업스파이와 지식재산권 절도, 국유기업보조금과 협상 이행 감독 등이다. 미국과 중국은 한 손에는 대립으로 또 다른 한 손에는 타협으로, 반복적인 무역 전쟁을 계속할 것이 뻔하다. 이미 우리는 복잡한 셈법의 한국−미국−북한−중국 간의 파도타기를 수없이 보아왔기 때문이다.

우리의 기업을 지켜줄 정부는 어디에 있는가? 이러한 때에 만약에 정부가 혹여나 '기업의 자율적인 선택'을 강요라도 한다면, 기업은 '공격과 방어' 전략 중 어느 쪽을 선택할 것인가? 또한 미국과 중국 중에 어느 쪽을 선택할 것인가? 하는 깊은 고민이 계속될 것이다. 기업은 곧 '전략적 모호성'의 심각한 선택 문제에 바로 봉착하게 된다. 종종 약자의 전략적 모호성은 곧 전략의 부재로 해석되어 엄청난 대가를 치러야 하는 것이 될 수 있기 때문이다.

기업 비즈니스의 선택과 집중전략 측면에서 보면, 강자가 전략적 모호성을 취할 경우에 약자는 선택의 폭이 아주 좁아진다. 초조하고 조급해질 수밖에 없다. 반대로 약자가 전략적 모호성을 취할 경우에 강자는 그야말로 얼마든지 다양한 선택을 할 수 있다. 마치 약육강식이 펼쳐지는 동물의 세계와도 흡사한 것이다. 왜냐하면, 동물은 배가 고플 때와 고프지 않은 때를 별로 구분하지 않은 편이다.

그러나 수요와 공급, 선택과 집중, 공격과 방어, 대립과 타협 등 다양한 전략이 판을 치는 게 곧 국가 간의 자유무역협정(FTA)과 무역 전쟁인 셈이다. 따라서, 글로벌 시장에서는 철저하게 국익이라는 미명 하에 최소한의 실리와 명분 중의 하나를 최우선으로 해야 하는 전략을 사용하기 때문이다. 한국 – 미국 – 북한 – 중국 상호 간의 관계도 종종 흡사하다. 게다가 종종 정치적인 셈법도 동원되거나 통치자의 수단으로 활용되어, 그야말로 실타래처럼 복잡해진다. 전 세계에서 중국과 일본이 미국의 속내를 가장 잘 안다고 하면 과장일까?

한국과 중국, 한국과 미국 간의 자유무역협정의 실효성에는 문제는 없는가? 꼼꼼히 챙겨볼 때다. 어느 날 문득, 미국과 중국 간의 대타협으로, 중국이 미국의 상품수입을 대폭적으로 늘리는 관리무역을 선택한다면, 한국을 포함한 동남아 주변국가의 산업 생태계 지도는 엄청난 변화가 불가피해질 전망이다.

현 정부 들어 2년 새 30% 수준으로 오른 최저임금 인상이 헌법의 위헌공방을 놓고 며칠 전에 헌법재판소에서 공개 변론이 열렸다. 급격한 최저임금인상으로 헌법이 보장한 재산권과 경제활동의 자유를 침해당했다며 '전중협(전국중소기업·중소상공인협회)'이 헌법소원을 냈기 때문이다.

르노삼성차가 전면파업과 부분파업을 합쳐 312시간을 일하지 않고 장기 파업에 참여한 노동조합원에게 임금 일부를 보전해주기로 했다고 한다. 르노삼성의 무노동·무임금 원칙이 깨진 것이다. 같은 날, 이웃 일본 도요타자동차는 비조합원 과장급 이상의 9,800명 관리직 직원들의 이번 여름보너스를 처음으로 삭감하기로 했다.

도요타의 실적과 수익은 여전히 견조하다. 자율 주행차와 전기차 등 차세대 자동차 개발에 투자를 늘리기 위한 합심의 결과다. 구글과 아마존과의 경쟁구도에서 불과 몇 년 후의 생존전략에 대한 위기감을 노사가 공유한 결과다. 지난 3월 기준, 일본기업 최초로 연간 매출 30조를 달성한 도요타가 마른 수건 짜기를 한 셈이다.

같은 날 동시에 르노삼성자동차와 도요타자동차를 보니 참 씁쓸하다. 서너 평의 텃밭에 갑자기 내린 가랑비에도 부추와 상추 이파리가 참 행복해하고 넉넉해 보인다 (김영국 계명대 벤처창업학과 교수).

2.9 사례연구 2
네덜란드의 창업정책 엿보기

한국일보 엠플러스한국 고정칼럼 〈김영국 교수의 속 보이는 경제 이야기〉

네덜란드의 창업정책 엿보기

현재 국내외 대학뿐만 아니라 국가별 수많은 관련 창업기관, 지자체마다 다양한 창업지원제도와 독특한 교육프로그램이 넘치고 있다. 창업의 형태와 종류도 천차만별이다. 청년창업과 실버창업, 골목창업, 사회적기업창업, 유투버 창업과 먹방창업, 1인 창업, 여성창업과 장애우창업, 농어업인창업과 드론창업, 프렌차이즈창업, 반려동물창업, 이미용 뷰티창업, 전역군인창업, 바리스타창업, 음악(미술)치료창업 등에 이르기까지 업종업태별로 다양한 창업형태가 속속 등장하여 철철 넘치고 있다.

지금, 우리의 창업교육이 지난 어느 정권에서 표몰이를 의식한 정치, 문화, 사회 역사적 산물이었다면, 이제는 4차 산업혁명과 6차 산업 시대에 부응하는 정책으로 일자리 창출이 속속 실천되어야 할 때이다. 선거 때마다 일회용 창업정책용으로만 표현되고 있는 정책제안은 반드시 멈추어야 한다.

네덜란드의 경우를 보자, 미시적 차원의 네덜란드식 창업접근방법은 대학과 학생, 창업기관(기업) 간에 활발한 실질교류가 이어져 3자 간에 협업 포인트가 되도록 하는 것이다. 어떻게 축적된 낡은 지식으로 낡은 문제를 해결할 것인가? 아니다. 우리도 이제는 실무현장의 지식으로 곳곳의 문제해결과 새로운 지식창출로 새로운 문제를 해결하도록 철저한 현장(기업)형 창업교육시스템을 만들어 창업교육을 해야 할 때이다.

네덜란드의 경우, 이미 초등학교 6학년 경에 크게는 두 가지로 진로 방향을 정하고 있다, 취·창업(현장중심)과 교육(교육중심)의 진로 중에서 자신의 진로와 방향을 잡아가도록 하고 있다. 네덜란드의 전통적이고 상식적인 그러나 여전히 유효한 청년창업

학습모델(ADDIE)이 있다. A(분석)−D(디자인)−D(개발)−I(적용)−E(평가)이다.

이 분석의 경우는 지금부터 향후 1−3년, 5년, 10년 후의 학생의 미래를 스스로 분석(비즈니스환경, 사회인식, 트랜드 키워드, 문화, 정책 및 제도 등)하는 창업교육방식이다. 즉 현장의 비즈니스생태와 진로환경을 이해하고 준비하여 자신의 미래설계를 하는 셈이다.

1975년 빌게이츠는 하버드대학 재학 중 가정(개인)마다 최소한 컴퓨터 한 대씩 보급하는 꿈을 가지고 청년창업에 도전하였다. 당시는 큰 기업이라야 겨우 한두 대 정도의 초보형 업무컴퓨터가 보급되는 시절이었다. 결국 빌은 하버드대학이냐? 창업이냐? 를 고민하다 청년창업을 선택, 세계적인 마이크로소프트사로 성공한 빌은 2007년 33년 만에 하버드에서 명예졸업장을 받았다. 빌은 '창업가의 시간관리와 자신의 우선순위'를 늘 강조하였다.

최근 필자가 참석한 어느 지자체의 일자리창출회의에서의 이야기다. 골목창업의 인기인 백종원과 자장면과 국수 등 각각을 혼자 23인분을 단숨(30분 내)에 먹으며 1인 방송으로 유명세와 막강한 연봉을 자랑하는 먹방 인기인 등을 모셔와(?) 지역의 창업경제를 살리자는 실화가 있다.

모두가 경제 환경의 악화추세로 살기 어렵다고 아우성인 때, 창업 정책의 철저한 Plan(계획)−Do(실행)−See(검증)으로 '실행하지 않으면, 아무 일도 일어나지 않는다'를 무척 강조하고픈 맘 간절하다(김영국 계명대 벤처창업학과 교수).

CHAPTER

3

창업모델 설계

3.1 창업 아이템 발굴
3.2 창업 아이템 분석
3.3 비즈니스모델의 활용
3.4 자금조달과 창업지원제도

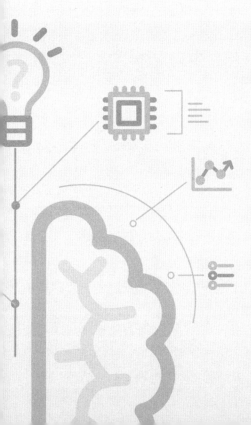

3.1 창업 아이템 발굴

　　창업은 비즈니스모델이 발굴과 선정에 따른 선택과 집중을 하는 것으로 시장에서 성장가능성이 있는지, 진입장벽은 없는지 등을 사전에 파악하여 분석하는 것이 매우 중요하다. 본 장에서는 창업아이템 발굴과 선정을 위한 실무적으로 사용되는 방법론 등을 살펴보고자 한다.

　　창업의 재미와 목표의식을 명확히 함으로써 창업진행 시 선택과 집중을 통한 성장가능성이 한층 더 높아질 수 있다. 아이템 발굴을 위한 기본적 질문은 다음의 그림과 같다.

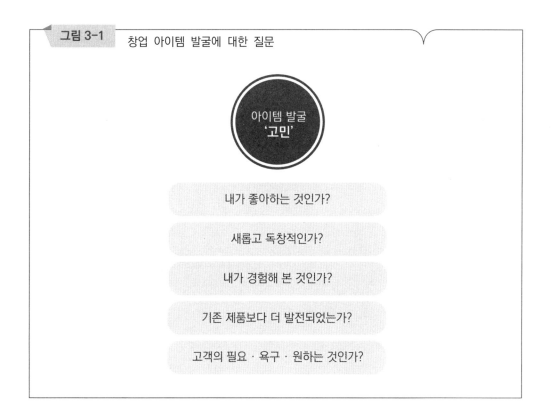

그림 3-1 창업 아이템 발굴에 대한 질문

아이템 발굴
'고민'

내가 좋아하는 것인가?

새롭고 독창적인가?

내가 경험해 본 것인가?

기존 제품보다 더 발전되었는가?

고객의 필요 · 욕구 · 원하는 것인가?

CHAPTER 03 창업모델 설계　85

<그림 3-1>과 같이 대부분의 창업자는 본인이 좋아하거나 경험해본 것을 기초로 창업아이템을 검증 받아 보고 싶어 한다. 특히 주변의 친구나 아는 사람들이 "이런 제품이 있었으면 좋을 것 같은데" 또는 "창업자 당신이 하고 싶은 제품 정말 좋은 것 같다. 나오면 내가 사줄게" 등의 이야기를 해주면 창업자는 꼭 해당 제품을 만들어서 판매하고자 하는 의욕만 앞서게 된다.

창업자가 주의해야 할 것은 해당 제품에 대한 실제 고객과 시장에 대한 검증이 없다는 문제점이다. 즉, 해당 제품이 정말 새로운 것인지 또는 기존 제품과 기술에 비해 발전된 모델인지, 주변의 친구나 아는 사람이 아닌 제3자의 고객이 정말로 필요로 하거나 원하거나 구매에 대한 욕구를 가지고 있는지를 필히 세분화하여 검토할 필요성이 있다.

따라서 창업은 주변의 지인을 위한 것이 아닌 시장과 제3의 고객 중심으로 진행되어야 하고, 창업을 준비할 때에는 창업자 본인의 욕심과 의지만 가지고서는 창업 수행이 어려움을 인지하고 필요에 따라 전문가 또는 창업지원기관 등의 도움을 받을 것을 적극 권장한다.

3.2 창업 아이템 분석

창업 아이템 발굴을 위한 질문사항을 기반으로 창업자는 창업 아이템 선정을 위한 분석 체크리스트를 사전에 고민하여 만들어 인터뷰 시 적극 활용한 점검을 해보는 과정이 현실적으로 필요하다.

⚙ 〈표 3-1〉 창업 아이템 발굴 분석 Check list 예시

점검 내용	점수			비고
	상 (예)	중	하 (아니오)	
동일 또는 유사한 제품은 없는가?				
동일 또는 유사한 기술은 없는가?				
제품은 실제로 구현될 수 있는가?				
정부의 인·허가 대상인가?				
직접 생산할 수 있는가?				
주문 생산할 수 있는가?				
대체재가 있는가?				
국내시장의 진입장벽은 없는가?				
고객의 확보는 가능한가?				
시장에 형성된 가격은 어떠한가?				
자금조달 방법은 있는가?				
순이익은 어떤가?				
성장가능성은 어떤가?				
수출은 가능한가?				
경쟁사 해당 제품생명주기는 어떠한가? (도입, 성장, 성숙, 쇠퇴)				

이는 시장조사의 개념과 유사하다고 생각해도 되며, 머릿속으로만 정리를 하여 분석을 하거나 조사를 할 때 놓치는 부분이 분명히 발생하기 때문으로 창업자가 알고자 하는 내용에 대한 철저한 준비를 통한 진행은 필수이다. '창업 아이템 발굴 Check list' 의 예시는 <표 3−1>과 같다.

<표 3−1>과 같이 창업 아이템 발굴 분석 체크리스트를 작성하여 현재의 시장과 창업자의 수준을 살펴본다면 창업 아이템에 대한 선정 유무를 어느 정도 파악할 수 있을 것이다. 이를 통해서 창업자 본인은 새로운 아이템을 발굴 할 것인지, 해당 아이템을 좀 더 고도화하거나 새로운 제품으로 개발하여 시장에 진입시킬 수 있는 전략 등의 수립을 위한 선택과 집중을 명확히 할 수 있도록 기회를 도출할 수 있게 될 것이다.

3.3 비즈니스모델의 활용

3.3.1 Business Model Canvas(BMC)

1) 개념

비즈니스모델 캔버스(BMC)는 스위스 로잔 대학교 예스 피그누어대학교 예스 피그누어(Yves Pigneur)교수와 알렉산더 오스터 왈드(Alexander Osterwalder)가 2010년 "Business Model Generation" 저서를 통해 비즈니스모델(BM)을 소개한 툴이다. 비즈니스모델 툴을 통해서 해당 회사 조직이 제품(서비스)의 가치를 발굴하여 고객에게 소개하고 판매하여 수익을 발생시킬 수 있는지를 체계화시킨 것이다. 비즈니스모델은 4가지 영역(area)과 9가지의 블록(building blocks)으로 구성되어 있으며, 세부적인 구분은 다음과 같다.

① 4가지 영역
    WHO, WHAT, HOW, HOW MUCH

② 9가지의 블록
    ⅰ) 고객 세분화
    ⅱ) 고객 관계
    ⅲ) 채널
    ⅳ) 가치제안
    ⅴ) 핵심 활동
    ⅵ) 핵심 역량

CHAPTER 03 창업모델 설계　89

vii) 핵심 파트너

viii) 수익원

ix) 비용구조로 구분할 수 있다.

이를 좀 더 보기 쉽게 해당 영역과 블록으로 정리하여 살펴보면 다음의 그림과 같다.

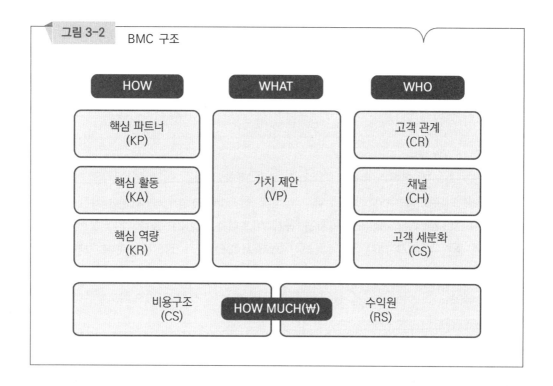

그림 3-2   BMC 구조

2) BMC 주요 내용

비즈니스모델 캔버스는 ① 고객세분화, ② 가치 제안, ③ 채널, ④ 고객 관계, ⑤ 수익원, ⑥ 핵심 역량, ⑦ 핵심 활동, ⑧ 핵심 파트너, ⑨ 비용 구조의 순서로 작성하면 된다. 9가지 블록은 개별적으로 작성되나 해당 순서에 따른 관련 내용을 기준으로 해당 창업 아이템과 일관성이 있도록 작성되어야 한다. 작성된 내용을 통해서 비즈니스모델에 대한 분석과 판단에 따른 문제점 등을 도출하여 개선방안에 대한 유무를 판단하여 지속적으로 진행해야 하는지 또는 정리해야 하는지를 판단하는 중요한 지표로 사용된다.

① 고객 세분화(Customer Segments, CS)

BM과 관련하여 가장 중요한 요소는 '고객은 누구로 하는가?'이다. 즉, 고객세분화를 어떻게 하느냐에 따라서 창업 아이템에 대한 방향성이 달라진다.

고객세분화를 '좁은 범위로 할 것인가? 넓은 범위로 할 것인가?'를 창업자는 시장분석 등을 통해서 결정을 하여야 한다.

일반적으로는 STP(시장세분화전략)의 형식에 따라서 인구통계, 지역별 분류, 성별 분류, 고객가치추구, 고객심리 등의 유형으로 고객별 특성과 성향 등을 중심으로 파악하는 것이 일반적이다.

② 가치 제안(Value Propositions, VP)

고객에게 창업자의 제품에 대한 가치를 제안하는 것은 매우 중요한 요소이다. 즉, 고객이 창업자의 제품에 대한 특징과 좋은 점을 모른다면 그냥 지나치기 쉽지만 창업자의 제품에 대한 좋은 점을 직접 또는 간접적으로 알게 되었을 때에는 한 번 정도 관심을 줄 수 있기 때문이다.

가치 제안에 따른 가치는 기존의 제품 또는 서비스 등에 대한 성능, 디자인, 가격, 편의성과, 비용절감, 리스크 해결, 브랜드의 지위, 목표 등이 있다.

③ 채널(Channels, CH)

목표하는 고객에게 창업자의 제품 판매 또는 서비스 제공을 할 수 있는 방법을 말한다. 즉, 시장을 통해서 상품과 서비스가 원활하게 제공되도록 하는 것은 고객 만족을 위한 것으로 창업자는 채널을 명확히 구성 및 구축하는 것이 중요하다고 할 수 있다.

채널은 오프라인과 온라인으로 구분할 수 있으며, 오프라인은 매장 중심의 백화점, 대형할인점, 슈퍼마켓, 전문점, 도·소매점 등이 있으며, 온라인은 인터넷쇼핑몰, 오픈 마켓 등이 대표적이다. 채널은 제품과 서비스에 대한 고객의 이해도를 기초로 구매를 위한 방법, 가치에 대한 전달 및 제안 방법, A/S 등이 주요 내용이 된다.

④ 고객 관계(Customer Relationships, CR)

목표로 하는 고객과 어떠한 방법으로 관계를 지속시킬 수 있는지에 대한 방법 등을 제시하는 것을 말한다. 즉, 충성고객을 유지시키는 방법, 고객의 이탈을 방지하는 방법, 신규고객으로 유치하는 방법 등을 정리하여 방향성과 전략을 수립할 수 있다.

ⅰ) '개별 어시스트 방식'을 통한 콜센터 상담, 판매직원 지원을 통해 고객에게 직접 상품에 대한 정보와 도움을 주고, 고객별 전담인력을 선정하여 적극적으로 응대하도록 한다.

ⅱ) '셀프 서비스'를 통해서 고객이 직접 필요로 하는 사항을 해결할 수 있도록 하거나, '자동화 서비스'를 통한 개인별 온라인 맞춤형 서비스를 제공할 수 있다.

ⅲ) 창업자는 온라인 커뮤니티를 운영하거나 '코크리에이션'을 통한 고객들의 리뷰에 대한 반영 및 제품 개발에 직접 참여시키는 방법으로 고객에게 신뢰성을 제공할 수 있고 고객 확보 및 유지에 많은 도움이 될 수 있다.

⑤ 수익원(Revenue Streams, RS)

기업이 고객으로부터 판매를 통한 수익[1]을 발생시킬 수 있는 것을 말한다.

수익원은 '물품 판매'를 통해 직접 얻거나, 서비스 이용을 위한 '이용료 또는 가입비', 일정기간 자산을 이용할 수 있도록 권리를 제공하고 받는 대가인 '대여료 또는 임대료', 지식재산권 사용에 따른 '라이선싱 비용', 중개에 따른 '중개 수수료', 제품 또는 서비스 등의 브랜드 노출에 따른 '광고비' 등이 대표적이 예이다.

⑥ 핵심 자원(Key Resources, KR)

가치에 대한 성공적 실현을 위해서는 현실적으로 필요한 핵심 자원을 다양하게 보유 및 갖추고 있으면 창업 시 매우 유리하다.

공장, 설비, 기계, 시스템, 물류 등의 '물적 자원'과 생산의 기술과 지식을 갖춘 인력, 개발자, 웹마스터, 투자자 등의 '인적 자원'이 필요하며, 지식재산권, 브랜드, 고객 DB 등의 '지적 자산', 현금, 신용, 주식 등의 '재무적 자원'을 대표적으로 제시될 수 있다.

⑦ 핵심 활동(Key Activities, KA)

창업자가 원활한 창업을 진행하기 위해 집중적으로 실행해야 하는 활동을 말하며, 창업자 중심의 진행이 되어야 한다.

제품에 대한 모델링과 설계, 제작 등의 '생산'과 고객중심의 문제에 대한 '해결방안', '플랫폼', '네트워크' 등이 필요하다.

---

1 수입 - 비용 = 수익

⑧ 핵심 파트너(Key Partnerships, KP)

창업자가 창업을 하면서 역량 또는 자원 등의 부족함과 미비점을 보완해줄 수 있는 파트너를 찾거나 도움을 받아 창업 리스크를 해결 또는 최소화 할 수 있는 대책을 갖춘 자를 말한다.

'업무적 지원관계', '경쟁사 기반의 전략적 파트너쉽', 안정적인 '구매자와 공급자 관계' 등의 유형이 있다.

⑨ 비용구조(Cost Structure, CS)

창업을 하면서 발생되는 전반적인 비용을 말한다. 또한 가치 제안과 고객 관계 유지, 수익원 창출 시 비용이 발생한다.

매출액 변동에 민감하지 않은 비용으로 4대보험 기준 인건비, 임차료, 보험료, 정기적 광고비, 감가상각비 등의 '고정비'와 매출액 변동에 민감한 원재료비, 파트타임 인건비, 비정기적 광고비 등의 '변동비'가 있다.

3) BMC 주요 작성 예시

BMC는 위에서 살펴본 9가지 블록을 통해서 창업자와 창업아이템에 대한 현재의 상황을 분석할 수 있고, 장·단점을 파악하여 사업전략 등을 수립할 수 있으며, 해당 BMC에 대한 구조의 쉬운 이해와 내용의 예시를 최종 정리하여 보면 다음의 <그림 3-3>과 같다.

그림 3-3   BMC 주요 작성 예시

⑧ 핵심 파트너 (KP)	⑦ 핵심 활동(KA)	② 가치 제안(VP)	④ 고객관계/관리 (CR)	① 고객 세분화 (CS)
• 핵심 파트너 • 핵심 공급업체 등	• 가치 제안을 위한 활동 사항 • 채널과 중점 활동 사항 • 매출처에 대한 활동 사항 등	• 회사 제품의 우수성 • 고객 고민 해결 • 타사 제품과의 차별성 등	• 홈페이지 게시판(VOC) • SNS 활동 • A/S처리 만족 • 전문 상담원 연계	• B2C • B2B • B2G 등 고객 세분화

⑥ 핵심 역량/지원(KR)
- 기술력
- 인력 PPL
- 프로젝트 수행 경력 등

③ 채널/유통(CH)
- 온라인
- 오프라인 (백화점 등)
- 방문판매
- 인적 네트워크 등

⑨ 비용구조(CS)
- 인건비
- 원재료비
- 마케팅비 (광고비, 홍보비, 판촉비 등)
- 연구개발비 등

⑤ 수익원/매출구조(RS)
- 라이선스
- 상품판매
- 광고수익 등

3.4 자금조달과 창업지원제도

정부에서는 창업자를 위한 창업육성을 적극적으로 추진하고 있으며, 창업에 따른 산업발전에 기여할 수 있는 핵심 자원 등을 확보하기 위하여 다양한 방식으로 자금지원을 위한 노력을 하고 있다.

다만, 문제가 되는 것은 정부창업지원금만을 노리는 일명 창업헌터들로 인해 실제 정상적으로 창업하고자 노력하는 창업자들에게 피해를 발생시키고 있는 것이 현실로 정부는 창업헌터에 대한 법적 조치 및 해결할 수 있는 규제방안을 더욱 강구할 시점이다.

3.4.1 기업성장단계와 자금유치 유형

창업자가 최초 자금조달을 하는 방법은 우선 ① 창업자 본인의 자금을 최대한 사용하고, 그 다음 부모님과 친구 등 지인들을 대상으로 자금을 대여하거나 투자로 유치하는 등의 행동을 한다. ② 이후 창업자는 창업관련 공모전 또는 창업지원 사업 등을 통해서 시제품제작 비용 및 마케팅 지원비 등을 받아서 업무를 진행하나 해당 공모전과 창업지원 사업은 한계성이 있다.

또한 창업자는 자금을 다 사용한 경우 ③ 2차적으로 금융기관을 통한 융자를 시도하거나 특허 등의 기술이 있을 경우 기술보증보험 또는 중소기업진흥공단 등을 통해서 벤처확인을 통한 보증을 받아 금융권으로부터 대출을 받는다.

창업자는 대출받은 자금 등을 다 사용하기 전에 미래를 위해서 ④ 3차적으로 IR 등의 참가를 통해서 투자기관을 통한 투자 유치, 벤처캐피탈에 의한 투자 유치, 엔젤투자자를 통한 투자 유치 등의 방법을 강구하나 실제 창업자의 창업 아이템이 투자로까지 연결되는 것은 정말 어렵다. 즉, 창업자는 초기에는 가족 또는 지인 등을 통한 자금을 빌려 창업에 사용을 하나 한계성이 있고, 투자자 또는 금융기관 또한 미래를 알 수 없는 창업자에 위험을 감수하면서까지 쉽게 자금을 투자해주거나 융자해줄 것을 기대할 수 없는 것이 현실이다.

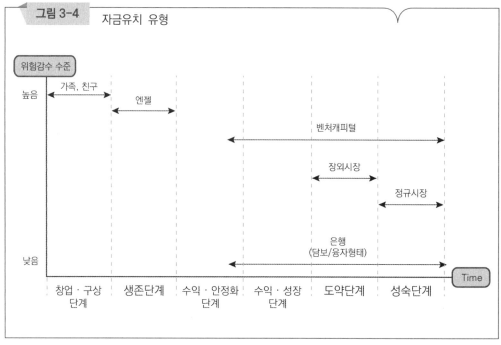

그림 3-4 자금유치 유형

출처: 정보통신정책연구원

3.4.2 엔젤투자와 벤처캐피탈

벤처캐피탈은 창업지원법 제16조와 동법 시행령 제11조에 의거하여 벤처조합을 결성할 경우 약정 총액의 40%를 창업 또는 벤처기업에 의무적으로 투자하도록 규정하고 있으며, 약정 총액이 10억 원인 벤처조합을 결정할 경우 4억 원에 대해서는 의무적으로 창업 또는 벤처기업에 투자하여야 한다.

엔젤투자와 벤처캐피탈을 정리하여 살펴보면 다음과 같다.

① 엔젤투자

창업자가 '죽음의 계곡(Death Valley)' 단계에 있을 때 창업자가 엔젤투자자에게 투자설명을 하여 선정된 경우 소액의 필요한 자금을 직접 투자하는 것이다. 엔젤투자자는 창업자로부터 주식으로 대가를 받아 경영에 대한 자문과 멘토링 등을 실시하여 창업기업이 더 성장할 수 있도록 적극적인 지원을 하고 창업자의 기업 가치를 저변 확대하여 '투자이익'을 회수하는 것이 주요한 목적이다.

② 벤처캐피탈

고위험의 창업자에게 투자하고 창업자는 VC에게 지분을 제공하여 창업자의 성장에 따른 약정된 이익을 취하는 투자전문가로 형성된 전문적 투자집단이다.

즉, 창업자가 기술은 있으나 경영운영이 미흡하거나 자본금이 낮아 추가적 성장에 어려움이 있다고 판단되는 경우 초기투자를 진행하여 적극적인 경영지원과 멘토링을 통해서 창업자를 성장시켜 투자금을 회수하는 것이 일반적인 형태이다.

투자방법으로는 창업자로부터 투자설명을 듣고 가치가 있다고 판단되는 창업자를 선정하여 창업자의 신주인수 또는 지분을 출자하거나, 무담보 전환사채 또는 무담보 신주 인수권부 사채를 인수하기도 하며, 직접적인 프로젝트 투자를 진행하기도 한다.

〈표 3-2〉 엔젤투자와 벤처캐피탈 비교

구분	엔젤투자 (Angel Investor)	벤처캐피탈 (Venture Capital)
투자단계	성장 초기단계 선호	창업 후 초기성장단계 선호
지원내용	노하우 및 자금지원 등	자금지원
투자동기	고수익성, 지인, 인연 등	고수익성
투자재원	개인자산(투자펀드 작음)	투자자 모집(투자펀드 큼)
자격요건	제한 없음	법적요건
위험허용도	높음	낮음
투자수익성	높음	낮음
피투자자의 위치	투자자와 근거리	제한 없음
신분노출	비공개	공개
접촉계기	우연적 만남	협의 후 만남
형태	클럽	회사 또는 조합

3.4.3 창업지원제도

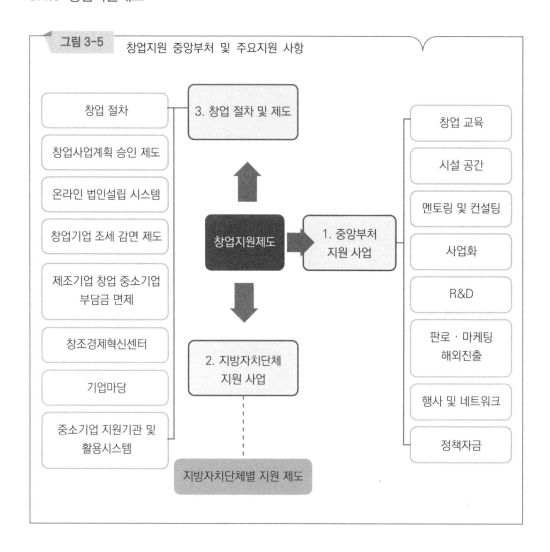

그림 3-5   창업지원 중앙부처 및 주요지원 사항

창업지원제도는 ① 중앙부터 지원 사업, ② 지방자치단체 지원 사업, ③ 창업절차 및 제도로 구분되며, '창업넷' 홈페이지를 통해서 세부적인 제도 등을 살펴볼 수 있다. 창업자는 다양한 창업지원제도를 기반으로 자신에게 필요한 창업지원이 무엇인지를 파악하여 해당 기관 또는 해당 기관의 홈페이지를 살펴보는 노력이 필요하다. 또한 단계적으로 창업관련 지원 사업 등을 한눈에 볼 수 있도록 구축해 놓은 '창업넷' 홈페이지를 적극 활용할 경우 창업 진행에 많은 도움이 될 것이다.

CHAPTER

4

스타트업 마케팅

4.1 창업기업의 특성과 이해
4.2 창업기업의 마케팅이란?
4.3 창업기업 마케팅의 특징
4.4 마케팅 환경의 변화
4.5 마케팅전략 수립과 실행
4.6 벤치마킹
4.7 마케팅조사

4.1 창업기업의 특성과 이해

대기업이나 중견기업에 비하여 상대적으로 작은 규모로 시작하는 창업기업이나 중소기업은 별도의 마케팅 조직을 두기가 쉽지 않다. 비용문제로 인하여 많은 사람이 근무할 장소를 마련하기가 쉽지 않고 능력있는 인재를 구하는 것이나 사업의 규모로 인한 효율성 문제 등 모든 것이 어려워 창업초기에는 대표자가 모든 것을 다 해야 하는 경우가 많다.

대표자가 창업을 하기 전후로 사업계획을 수립하고 마케팅전략 수립, 인사, 노무, 세무, 회계, 자금, 법규, 구매, 자재, 기술개발, 제품개발, 디자인, 산업재산권관리, 정부 지원사업관리, 외부행사 참가, 거래처관리 등 모든 것을 다 수행하다보면 결국 개인의 역량을 벗어나게 된다.

창업기업이나 중소기업을 위한 마케팅 서적은 수없이 많이 있지만 대부분의 책들은 마케팅 조직이 갖추어진 상태를 전제조건으로 해서 쓰인 것들이라고 할 수 있겠다. 이 책에서는 다른 저자들이 써 놓은 것을 현실에 맞도록 개정하거나 요약하는 그런 것이 아니라 창업기업들이 마케팅 전략을 세우거나 사업계획서를 작성하는 데 있어서 왜 그렇게 해야만 하는지 근본 원리를 이야기해서 쉽게 습득을 할 수 있도록 할 것이다.

필자는 대학교 1학년이던 1982년에 첫 창업을 하였고(사업자 등록은 안함) 1985년 군입대로 인하여 폐업 후 ⇒ 전역 ⇒ 복학 ⇒ 졸업 후 1988년에 공장자동화(FA) 설비를 설계 제작하는 회사에서 전자회로 설계와 프로그래밍 및 기술영업을 하다가 1993년 11월 1일에 재창업을 해서 수많은 성공과 좌절을 겪은 후에 지금의 한국경영연구소로 이어졌다.

2002년에는 삼성전자로부터 사업 성과를 인정받아 아시안게임 성화 봉송을 경남 창원시의 도청 앞 구간에서 하는 영광을 누렸다. 2004년에는 삼성전자로부터 우수대리점 인정을 받아 아테네 올림픽에서 성화봉송을 하는 영광을 누리기도 했다.[1]

---

1 성화봉송구간: 제우스신이 자랐다는 전설이 전해져 내려오는 크레타 섬에서 필자가 봉송함

그림 4-1   필자의 2004 아테네 올림픽 성화봉송 장면

그동안의 경험을 토대로 하여 탄생한 한국경영연구소는 중소기업 경영컨설팅과 창업기업 컨설팅 및 마케팅전략수립을 전문으로 하는 기업이다.

필자가 중소기업을 경영하면서 겪은 어려움과 성공 경험을 토대로 하여 어렵고 따분한 책이 아니라 꼭 필요한 것만 골라 실전에 바로 적용할 수 있도록 이해하기 쉽게 집필하였다. 이 책에서 창업에 관한 대부분을 넣다 보니 지면의 한계가 있어 간략하게 정리하여 한계가 있다 보니 실제 사례를 충분히 들지 못한 점이 아쉽다.

4.2 창업기업의 마케팅이란?

　　창업기업 대표들에게 마케팅이 뭐냐고 물어보면 세일즈라고 이해하는 사람이 많고 돈을 버는 효율적인 방법론이라고 이야기하는 사람도 있다. 한결같이 어떻게 팔 것인가에만 초점이 맞춰져 있다. 물론 틀린 말은 아니지만 마케팅은 보다 더 포괄적인 개념이며 잘 팔리려면 우선 고객을 먼저 알아야 한다.

　　마케팅을 한마디로 정의하면 "고객에 대한 이해와 사랑"이다. 그리고 기업이 자사의 역량으로 기업 외부와 내부의 사용가능한 적절한 자원을 동원해 펼칠 수 있는 종합 예술이다.

　　자사의 마케팅 전략은 시대의 변화와 고객의 니즈를 충분히 반영하고 있는지 간략하게 알아볼 수 있도록 <그림 4-2>에 요약하여 나타내었고 시대별 변화를 간략하게 설명하였다.

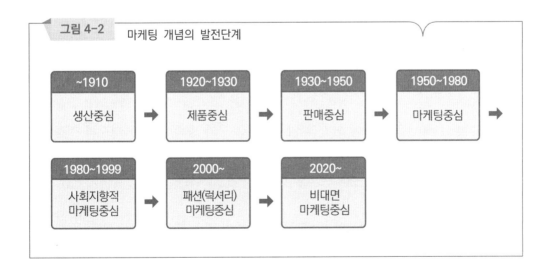

그림 4-2　마케팅 개념의 발전단계

4.2.1 생산중심의 시대

1910년 이전을 말하며 가장 오래된 마케팅개념이다. 생산량이 부족한 단계에서는 기업은 능률적인 대량생산과 그것을 통한 제품의 가격인하를 지향하는 것이 목표였다. 이 시기에는 제품이 부족하던 때였으므로 저렴한 가격에 제품을 만들면 잘 팔렸으므로 대량생산을 통한 가격인하가 목표였다.

4.2.2 제품중심 시대

1920~1930년을 말하며 생산중심개념에 입각한 저가정책은 가격을 무한정 싸게 만드는 것이 한계에 부딪히게 된다. 경쟁사와 가격 변별력이 없어지게 되자 가격중심에서 제품의 품질중심으로 경쟁의 장을 옮겨 시장에서 경쟁을 하게 되었다.

여기서 한 가지 짚고 넘어갈 문제는 제품이 기술적으로는 매우 훌륭해도 소비자의 변화하는 '필요와 욕구'를 충족시키지 못하면 경쟁에서 이길 수 없다는 것이다.

듀퐁(Dupont)사 연구진은 1972년에 나일론보다 훨씬 우수한 직물소재인 Kevlar를 발명하였다. Kevlar는 인조섬유로 강철만큼 강하고 무게는 강철의 1/5밖에 되지 않았기 때문에 듀퐁사의 경영진에서는 Kevlar의 큰 수요가 있을 것이라고 생각하고 그 용도를 개발하도록 지시하였다. 가장 적합한 용도는 방탄복을 만드는 것인데 불행하게도 오늘날까지 세계적으로 방탄복의 수요가 많지 않으며, '기적의 섬유' Kevlar의 수요도 개발되지 못하고 있다.

4.2.3 판매중심시대

1930년~1950년을 말하며 인간의 기본적인 욕구가 충족이 되자 시장의 성장률이 둔화되기 시작했다. 소비자는 그냥 두면 구매욕구가 일어나지 않아 필요 이상의 구매를 하지 않기 때문에 기업은 적극적으로 판촉활동과 판매활동을 추진해야 한다는 관점이다.

기업에서 제조해내는 제품의 판매경쟁을 위하여 각종 광고, 경품, 세일 등 판촉활동 행사와 판매사원의 적극적인 판매활동을 주요전략으로 이용하였다. 소비자가 스스로 나서서 적극적으로 구하지 않는 상품인 비탐색상품(unsought goods)의 판매를 촉진하기 위해서 판매중심개념(selling-oriented concept)이 이용하게 되었다. 자선단체의 기부금 모금, 선거 때의 후보자 선전 등에도 이 개념이 이용되었다.

> **판매 중심 개념의 문제점**
>
> 기업을 중심으로 생각하여 '이미 제조된 상품'을 팔려는 데 주력하고, 그것을 위해서 소비자의 생각을 기업의 생각에 따르도록 하려 함

4.2.4 마케팅 중심 시대

1950~1980년을 말하며 마케팅 중심의 개념에서는 마케팅은 구매자의 필요에 초점을 맞추는 것이라고 보았다.

1) 수요에 초점을 맞추어야 하고
2) 고객 지향적이어야 하며
3) 이것을 위한 활동을 통합적으로 그리고 조화롭게 실시해야 하고
4) 이러한 활동을 통해 고객을 만족시키며 그 대가로 적절한 이익을 얻어야 한다

는 네 가지로 요약하였다.

〈표 4-1〉 판매와 마케팅의 차이

개념	출발점	초점	수단	목적
판매개념	공장	제품	판촉과 판매활동	판매증가에 의한 이익의 극대화
마케팅개념	시장	고객의 필요	관련 활동의 조정	고객만족을 통한 적절한 이익

5) 마케팅 개념의 항목별 설명

① 시장파악 또는 고객의 니즈 파악

기업이 제품(서비스)의 판매촉진을 위하여 목표시장과 그 시장의 수요와 특성을 정확히 파악하는 것에서부터 마케팅이 시작된다.

② 고객지향적 공급전략

목표시장을 정확히 파악한 다음에는 그 시장 내의 고객의 필요와 욕구를 구체적으로 파악하여 거기에 맞는 제품을 생산하고 공급하여야 한다.

③ 관계 활동의 통합과 조정

제품개발, 가격결정, 유통경로운용과 관리, 광고 판매원활동과 같은 판촉활동 등 마케팅의 관련활동들이 서로 조정되어야 하며 기업 내의 각 부서의 활동을 조정해야 한다.

④ 수익성

마케팅의 궁극목표는 기업이나 조직의 목적(이윤 혹은 기부금 모집)을 달성하는 데 있다.

4.2.5 사회지향적 마케팅 시대

1890~1999년을 말하며 기업의 이익을 장기적으로 사회와 소비자의 복리에 연결시켜 기업이 장기적으로 소비자 및 사회와 더불어 공생하고 번영하도록 마케팅이 유도해야 한다는 개념이다.

오늘날 기업의 목적은 '단기적인 이익의 극대화'가 아닌, '기업의 장기적인 존속과 발전'을 추구한다. 즉, 소비자-사회-기업의 3자가 다 같이 발전해야 한다는 개념이다.

기업의 사회적 책임(CSR)에 주목하기 시작했으며 1사1산 가꾸기, 낙도나 오지에 학교와 의료시설, 문화시설 등을 건설해서 기업의 이미지를 높였다. 고객은 소비를 통해 어려운 지역을 돕는다는 슬로건을 내걸기도 했다.

사회지향적 마케팅을 실천하기 위하여 등장한 개념으로서, 환경마케팅(ecological marketing)과 녹색마케팅(green marketing), 재마케팅(re-marketing), 윤리적 마케팅(ethical marketing), 윤리적 브랜딩(ethical branding), 메세나 마케팅(Mesena Marketing) 등이 있다.

그린마케팅의 사례

영국의 럭셔리핸드백 디자이너 Anya Hindmarch의 한정판매 재활용백이다(영국 수퍼체인 Sainsburd에서 판매한다).

4.2.6 패션마케팅의 시대

2000년 이후를 말하며 TV광고는 고객의 패션 라이프스타일을 강조하며, 이를 충족시킬 수 있는 자사의 상품과 서비스를 광고·홍보한다.

패션마케팅은 패션관련 고객가치를 창조하여 고객과 커뮤니케이션하고 배달하는 활동이며, 이러한 활동을 통하여 조직, 고객, 협력자, 사회 모두가 긍정적인 효과를 획득해야 한다는 개념이다.

2000년대에 들어오면서부터 가심비와 <Must have item>에 대한 인식이 커지면서 디자인과 가치를 기반으로 고객에게 주목하기 시작했다. 고객들은 가치가 있다고 생각하면 다소 비싸더라도 기꺼이 구매를 한다는 것이다.

4.2.7 비대면 마케팅(Untact marketing)

2020년 초 중국의 우한에서부터 시작되었다고 알려진 코로나19로 인하여 모든 것들이 급변하기 시작했다. 사회적 거리두기가 시행되면서 공연, 스포츠경기, 문화행사, 집회 등 이루 헤아릴 수 없이 많은 분야에서 행사가 취소되거나 무기한 연기가 되었고 대구에서 일어난 한 교회의 집단감염으로 인하여 우리사회는 일대 혼란 속으로 빠져들게 되었다.

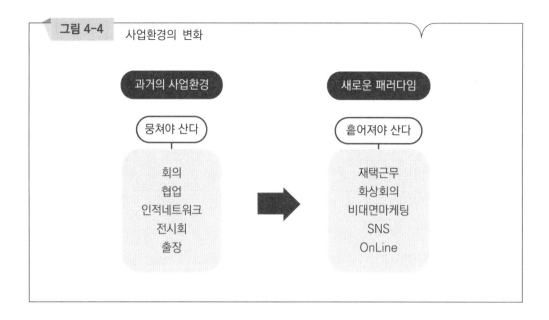

그림 4-4 사업환경의 변화

과거의 사업환경

뭉쳐야 산다

회의
협업
인적네트워크
전시회
출장

새로운 패러다임

흩어져야 산다

재택근무
화상회의
비대면마케팅
SNS
OnLine

코로나19로 인하여 4차 산업혁명이 가속화되기 시작한 것이다. 비대면 마케팅의 시대가 앞당겨지고 있다. 지금까지 알고 있던 상식이 무너지기 시작했고 OffLine에서 OnLine으로 급격한 이동이 시작되고 있다.

각 학교들이 개학을 연기하고 원격 수업을 시행하면서 학기 초에는 혼란도 겪었지만 학기말이 되면서 점차 안정이 되어가고 있는 추세이다. 이것은 교육산업에도 커다란 지각변동이 일어날 것임을 예고한다고 할 수 있겠다. 비대면 교육이 일상화되면 OnLine 시장의 승자독식 논리가 교육 시장에도 적용되어 주류 교육은 일부 스타강사 중심으로 교육계는 재편될 수밖에 없는 운명이 되었다.

4.2.8 마케팅 개념의 변화

이제 고객들이 아니라 개별 고객에게 집중을 해야 하므로 마케팅의 정의를 고객 중심으로 다시 하고자 한다.

마케팅이란 "고객이 필요로 할 만한 것을 기획하고 디자인하여, 고객이 요구하는 품질과 성능을 구현하고, 고객이 가치를 느낄 수 있도록 합리적인 가격으로 공급하여야 하며, 고객이 원하는 때에 원하는 장소로 전달함으로써 고객을 행복하게 하여 동반 성장하는 일련의 과정들을 말한다."

"이것을 위하여 최고의 기술, 최고의 부가가치, 최소의 자원 사용, 제조와 폐기가 자연이 수용 가능한 수준으로 이루어져야 하며, 회사와 고객의 지속 가능한 행복이 궁극적인 목표가 되어야 한다."

이제 자사의 기술이 좋으니까 고객이 사줄 것이다. 지금까지 없던 제품이니까 사줄 것이다. 최신 기능을 탑재했으니까 사줄 것이라고 하는 개념은 "고객이 원하는 것을 고객이 원하는 방법으로 만들어 고객이 원하는 때에 고객이 원하는 장소로 전달하여야 한다"로 바뀌어야 할 때가 온 것이다.

4.3 창업기업 마케팅의 특징

초기 창업기업 대표자 인터뷰를 하다보면 자기 기업과 제품을 강조하기 위해서 전 세계 모든 사람들이 남녀노소를 막론하고 사용할 수 있는 획기적인 제품이라고 자랑을 하는 것을 종종 본다.

자사의 당해연도 매출은 1천만원도 되지 않는데 1년 후 매출은 10억원, 2년 후 매출은 100억원, 3년 후 매출은 1,000억원을 달성하고 바로 상장을 하겠다는 알찬 포부를 말하는 사람이 있다.

이런 사람들에게 어떻게 자금을 조달하고 인원을 충원해서 매출을 달성할거냐고 물으면 우물쭈물하다가 StartUp이면 이 정도의 포부는 있어야 되지 않느냐고 쑥스럽게 이야기한다. 이런 기업이 목표를 달성하는 것을 아직까지는 보지 못했다. 아니 그 대표들을 다시 보지 못한 것 같다.

회사를 경영하는 것이 초등학생들의 미래 꿈을 이야기하는 것이 아니다. 넓게는 국제관계와 국제경기 유가 국제금융 등이고 좁게는 국내의 고객, 경쟁, 객관적인 자사의 역량 등임을 StartUp들은 분명히 알아야 한다.

창업초기에는 충분한 조직을 갖추지 못한 경우가 대부분이어서 대표자가 이 모든 것을 다해야 하는 경우가 허다하다. 이런 상황일 때는 황당한 계획보다는 StartUp의 현실에 맞는 객관적인 전략을 수립하는 것이 최선일 것이다.

손자병법에 '知彼知己면 百戰不殆라 했다. 이것을 현실에 맞춰 마케팅적으로 해석하면 경쟁사와 고객을 알고 자사의 능력을 객관화해서 시장에 도전하면 어려움에 처하거나 망할 가능성이 줄어든다고 할 수 있겠다. 자기 회사의 자원이 허락하는 범위에서 제품(서비스)을 기획하고 저비용 고효율을 달성할 수 있는 시장을 선정하여 제대로 공략한다면 승산이 있을 것이다. 흔히 말하는 선택과 집중이다. 자사의 역량을 상당히 초과해서 시장에 도전하면 지속적인 성장을 해야 하는 시장의 특성상 결국에는 지쳐서 좋은 결과를 얻기 힘들게 된다.

StartUp들은 시장의 현재 규모와 성장가능성을 파악하고 경쟁사들의 역량과 자사

의 역량을 분석하여 객관화한 데이터를 토대로 마케팅전략을 수립해야 성공할 가능성
이 높아진다.

4.4 마케팅 환경의 변화

우리나라 경제가 고성장을 하던 시기에는 근면성실을 기반으로 열심히 하는 것만으로 성공을 하는 사례가 많았다. 이 시기에는 시장이 계속해서 커지는 까닭에 동종업계 안에서도 치열한 경쟁을 피할 수 있었다.

하지만 요즘의 현실은 저성장과 국제경쟁의 심화로 인하여 모든 분야에서 치열한 경쟁을 피하기 어렵게 된지 이미 오래되었다. 과거의 기업경영은 조정경기처럼 방향을 설정하고 리더가 지시하는 대로 구성원들이 호흡을 잘 맞추면 성공할 수 있었다.

근래에는 기업의 경영환경이 급변하여 잔잔한 호수에서 급류타기와 같은 환경으로 바뀌었다. 각자가 자신의 역량을 시장의 환경에 맞추어 적절한 대응을 하지 않으면 한순간의 실수로 기업이 침몰할 수도 있는 환경이 되었다.

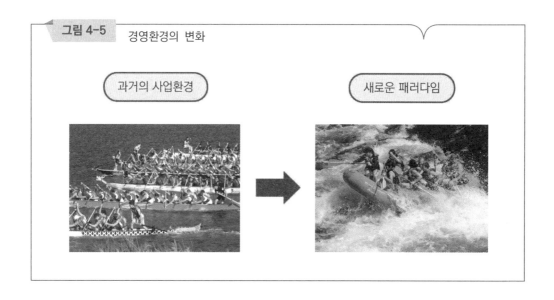

그림 4-5　경영환경의 변화

과거의 사업환경　　　　새로운 패러다임

경영환경이 이렇게 변했는데도 불구하고 기업체에 컨설팅이나 특강을 나가서 대표자들과 면담을 하다보면 아직도 70~80년대식 사고를 하면서 "요즈음 젊은 사람들은 주인의식이 없다"면서 주인의식을 통한 애사심을 강조하는 사람도 종종 본다.

자기는 변하지 않고 직원들이 대표자 자신에게 맞춰 따라와 주기를 바라는 경영의 시대는 이미 저물었는데도 말이다. 그렇다고 해서 모든 것을 직원들에게 맞추라는 이야기는 아니다. 경영자와 직원들이 회사의 비전과 미션에 대해 충분히 공감을 하고 나서 어떻게 미션을 달성할 것인지에 대한 것과 달성이 되었을 때 결과를 어떻게 배분할 것인지와 성장해가는 과정에서 생기는 필연적인 고통은 어떻게 분담할 것인지에 대한 명확한 지침이 있어야 한다.

노키아의 실패사례

세계시장 점유율 1위를 달리고 있던 노키아의 사례를 보면 조직은 상당히 혁신적이고 역동적인 의사결정 구조를 가지고 있었으나 새롭게 성장하는 시장의 고객 니즈를 해석하는데 실패하여 한순간에 좌절하고 말았다. 자사의 주 고객층의 니즈인 가성비 높은 모바일 폰을 만드는데 주력하였으나 자라나는 청소년 세대들의 요구는 최신기능을 탑재한 스마트폰이었다. 그 외에도 많은 요인들이 있지만 여기서는 고객의 변화하는 니즈만을 말하고자 한다.

각 기업이 처한 상황이 모두 다르니 구체적으로 어떻게 하라는 제시를 하기는 어렵지만 크게 보면 매년 법인(개인) 결산이 끝나면 그 결과를 임직원들과 공유해서 경영을 투명하게 하고 스톡옵션 등을 통한 우리사주 취득의 기회를 제공하여 애사심을 스스로 갖도록 해야 한다. 급여를 책정할 때 임직원들과 사전에 협의하여 전체 매출에 대한 항목별 구성비율을 참고하는 것이 바람직하다.

⚙ 〈표 4-2〉 매출(수익)의 구성비율

항목	제조원가	판매비와 관리비							영업이익	합계
		인건비	성과급	R&D	임차료	광고선전	세금과공과금	기타		
%	30	20	5	5	8	5	6	3	18	100

몇 퍼센트를 총 급여로 할 것인지 정하고 기본급을 낮추고 성과급제를 도입하여 경영성과에 따른 보상이 돌아가도록 하면 임직원들도 따라줄 것이라 생각한다. 여기까

지는 발 빠른 기업은 어느 정도 적응을 해가는 상황이었고 그렇지 못한 기업은 심각한 어려움에 빠져들고 있다.

〈표 4-2〉의 활용 방법

〈표 4-2〉는 단순한 예시로서 절대적인 것이 아니다. 업종과 기업규모 및 경영상태 등 다양한 요인에 의해 다르게 나타날 수 있으므로 실정에 맞도록 수정해서 사용해야 한다. 그럼에도 불구하고 이 표를 제시한 이유는 StartUp들이 제품의 가격을 책정할 때 재료비와 전기세 생산에 직접 투입되는 인건비 만을 근거로 하는 오류를 사전에 방지하기 위해서이다.

그림 4-6   경영환경의 변화 - 불투명한 기업의 미래

최근 닥쳐온 코로나19 팬대믹으로 인하여 기업들의 경영환경은 조정경기 ⇒ 급류타기 ⇒ 미세먼지의 습격 ⇒ 쓰나미로 변했다고 비유할 수 있겠다. 웬만큼 대비를 한 기업도 속수무책으로 어려움에 빠져들고 있다.

4차 산업혁명의 흐름에 발맞추고자 노력한 기업들도 어렵긴 하지만 직격탄을 맞았다고는 할 수 없다. 이들은 아이템과 조직이 변화에 대해 준비를 하고 있었기 때문에 지금의 상황이 기회로 작용하고 있다는 것을 알아차리고 발 빠른 대응과 전사적인 협력으로 현재의 위기 상황을 '위기는 기회의 또 다른 모습'이라는 각오로 난국을 타개

해 나가다 보니 직원들을 해고하지 않고 어느 정도의 매출을 유지해 나가고 있다.

현재의 상황이 어렵다면 나 혼자 어려운 것이 아니라 모두가 어려운 것이다. 발빠른 적응력을 보이고 어려움을 견뎌낸다면 경쟁자들에 비해 상대적 경쟁우위를 차지할 수 있을 것이다.

현재의 어려운 상황이 머지않아 끝나게 될 것이다. 끝난다고 해도 코로나19 이전의 상황으로 되돌아가지는 않을 것이다. 이미 많은 것들이 변했기 때문이다.

그림 4-7　경영환경의 변화 – 쓰나미

소비형태, 교육환경, 모임, 회의, 근무형태, 소비자들의 인식 등 일일이 나열할 수 없이 많은 것들이 변해있다.

그림 4-8   경영환경의 변화 - 쓰나미가 지나간 자리

<그림 4-8>은 현 상황이 끝났을 때 준비되지 않았거나 변하지 않은 기업들의 미래를 비유하였다.

마케팅전략 수립과 실행

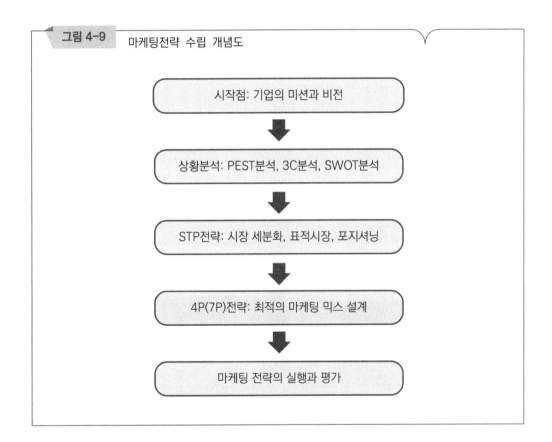

그림 4-9 마케팅전략 수립 개념도

시작점: 기업의 미션과 비전

↓

상황분석: PEST분석, 3C분석, SWOT분석

↓

STP전략: 시장 세분화, 표적시장, 포지셔닝

↓

4P(7P)전략: 최적의 마케팅 믹스 설계

↓

마케팅 전략의 실행과 평가

4.5.1 기업의 미션과 비전

StartUp 대표자들에게 창업을 한 이유를 물어보면 각양각색이다. 돈을 벌기 위해서, 사업을 하면 돈을 많이 벌 수 있을 것 같아서, 회사 동료와의 갈등, 회사 다니기 싫어서, 자신의 아이디어가 너무 혁신적이어서, 자기가 하면 잘할 수 있을 것 같아서 등 다양한 이유를 말한다.

단순히 열심히 하는 것만으로 성공을 할 수 있는 시대는 이미 지나갔다. 성공을 위한 마케팅전략이 있어야만 한다.

마케팅 전략의 수립은 기업의 미션과 비전으로부터 출발해야 한다. 아직 수립을 하지 못한 기업이 있다면 이 문제부터 우선 해결을 해야만 한다. 자사가 어느 방향으로 갈 것인지가 비전에 해당되고 가서 또는 가기 위해서 무엇을 할 것인지가 기업의 미션에 해당한다고 할 수 있겠다. 또한 미션과 비전은 현실에 기반을 두고 실현 가능한 것으로 설정을 해야 하겠다. 그렇지 않으면 기업은 존재 가치가 불분명해져서 조그만 어려움이 닥쳐도 흔들릴 수밖에 없다.

오래가는 기업들을 보면 구성원들 모두가 공감하는 명확한 비전이 있다. 이것은 속도보다 방향성이 중요함을 알 수 있다. 또 한 가지를 더 든다면 기업 환경의 변화에 따른 적응이고 선제적 대응이 가능하다면 최고라 할 수 있겠다. 이 선제적 대응을 위

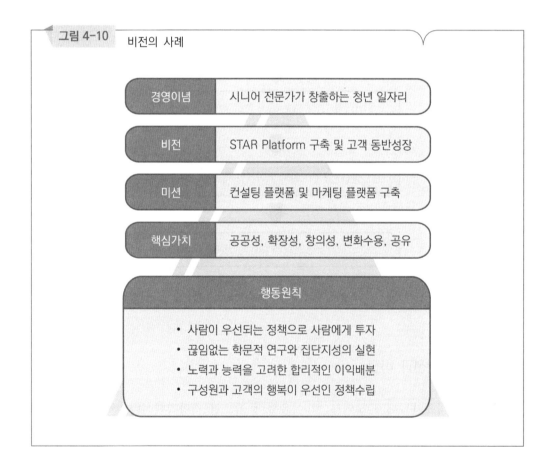

그림 4-10　비전의 사례

경영이념	시니어 전문가가 창출하는 청년 일자리
비전	STAR Platform 구축 및 고객 동반성장
미션	컨설팅 플랫폼 및 마케팅 플랫폼 구축
핵심가치	공공성, 확장성, 창의성, 변화수용, 공유

행동원칙
- 사람이 우선되는 정책으로 사람에게 투자
- 끊임없는 학문적 연구와 집단지성의 실현
- 노력과 능력을 고려한 합리적인 이익배분
- 구성원과 고객의 행복이 우선인 정책수립

해서 경영자들은 항상 연구하고 고민을 해야 한다.

여기에 더해 미션을 수행할 인력과 자금이 뒷받침되어야겠다.

4.5.2 상황분석

우리 속담에 '닭잡는 데 소잡는 칼 쓴다'라는 말이 있다. 이것은 상황분석을 잘 못해서 필요 이상의 경영 자원을 투입하여 낭비하는 것을 두고 한 말이다.

상황분석이 제대로 되어야 최적의 자원을 투입할 수 있게 된다. 상황분석은 전문가에게 의뢰하거나 경영자가 직접 수행 또는 마케팅팀에서 하게 되고 이후에 자원투입의 시기와 양의 결정은 경영자의 몫이라고 하겠다.

1) PEST분석

거시환경분석(Political, Economic, Social, Technological)은 각 머리글을 따서 PEST분석이라고 한다. 경영전략관리의 구성 요소 중에서 경영환경파악을 위해 사용하는 거시적경영환경 요인을 말하는 것이다.

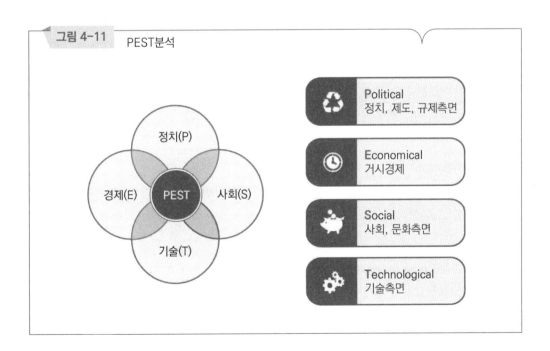

그림 4-11 PEST분석

① 정치적(Political) 요인

정부가 기업의 경영에 간섭하는 정도를 말한다. 세율, 노동법, 무역 제재, 환경, 관세, 정치적인 안정성, 정책의 변화 정도 등을 포괄해서 말한다. 정치적 요인은 정부가 육성을 하거나 규제를 하고자 하는 제품(서비스)를 포함하기도 한다. 중앙정부나 진출하고자 하는 지역의 지방정부가 산업인프라 구축 등에 끼치는 영향을 고려해야 한다.

② 경제적(Economic) 요인

경제성장률, 환율, 금리, 물가상승률 등을 포함한다. 이러한 요인은 기업이 사업을 위한 의사결정을 하는 데 많은 영향을 끼친다. 예를 들자면 금리는 비용에 영향을 미치기 때문에 중요한 요소이고 환율은 수출과 수입에 많은 영향을 끼치는 요인이다.

③ 사회적(Social) 요인

문화적인 요소와 인구성장률, 연령분포도, 생산가능 인구수, 직업에 대한 태도, 안전과 관련한 요인 등을 포함한다. 사회적 요인에 따라서 기업이 생산할 제품(서비스)과 경영방식이 영향을 받게 된다. 예를 들어 고령자가 많으면 노동력이 부족해져서 노동투입비용이 늘어나지만 실버산업은 성장을 하게 된다.

④ 기술적(Technological) 요인

R&D, 자동화, 기술과 관련한 인센티브 지급 정도, 기술의 혁신 등을 포함한다. 기술적 요인은 신규진출자의 진입장벽, 아웃소싱 등에도 영향을 미치게 되며 기술 투자, 제품(서비스)의 품질, 비용에 까지 영향을 끼치는 요인이다.

⑤ 법적(Legal) 요인

차별금지법, 소비자보호법, 고용관계법, 독점금지법 등 노동자와 소비자가 관련된 법적 요인을 포함한다.

⑥ 환경적(Environmental) 요인

생태학적인 요인과 환경적 요인으로 날씨와 기후변화 등을 포함한다. 특히 관광업과 농업 및 보험업 등에 미치는 영향이 크다고 볼 수 있다.

2) 3C 분석

경영전략수립에서 분석과 실행의 도구로 많이 사용하는 것 중에 하나가 3C(Company, Customer, Competitor) 분석 및 전략이다. PEST분석이 거시적 환경분석이라면 3C분석은 미시적 환경분석이라고 할 수 있겠다.

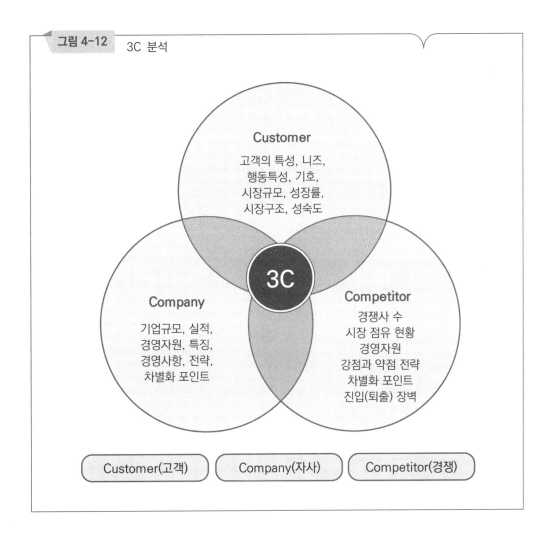

그림 4-12   3C 분석

① Company(자사)

기업의 역량을 말한다. 자사가 보유한 자원의 정도와 활용가능한 자원은 어느 정도인지, 제품(서비스)의 수준은 어느 정도인지, 시장에서 차지하는 위치가 어느 정도인지, 각 세분시장과 전체 시장에서 고객들의 자사에 대한 인식은 어느 정도인지, 자사의 기업문화와 노사관계 등이 있다.

자사 분석은 과거와 현재에 대한 내용으로서 자사의 미래를 반영하지 않는다는 점을 알아야 한다. 많은 기업들이 과거 한때 잘나가던 시절의 영광에 빠져 어려움을 겪고 있는 것을 필자는 무수히 보아왔다. 4차 산업혁명의 발발로 인하여 모든 것이 빠르게 변하고 있는 현실에서 과거와 같은 자원, 같은 전략으로 시장에서 지속적인 성공을 거둘 가능성은 점점 희박해지고 있음을 경영자들은 늘 명심해야 한다.

② Customer(고객)

자사의 고객을 말하며 고객이 자사의 제품(서비스)을 구매하는 데 얼마나 많은 선택권을 가지고 있는지와 자사의 제품(서비스)에 대해 얼마만큼의 정보를 가지고 있는지와 자사의 주요 고객은 누구인지 등을 말한다. 고객의 기호와 니즈, 행동특성, 성숙도 등을 제대로 파악을 해야 최소의 자원을 투입해 최대의 효과를 누릴 수 있을 것이다.

StartUp 대표를 면접할 때 고객에 대해서 말해보라고 하면 너무 획기적인 제품이어서 전 세계 남녀노소 누구나가 다 사용할 수 있는 제품이다. 다시 말해 70억 인구 전체가 다 고객이라고 말하는 사람이 있다. 자사의 제품이 우수하다는 것을 강조하기 위해서 한 말이겠지만 이것을 믿어줄 사람은 없다. 왜냐하면 아직까지는 그런 제품(서비스)이 없었기 때문이다. 이러한 고객 분석을 토대로 정부지원사업에 도전하면 합격하기가 매우 어려울 것이다.

③ Competitor(경쟁)

기업에게 있어서 가장 중요한 것이 고객이겠지만 경쟁사가 누구인지도 중요하다. 자사의 제품이 너무 획기적이어서 경쟁사는 물론 잠재적인 경쟁사도 없다고 말하는 StartUp 대표들도 가끔 본다. 이것은 시장을 충분히 파악하지 않았거나 아직 시장이 형성되기에 시기상조인 경우이다. 황당한 예를 들어보면 '단돈 1천만 원에 은하계를 한 달간 일주 여행을 하는 상품'이지 않을까 싶다.

필자가 1982년부터 1985년까지 도전했던 사업들의 경우도 그렇다. '광고전문지', '택배 및 이사대행', '홈쇼핑(장보기 대행)' 등이다. 수십년이 지난 지금에 와서 보면 그냥 누구나 아는 그런 사업이다.

이 사업들은 모두 참담한 실패로 끝났다. 이유를 분석해보면 PEST분석과 3C분석이 되지 않은 상태에서 시장의 성숙도는 전혀 고려하지 않은 상태에서 지금까지 없었던 사업이고 경쟁자가 없으니까 열심히 하면 고객들이 알아줄 것이라는 막연한 믿음을 가지고 무모한 도전을 한 결과인 것이다.

이렇듯 경쟁자가 없다는 것은 시장이 아직 열리지 않았을 가능성이 많으므로 무조건 좋은 것은 아니라고 강조하고 싶다.

3) SWOT 분석

SWOT분석은 손자병법의 '知彼知己면 百戰不殆'에 해당한다고 할 수 있겠다. PEST 분석과 3C분석을 통해서 나온 자료를 토대로 하여 SWOT분석을 실시하게 되면 마케팅 환경을 간단 명료하게 볼 수 있게 된다. SWOT분석은 기업의 내부환경 요인인 강점(Strength)과 약점(Weakness)을 분석하고 외부요인인 기회(Opportunity)와 위협(Threat)으로 규정하고 경영전략을 수립하는 기법이며 미국의 경영컨설턴트인 알버트 험프리(Albert Humphrey)가 고안했다.

그림 4-13 버섯농장 SWOT분석 예시

	Helpful	Harmful
Internal	**Strength(강점) 예시** • 대표자 및 주요 인력의 학력 • 시장에 대응하는 연구노력 • 신제품 개발을 위한 연구 • 배송과 접근성 　-고속도로 IC에 인접 • 버섯 종균 배양 기술 확보　S	W　**Weaknesses(약점) 예시** • 부족한 자금력 • 자동화 되지 못한 시설 　- 품질이 균일하지 않음 　-선별작업의 수작업 　- 제품 포장, 보관시설 • 마케팅 인력 부족
External	**Opportunity(기회) 예시** • 국민들의 건강 욕구 증가 • 참나무 원목재배 면적 감소 • 영농 현대화를 위한 정부지원 • 눈으로 보는 농업 욕구 증가 • 농업과 관광의 접목　O	T　**External Threat(위협) 예시** • 후발 경쟁자들의 도전 • 저가 중국산 버섯 • 경기침체 • 표고 시장에 도전하는 신품종

WO 전략 | 자금확보, 시설 현대화로 건강과 체험 욕구를 충족하는 전략

SWOT 분석의 가장 큰 장점은 기업의 내·외부환경을 한 장에 나타내어서 기업의 상황을 일목요연하게 파악할 수 있다는 것이며 사용 방법이 간결해서 응용범위가 넓고 일반화된 분석기법이기 때문에 StartUp들은 스스로 이 분석을 실시하거나 어려우면 멘토의 도움을 받아서 분석을 해두면 여러 분야에서 널리 사용할 수 있을 것이다.

① 강점(Strength)

기업의 내부환경 중에서 자사 경영자원의 강점을 말한다. 기술력, 제품(서비스)력, 경험, 인적자원, 인적네트워크, 유통망, 입지조건 등이 있다.

② 약점(Weakness)

기업의 내부환경 중에서 자사 경영자원의 약점을 말한다. 창업기업의 특성상 자금력, 생산설비, 부족한 개발인력, 유통망의 부족, 인지도 등이 있다.

③ 기회(Opportunity)

기업의 외부환경 중에서 경쟁 우위 요소, 고객의 인식 변화, 라이프스타일의 변화 등 거시적 환경변화와 미시적 환경변화에서 오는 기회 요인이다.

④ 위협(Threat)

기업의 외부환경 요인에서 오는 위협요소로서 치열한 경쟁, 고객의 이동, 거시적 환경에서 오는 유가, 경제성장 둔화, 질병, 전쟁위협, 금리상승 등의 요인이 있다.

⑤ SWOT 분석 활용

SWOT 분석을 통하여 도출된 외부요인인 기회는 살리고 위협은 회피하는 전략을 세울 수 있다. 내부요인인 강점을 최대한 활용하고 약점은 보완하는 전략을 세울 수 있으며 SWOT 분석으로 다음과 같은 경영전략을 세울 수 있다.

내부환경 \ 외부환경	강점(STRENGTHS)	약점(WEAKNESSES)
	• 혁신적인 신기술특허 보유 • 특허 기술에 기반한 고유제품의 개발과 신제품 출시 • 가격 경쟁력 있는 최고성능제품 생산 능력 • 품질관리 및 연구개발의 전문 인력 보유	• 자사 브랜드의 시장 인지도 낮음 • 원부자재를 위한 운영 자금 부족 • 마케팅, 홍보부족 • 판매채널부족
기회(OPPORTUNITIES)	SO전략	WO전략
• 노인 및 청소년 난청인구의 증가 • 정부의 난청인에 대한 지원확대 • 스마트기기의 보급확대	• 보유한 특허와 우수한 기술력을 바탕으로 스마트 보청기를 개발하여 가파르게 성장하는 보청기시장에 진출	• 광고 홍보채널을 확보하여 고객 인지도 개선으로 시장 선점
위협(THREATS)	ST전략	WT전략
• 세계적 경기 침체 • 성장 잠재력이 있는 시장으로 후발주자들의 진입이 예상됨	• 우수한 기술을 바탕으로 신제품을 꾸준히 개발하여 후발주자들의 진입장벽을 높임.	• 자금을 확보하여 적극적인 홍보로 후발 주자들에 대응

- SO(Strength – Opportunity)전략

    기업의 강점을 활용하여 외부로부터 오는 기회를 살려내서 도약의 발판으로 삼는 전략이다.

- ST(Strength – Threat)전략

    기업의 강점을 활용하여 외부로부터 오는 위협을 회피하는 것으로 경영의 안정을 추구하는 전략이다.

- WO(Weakness – Opportunity)전략

    기업의 시장이 변하고 있거나 경영 환경이 변화할 때 자사가 가진 약점을 보완함으로써 외부의 변화로 인해 오는 기회를 잡아 도약의 발판으로 삼는 전략으로 2020년의 시장 상황과 비슷하다고 할 수 있겠다.

- WT(Weakness – Threat)전략

  시장이 변하고 있거나 성장을 위하여 변화가 필요할 때 등에 적용하기 좋은 전략으로서 기업이 가진 약점을 보완하여 외부로부터 오는 위협을 회피하는 전략이다.

  대표적인 사례로서 우리나라 조선업에서 중국이라는 강력한 경쟁자가 등장하여 매출이 부진해지자 구조조정을 통하여 기업의 지속 가능성을 높인 경우를 들 수 있겠다.

4.5.3 STP(Segmentation, Targeting, Positioning)전략

손자병법에 모든 곳을 다 지키고자 하면 모든 곳이 다 약해지게 된다(無所不備 則無所不寡 무소불비 칙무소불과)는 말이 있다. 이 말을 현대적으로 재해석하면 기업이 가진 경영자원을 효율적으로 배분하여 성과를 극대화하여야 한다고 할 수 있겠다. 다시 말해 StartUp이 보유한 한정적인 경영자원을 활용하여 성과를 창출하고자 한다면 '선택과 집중'이 필요하다고 할 수 있겠다.

전체 시장을 상대로 무차별적인 마케팅 전략을 구사하면 성과를 창출하기 힘들고 얼마 못가서 경영자원을 소진하고 지쳐서 쓰러지게 될 가능성이 많다.

효율적인 시장 공략을 위하여 자사가 가진 역량과 제품(서비스)을 분석하여 시장을 세분화하고 목표시장을 설정해서 포지셔닝을 하는 과정을 말한다.

시장에서 경쟁이 치열해 지면서 효율적인 대응을 하기 위해 미국의 켈로그경영대학원 석좌교수인 필립코틀러(Philip Kotler)가 STP 모델을 제시했다.

그림 4-14 STP Model

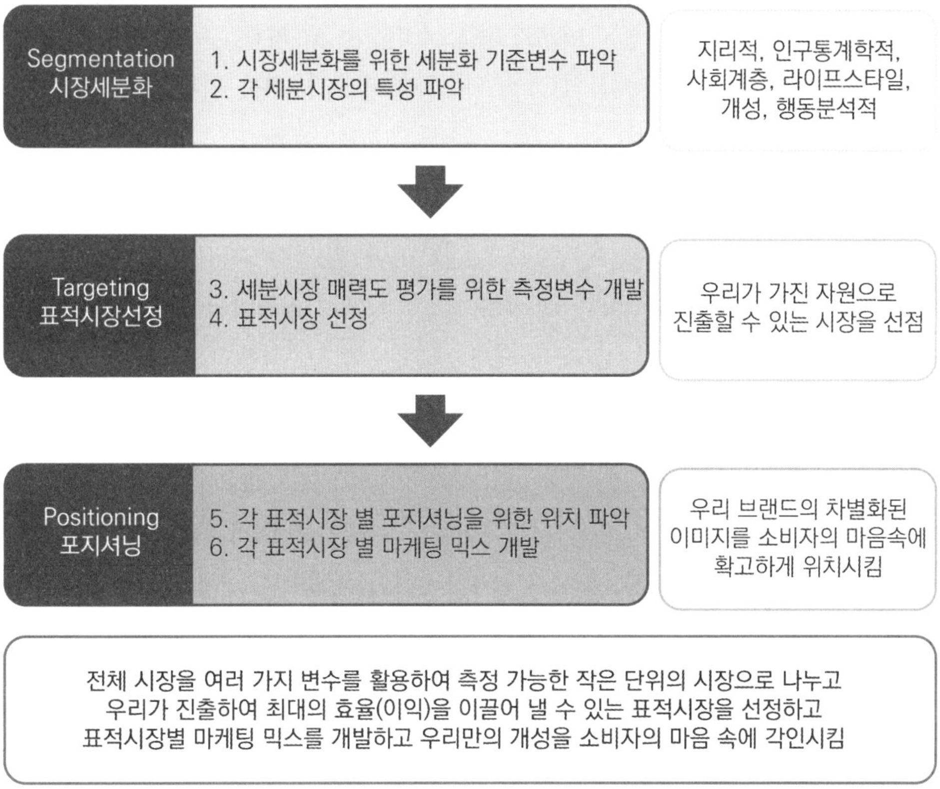

Segmentation 시장세분화	1. 시장세분화를 위한 세분화 기준변수 파악 2. 각 세분시장의 특성 파악	지리적, 인구통계학적, 사회계층, 라이프스타일, 개성, 행동분석적
Targeting 표적시장선정	3. 세분시장 매력도 평가를 위한 측정변수 개발 4. 표적시장 선정	우리가 가진 자원으로 진출할 수 있는 시장을 선점
Positioning 포지셔닝	5. 각 표적시장 별 포지셔닝을 위한 위치 파악 6. 각 표적시장 별 마케팅 믹스 개발	우리 브랜드의 차별화된 이미지를 소비자의 마음속에 확고하게 위치시킴

전체 시장을 여러 가지 변수를 활용하여 측정 가능한 작은 단위의 시장으로 나누고
우리가 진출하여 최대의 효율(이익)을 이끌어 낼 수 있는 표적시장을 선정하고
표적시장별 마케팅 믹스를 개발하고 우리만의 개성을 소비자의 마음 속에 각인시킴

STP 모델이란 기업이 개별 고객의 선호에 맞춘 제품 혹은 서비스를 통해 타사와의 차별성과 경쟁력을 확보하는 마케팅 기법이다. 일정한 기준에 의해 전체 시장을 구분하고, 특정 시장을 타깃으로 하여 고객에게 타사와 다른 자사 제품의 이미지를 각인시킨다.

STP 모델은 시장세분화(Segmentation), 목표시장 설정(Targeting), 포지셔닝(Positioning) 세 단계로 이루어지며 구체적인 내용은 다음과 같다.

1) 시장세분화(Segmentation)

자사의 제품(서비스)을 출시하기 위한 사전 준비 작업으로 고객을 성별이나 소득 수준, 나이, 직업, 학력, 지역, 라이프스타일, 소비성향, 가치관, 종교, 사회적 집단 등 다양한 기준에 의해 시장을 세분화한다. 세분화의 최소 단위는 마케팅 전략을 구사할 수 있는 정도가 되어야 한다.

2) 목표시장 설정(Targeting)

자사의 경영자원과 제품(서비스)에 가장 적절한 시장을 선정하여야만 한다. 이때 고려할 점은 자사가 보유한 경영자원과 마케팅 비용, 수익률, 시장의 성장가능성 등이다.

3) 포지셔닝(Positioning)

고객에게 자사 브랜드의 차별화된 이미지를 소비자들의 마음속에 확고하게 각인시키는 과정이다. 타사와 자사 제품(서비스)의 차별성을 소비자들에게 효율적으로 각인할 수 있도록 광고·홍보 등을 통하여 고객과 커뮤니케이션하여야 한다.

4.5.4 4P(7P) 분석 및 전략 수립

4P의 구성 요소에는 제품(Product), 가격(Price), 유통(Place), 촉진(Promotion)이 있다. 4P 전략은 STP전략에서 수립한 포지셔닝을 달성하기 위해 각각의 요소들에 대해 수립하는 전략을 말한다.

제품, 가격, 유통, 촉진 이 4가지 요소를 마케팅 믹스(Marketing mix)라고 하는데 미국 미시간 주립 대학의 E. 제롬 맥카시 교수가 1960년 처음 소개하였다.

1950년대는 제2차 세계대전의 승전국인 미국에게는 호황기였다. 전 세계가 전쟁으로 인하여 피해를 입었지만 미국 본토는 아무런 피해도 입지 않았고 전쟁 물자를 생산하던 시설을 민간분야로 전환하였기 때문이다. 그리하여 중산층이 대규모로 늘어나게 되고 소비자들의 구매력은 커져갔다.

기업들은 고성장을 위하여 고객의 니즈인 더 좋은 집, 더 좋은 자동차, 더 좋은 품질의 제품(서비스)를 만족시켜야만 했다. 고객의 니즈를 충족시키기 위한 경쟁이 치열해지자 마케팅의 역할은 어느 때보다 중요해졌다.

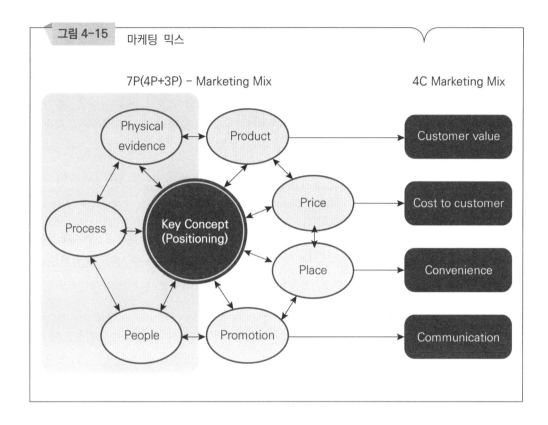

그림 4-15 마케팅 믹스

7P(4P+3P) – Marketing Mix

4C Marketing Mix

Physical evidence

Product

Customer value

Process

Key Concept (Positioning)

Price

Cost to customer

Place

Convenience

People

Promotion

Communication

시장과 고객들의 요구가 다양해지면서 새로 등장한 개념이 과정(Process), 물리적 근거(Physical evidence), 사람(People)의 세 가지이다. 기존의 4P에 3P를 더해서 7P로 불린다.

인터넷의 발달로 인하여 4P만으로는 설명할 수 없는 부분이 생겨나 4P에 대응하는 개념으로서 4C(Cost, Convenience, Consumer, Communication)가 사용되기도 한다.

1) 제품(Product)

단순히 제품(서비스)을 생산하는 것 이외에 그 제품이 줄 수 있는 종합적인 혜택 (Benefit)을 통틀어서 말하는 것이다. 디자인이나 브랜드, 제품(서비스)의 이미지, 제품(서비스)의 상징, 제품(서비스)의 보증 등을 광범위하게 포함하고 있으며 그것을 관리하는 전략까지도 포함한다고 할 수 있다.

STP전략에서 포지셔닝된 자사의 이미지를 어떻게 제품을 통하여 구현할 것인지를 결정하여야 한다. 예를 들어 고품질 제품, 고기능 제품, 실용적인 제품, 튼튼한 제품, 최소기능 제품, 저품질 제품, 일회용 제품 등으로 구현해야 한다.

이것을 결정하기 쉽지 않기 때문에 고기능 고품질의 고급제품(고급형), 가성비 좋은 합리적인 제품(주력상품), 꼭 필요한 기능만 구현하는 실용적인 제품(보급형) 등으로 나누어서 주력상품을 먼저 개발하고 고객반응에 따라 고급형과 보급형을 순차적으로 개발하는 전략을 구사하기도 한다.

2) 가격(Price)

기업이 고객들에게 제공하는 제품(서비스)의 가치를 가장 객관적으로 수치화한 지표이다. 이것은 고객들이 재화를 구입할 때 부담해야 하는 비용을 말하는 것이기도 하다. 최고의 품질을 내세운 고가전략, 가성비 높은 제품을 내세운 합리적인 가격의 중가전략, 시장침투를 위한 저가전략 등을 내세울 수 있다.

가격에는 제품(서비스)의 생산원가와 유통비용, 판매수수료, 판매촉진비용, AS 비용, R&D까지 폭넓은 고려가 있어야 하며 제품(서비스)과 밀접한 관계를 가지고 연동을 해야 한다. 가격 결정은 경쟁자들의 대응 여부에 따라 매우 유동적이므로 항상 시장을 모니터링해서 경쟁에 뒤처지지 않도록 해야 한다.

3) 유통(Place)

제품(서비스)이 판매되는 온라인, 대형마트, 일반 상점, 직영점, 대리점 등의 유통경로와 장소를 말한다. 유통에서 최우선적으로 고려되어야 할 사항은 접근성의 문제로서 '온라인 또는 오프라인에서 고객이 얼마나 쉽게 제품에 접근할 수 있느냐?'이다. 누구나 접근이 용이하도록 하려면 거기에 상응하는 비용이 발생하게 된다.

대부분의 창업기업들은 자금과 비용문제를 고민하지 않을 수 없기 때문에 최소의 비용으로 최대의 효과를 누리기 위해 목표고객들이 많이 다니는 길목을 활용하는 전략을 구사해야 한다. 예를 들어 소형 문구점은 학교 앞에서 개업을 하고 대형 문구 유통업체는 교통의 요충지나 고객접근성이 좋은 번화가를 선택하는 것이 좋을 것이다.

4) 판매촉진(Promotion)

기업이 제품(서비스)의 판매를 촉진하여 매출을 높이고자 할 때 사용하는 마케팅

활동 중 하나이다.

기업이 수립한 마케팅전략의 목표를 달성하기 위하여 사용하는 광고·홍보, 인적판매, 가격인하, 캠페인 등의 수단을 동원하여 불특정 다수의 소비자들과 의사소통을 통하여 구매를 이끌어내는 기법을 통틀어 말한다.

예를 들어 개업기념 할인판매, 창립 기념판매, 판촉사원 활용, 1＋1, 타임세일, 마감세일, ○○상 수상기념 이벤트 등 수없이 많은 판촉활동들이 있다.

5) 통합마케팅 커뮤니케이션(IMC Integrated Marketing Communication)

마케팅 목표를 달성하기 위해서 마케팅믹스(4P)의 특정 요소만으로는 최대의 효과를 달성하기가 쉽지 않다. 따라서 4P의 요소들을 통합적으로 관리하여 효율성을 극대화할 필요가 있다.

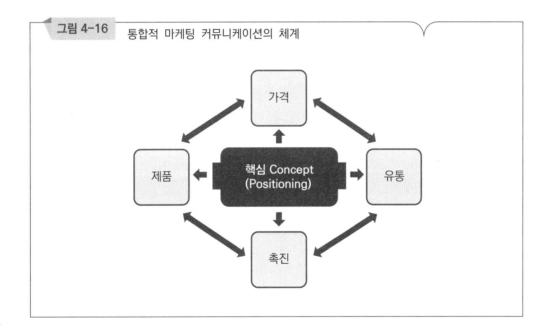

그림 4-16 통합적 마케팅 커뮤니케이션의 체계

4.6 벤치마킹

벤치마킹을 폄하하는 이들은 남의 것을 배끼는 것은 나쁘다는 투로 말하기도 한다. 그런 면이 전혀 없는 것은 아니지만 필자의 생각은 다르다. 사람의 생활, 언어, 문화, 도구, 도덕, 글 등 모든 것이 내가 직접 창안해서 만든 것이 아니라 남들이 이미 만들어 놓은 것을 시대와 환경의 변화에 따라 적절히 활용하고 발전시켜서 우리 것으로 만드는 것이다. 다시 말해 우리의 삶 자체가 벤치마킹의 연속인 것이다.

경쟁사 또는 분야가 다르다 하더라도 자사에 도움이 되는 것이 있다면 타인의 산업재산권을 침해하지 않는 범위 내에서 최대한 받아들여서 최적화하고 발전시켜야 하는 것이다. 여기서는 벤치마킹의 필요성만을 이야기하고 방법과 절차는 생략하도록 한다.

4.7 마케팅조사

마케팅 계획을 실행하고 나면 제대로 하고 있는 것인지 고칠 것은 없는지 궁금할 것이다. 이때 필요한 것이 마케팅 조사이다.

대단위의 체계적인 조사를 할 때는 전문 업체나 전문가의 도움을 받아야겠지만 매번 전문 업체에 의뢰하면 비용이 만만치 않게 발생한다. 따라서 간단한 건 직접 조사를 하는 것도 나쁘지 않다고 생각한다.

조사를 하는 과정에서 의외로 많은 것을 얻게 될 것이다. 고객과 직접 소통을 하고 생각을 알고 필요한 것을 얻게 된다. 이런 과정을 통해서 고객이 필요로 하는 것이 무엇인지 알게 된다.

고객과 소통하는 과정에서 고객이 경쟁사의 정보를 제공하기도 하고 그들의 니즈나 새로운 아이디어를 제공하기도 하며 때로는 새로운 제품(서비스)에 대한 영감이 떠오르기도 한다.

이러한 일련의 과정을 거쳐 나온 결과들을 지금 판매되고 있는 제품(서비스)에 반영하여 개선하는 데 사용할 수 있다. 다음 제품(서비스)에 반영하여 경쟁우위에 서거나 경쟁자들의 추격을 따돌릴 수 있다.

CHAPTER

5

지식재산권의
총설

5.1 지식재산권의 의의

5.2 지식재산권의 종류

5.3 저작권

5.4 산업재산권

5.5 특허제도

5.6 주요 특허제도

5.7 해외출원

5.8 특허권의 효력

5.9 디자인제도

5.10 상표제도

"지식재산"이란 인간의 창조적 활동 또는 경험 등에 의하여 창출되거나 발견된 지식·정보·기술, 사상이나 감정의 표현, 영업이나 물건의 표시, 생물의 품종이나 유전자원(遺傳資源), 그 밖에 무형적인 것으로서 재산적 가치가 실현될 수 있는 것을 말한다.[1]

그리고 지식재산권은 법령 또는 조약 등에 따라 인정되거나 보호되는 지식재산에 관한 권리이다.[2]

과거에는 지적재산권(知的財産權)이라고 불렀으나 현재에는 한국특허청에서는 지식재산권이라는 용어를 사용하므로 '지식재산권'이 정식 용어이다.

---

1 지식재산 기본법 제3조 제1호
2 동법 동조 제3호

5.2 지식재산권의 종류

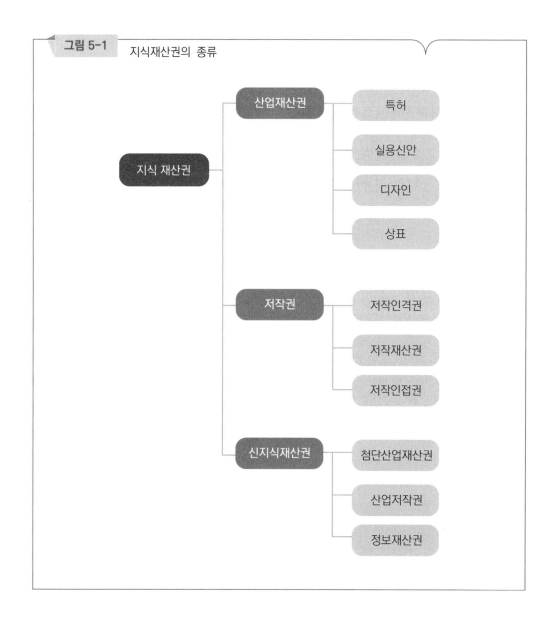

그림 5-1 지식재산권의 종류

지식재산권은 유형의 재산권에 대비되는 교육, 연구, 문화, 예술, 기술 등등 인간이 창조한 무형의 재산을 보호하는 권리이다.

　　지식재산권에는 산업분야에 대한 산업재산권과, 문화예술분야에 대한 저작권, 반도체 배치설계 및 사회/기술 변화에 따른 새로운 형태를 보호하는 신지식재산권이 있다.

　　산업재산권에는 특허권, 실용신안권, 상표권, 디자인권이 있으며, 저작권에는 저작인격권, 저작재산권, 저작인접권이 있다. 그리고 신지식재산권에는 첨단산업재산권, 산업저작권, 정보재산권이 있다. 지식재산권은 넓은 의미에선 산업재산권, 저작권, 신지식재산권을 모두 포함하지만, 좁은 의미로는 산업재산권과 저작권만을 포함한다.

5.3　저작권

5.3.1 저작권법의 목적

　　저작권법은 인간의 사상 또는 감정을 표현한 창작물을 창작한 저작자의 권리와 이에 인접한 권리를 보호하고 저작물의 공정한 이용을 도모함으로써 문화 및 관련 산업의 향상발전에 이바지함을 목적으로 한다.

5.3.2 산업재산권과의 차이

　　저작권은 문화발전에 이바지함을 목적으로 하고, 보호의 대상은 아이디어가 아니라 아이디어의 표현형식이다. 또한 저작물의 창작시 권리가 발생되며, 권리발생을 위하여 어떠한 형식이나 절차의 이행을 요하지 아니한다. 반면 산업재산권은 산업발전에 이바지함을 목적으로 하고, 아이디어 및 표현형식을 모두 보호한다. 또한, 특허청에 출원을 하여 등록이 되어야만 권리가 발생된다.

5.3.3 저작물

1) 성립요건

　　저작물은 인간의 사상 또는 감정을 표현한 창작물을 말한다. 먼저 인간에 의해 표현되어야 하므로, 동물 또는 기계에 의해 표현된 것은 저작물이 아니다. 그리고 창작성이 있어야 한다. 타인의 저작물을 모방 및 표절한 것은 저작물이 될 수 없으며, 공서양속에 반하는 비윤리성이라도 창작성이 있으면 저작물성은 인정된다.

2) 권리의 발생

저작권은 저작물을 창작한 때에 발생한다. 저작물의 성립 시기는 저작물의 전부가 완성된 때가 아니라 미완성 저작물이라고 하더라도 타인이 이용할 수 있을 정도로 표현이 되어 있으면 그 부분에 한해서는 저작권이 발생한다.

3) 저작물의 종류

저작물은 표현형식에 따라 어문, 음악, 연극, 미술, 건축, 사진, 영상, 도형, 컴퓨터 프로그램의 9종의 저작물이 있으며, 성립순위에 따라 원저작물, 2차적 저작물, 편집저작물이 있다.

5.3.4 저작권의 구성

1) 저작권의 종류

저작권에는 저작인격권과, 저작재산권 및 저작인접권이 있다. 저작인격권은 저작자가 저작물에 대하여 가지는 인격적 이익의 보호를 목적으로 하는 권리이며, 저작재산권은 저작물의 이용으로부터 생기는 경제적 이익을 보호하기 위한 권리이다. 그리고 저작인접권은 저작물의 창작자는 아니지만 저작물의 전달자에게 부여하는 권리이다.

2) 저작인격권

① 저작물을 창작한 때부터 저작자에게 발생하는 권리로서 저작자 일신에 전속한다. 따라서 저작자 본인만 행사할 수 있으며, 저작자의 사망과 더불어 소멸한다. 그리고 양도 및 상속은 인정되지 아니한다.
② 저작인격권으로는 공표권과, 성명표시권과, 동일성유지권이 있다. 그래서 저작자가 그 저작물의 공표여부, 공표시기 및 공표방법을 결정(공표권)할 수 있으며, 저작물의 공표 매체에 저작자의 실명 또는 이명을 표시(성명표시권)할 수 있고, 저작물의 내용과 제호의 동일성을 유지(동일성유지권)할 수 있다.

3) 저작재산권

① 저작물을 창작한 때부터 발생하며, 저작자가 생존하는 동안과 사망 후 70년간 존속한다. 다만, 저작자가 누구인지 알려지지 않은 무명저작물은 저작물이 공표된 때부터 70년간 존속한다. 그리고 프로그램저작물, 업무상 저작물 및 영상 저작물은 공표한 때부터 70년간 존속한다.

② 저작재산권으로는 저작물의 복제, 공연, 공중송신, 전시, 배포 등을 할 수 있는 권리 등이 있다. 저작재산권은 양도가 가능하다.

4) 저작인접권

저작물을 연기, 무용, 연주, 가창 등의 방법으로 표현하는 실연자에게 주어지는 권리를 말하며, 실연을 한 때에 발생하여 70년이 경과할 때까지 존속한다.

5.4 산업재산권

5.4.1 산업재산권의 의의

산업재산권은 인간의 정신적 창작물인 무형의 재화를 적절히 보호하여 산업발전에 이바지할 수 있도록 창작자에게 독점배타적인 권리를 부여하는 재산권이다.

산업재산권은 특허청에 출원을 하여 일정한 요건을 만족한 후 등록이 되어야만 권리가 발생된다. 등록권자에게는 일정기간 동안 독점배타적인 권리가 부여되는 대신 등록기간이 경과되면 누구나 자유롭게 사용할 수 있도록 하여 산업발전에 도움이 되도록 한다.

5.4.2 산업재산권의 종류

1) 특허권

특허권은 인간의 정신적 창작물 중 새로운 기술적 사상인 발명을 보호하는 것이다. 특허권은 설정등록이 있는 날부터 출원일 후 20년까지 존속한다.

2) 실용신안권

실용신안권도 특허권과 동일하게 새로운 기술적 사상을 보호하는 것이지만 기술적 창작수준이 비교적 낮은 실용적인 고안을 보호하는 것이다. 특허권에서 보호되는 기술적 사상은 물품, 방법, 물질 등 광범위하지만 실용신안권에서 보호되는 기술적 사상은 물품이다. 실용신안권은 설정등록일부터 출원일 후 10년까지 존속한다.

3) 디자인권

디자인권은 새롭게 창작한 물품의 외관을 보호하는 것이다. 디자인권은 설정등록
일부터 출원일 후 20년까지 존속한다.

4) 상표권

상표권은 인간의 정신적 창작물을 보호하는 것이 아니라 자타상품을 식별할 수
있는 표장을 보호한다. 상표권은 설정등록일부터 10년간 존속한다. 다만 갱신등록출원
에 의하여 10년간씩 존속기간을 갱신할 수 있다.

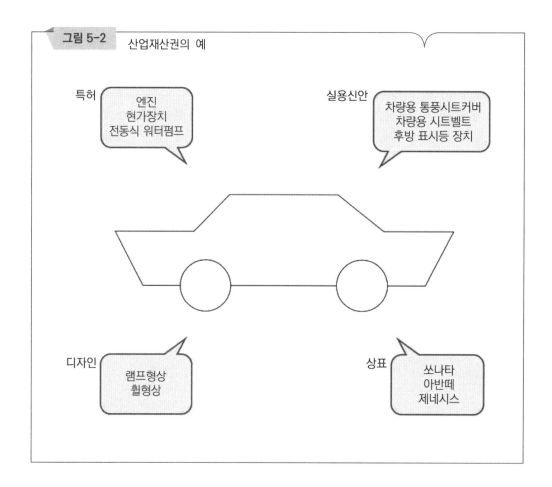

그림 5-2 산업재산권의 예

특허제도

5.5.1 특허제도의 목적

특허제도는 새롭고 유용한 발명은 공개한 자에게 공개의 대가로서 일정기간동안 발명실시에 대한 독점권을 부여하는 제도로써 기술발전을 촉진시켜 산업발전에 이바지하기 위함이다.

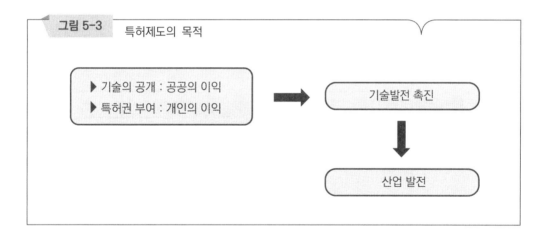

그림 5-3 특허제도의 목적

- ▶ 기술의 공개 : 공공의 이익
- ▶ 특허권 부여 : 개인의 이익

기술발전 촉진

산업 발전

5.5.2 특허출원

특허를 받고자 하는 자는 보호받고자 하는 내용을 작성한 특허출원서를 특허청에 제출하여야 한다. 이를 특허출원이라고 하며, 그 절차를 받는 자를 특허출원인이라고 한다.

특허청은 이 출원발명을 심사하여 특허요건을 모두 만족하여 거절이유가 없을 경우에는 특허를 인정하여야 한다.

그리고 거절이유가 있을 경우에는 특허청은 반드시 출원인에게 그 거절이유를 통지하여야 하며, 출원인은 거절이유 통지에 대하여 의견서 및 보정서를 특허청에 제출할 수 있다.

의견서 및 보정서에 의하여 거절이유가 해소되면 특허등록이 되며, 해소되지 아니하면 거절결정이 된다. 출원인은 거절결정에 대하여 특허심판원, 특허법원 및 대법원의 순으로 불복할 수 있다.

한편, 특허출원서에는 출원인의 성명 및 주소, 대리인이 있는 경우 그 대리인의 성명 및 주소나 영업소의 소재지, 발명의 명칭, 발명자의 성명 및 주소가 기재되고 명세서와, 필요한 도면 및 요약서가 첨부되어 우편 또는 전자출원으로 특허청에 제출될 수 있다.

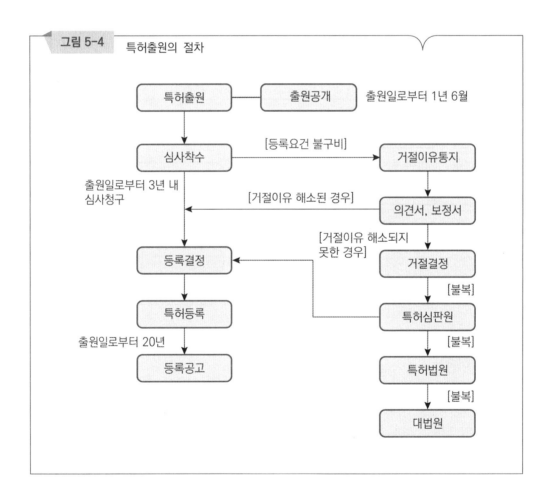

그림 5-4 특허출원의 절차

5.5.3 특허등록 요건

특허출원이 등록되기 위해서는 특허법에서 규정하고 있는 일정한 요건을 모두 만족해야 한다. 즉 특허출원이 등록을 받기 위해서는 특허법상 발명에 해당해야 하며, 신규성, 진보성, 산업상 이용가능성, 선출원 등의 등록요건을 모두 만족해야 한다.

1) 특허법상 발명일 것

우리나라 특허법은 발명의 정의를 규정하고 있으며, 『발명이란 자연법칙을 이용한 기술적 사상의 창작으로서 고도한 것을 말한다(특허법 제2조 제1항)』라고 규정하고 있다. 따라서 발명이 성립되기 위해서는 반드시 자연법칙을 이용해야 하며, 기술적 사상의 창작이어야 하고 고도해야 한다.

자연법칙을 이용해야 하므로 자연법칙 그 자체 또는 자연법칙에 위반될 경우에는 발명의 대상이 되지 아니한다.

따라서 영구기관은 자연법칙에 위반되므로 발명의 대상이 되지 아니하며, 계산 방법, 작도법, 최면술, 게임의 규칙, 삼각형의 넓이 계산 방법 등과 같이 인간의 순수한 정신적 활동 또는 논리학상의 법칙은 자연법칙을 이용한 것이 아니므로 발명의 대상이 되지 않는다.

2) 산업상 이용 가능성이 있을 것

현실적으로 실시될 수 있으면 산업상 이용 가능성이 있다. 따라서 경제적 이익이 없다고 하더라도 실시할 수 있으면 산업상 이용 가능성은 인정되지만 오로지 학술적·실험적으로만 이용할 수 있는 발명은 산업상 이용가능성이 인정되지 아니한다.

한편, 인간의 질병을 수술, 치료하거나 진단하는 의료행위는 산업상 이용 가능성이 인정되지 아니한다. 다만 인체로부터 분리되어 채취된 것(혈액, 소변, 피부, 모발 등)을 처리하는 방법이나, 수술도구 등은 산업상 이용 가능성이 인정된다.

3) 신규성이 있을 것

신규성이란 출원시점을 기준으로 국내뿐만 아니라 국외에서도 그 발명이 알려지지 아니한 것을 말한다. 따라서 출원발명이 출원시점에 비밀유지의무가 없는 불특정인에게 알려져 있거나, 알려진 또는 알려질 수 있는 상태에서 실시된 경우에는 특허를 받을 수 없다. 다만 발명의 주요부에 대하여 일부라도 비밀을 유지한 채 실시된 경우에는 그 출원발명의 기술적 내용을 파악할 수 없으므로 신규성이 상실되지 아니한다.

4) 진보성이 있을 것

진보성이란 특허출원된 발명이 특허출원 전에 그 발명이 속하는 기술분야에서 통상의 지식을 가진 자가 공지된 발명으로부터 용이하게 발명할 수 없는 것을 말한다. 따라서 출원발명이 출원시점에 그 발명이 속하는 기술분야에서 통상의 지식을 가진 자가 선행기술로부터 용이하게 발명될 수 있을 경우에는 특허를 받을 수 없다.

5) 먼저 출원할 것

동일한 발명에 대하여 2 이상의 특허출원이 있는 경우에는 그 중 가장 먼저 출원한 자에게 특허권을 부여한다. 만약 같은 날에 2 이상의 특허출원이 있는 경우에는 출원인 간의 협의에 의하여 정하여진 하나의 특허출원에 대해서만 특허를 받을 수 있다. 협의가 성립되지 않는 경우에는 어느 특허출원도 특허를 받을 수 없다.

6) 공지예외주장 제도

특허출원 발명이 특허 출원 전에 공개된 경우에는 신규성 상실로 특허를 받을 수 없다. 다만 공개일로부터 12월이 경과되지 아니하여 출원하는 경우에는 공지예외주장을 하여 신규성 및 진보성을 판단할 때 공개되지 아니한 것으로 인정받을 수 있다. 이 경우에는 특허출원서에 그 취지를 기재하여야 하고, 그 증명서를 출원일로부터 30일 이내 제출하여야 한다.

5.6 주요 특허제도

5.6.1 우선심사제도

특허출원은 심사청구가 있어야만 특허청에서 심사를 한다. 심사청구는 출원일로부터 3년 이내에 누구든지 할 수 있으며, 출원일부터 3년 이내에 심사청구가 되지 아니한 경우에는 그 출원은 취하된 것으로 간주된다. 그래서 특허출원은 출원의 선후에 관계없이 심사청구의 순서에 따라 심사가 된다. 다만 심사청구된 출원 중 우선심사가 신청된 경우에는 예외적으로 우선적으로 심사될 수 있다.

5.6.2 출원공개제도

특허는 발명의 내용을 공개하는 대가로 출원인에게 독점권을 부여하는 제도이다. 따라서 특허출원이 계속 중인 경우에는 특허출원일로부터 1년 6월이 경과하면 특허출원은 강제 공개된다. 다만 출원일로부터 1년 6월이 경과되지 아니한 경우라도 출원인이 조기공개를 신청한 경우에는 공개된다.

특허출원된 발명을 제3자가 업으로서 실시하고 있는 경우 그 출원된 발명이 공개되어야만 서면으로 경고할 수 있다. 또한 출원발명을 서면으로 경고하였음에도 불구하고 제3자가 경고 후부터 특허권의 설정등록시까지의 기간 동안 업으로서 그 발명을 실시한 때에는 특허권자는 그에 따른 보상금을 청구할 수 있다.

해외출원

5.7.1 조약우선권제도

파리조약 동맹국에 특허출원(선출원)을 한 자가 선출원일로부터 일정기간 이내에 다른 동맹국에 동일한 발명을 특허출원한 경우 다른 동맹국에서는 일정 요건에 대하여 선출원시에 출원을 한 것으로 판단시점을 소급해 주는 파리조약상의 권리를 말한다.

예를 들면 한국에서 갑(甲)이 a를 특허출원한 후 1년 이내에 타국에 a를 출원한 경우 타국에서 a의 출원의 신규성 및 진보성 등 특허등록 요건을 심사할 때 한국에 특허출원을 한 시점에 타국에 특허 출원을 한 것으로 보고 심사를 한다. 그래서 갑(甲)은 타국에서도 한국에 특허 출원한 시점에 출원을 한 효과를 가질 수 있다.

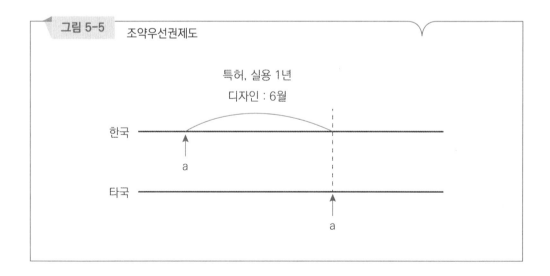

그림 5-5   조약우선권제도

특허, 실용 1년
디자인 : 6월

한국

a

타국

a

5.7.2 국제특허출원

국제출원이란 하나의 발명을 특허협력조약(PCT)에 의한 절차를 통하여 보호받고 자 하는 여러 동맹국에 하나의 출원으로 출원하는 것을 말한다.

우리나라 특허청을 수리관청으로 하여 국체특허출원을 한 경우 30개월 또는 31개 월 이내에 PCT 체약국을 선택국으로 하여 각국 특허청에 출원을 할 수 있다. 이 경우 각국 특허청에서는 우리나라에 출원한 국제출원일을 특허출원일로 본다.

5.7.3 해외출원 방법

우리나라 국민이 해외출원하는 방법은 일반적으로 우리나라에 먼저 특허출원을 한 후 이를 2가지의 방법으로 해외출원을 한다.

첫 번째는 파리조약에 의하여 개별국에 직접 출원을 하는 방법이고 두 번째는 파 리조약에 의하여 국제특허출원을 하는 방법이다. 첫 번째의 방법은 우리나라에 특허출 원한 날로부터 1년 이내에 특허권을 확보하고자 하는 모든 나라에 파리조약에 의한 우 선권을 주장하여 직접 출원하는 방법이다.

두 번째의 방법은 우리나라에 특허출원한 날로부터 1년 이내에 파리조약에 의한 우선권을 주장하여 PCT출원을 하고, 우리나라에 출원한 날로부터 30개월 또는 31개월 이내에 특허권을 확보하고자 하는 모든 나라에 진입하는 방법이다.

첫 번째의 방법은 개별국에서 권리확보 시간이 단축된다는 장점이 있지만 1년 이 내에 모든 나라에 특허출원을 해야 한다는 단점이 있다.

두 번째의 방법은 우리나라의 출원일로부터 30개월 또는 31개월까지 개별국에 특 허출원을 할 수 있다는 장점이 있지만 권리확보 시간이 길어지며, 별도의 PCT출원을 해야 하므로 비용이 증가한다는 단점이 있다.

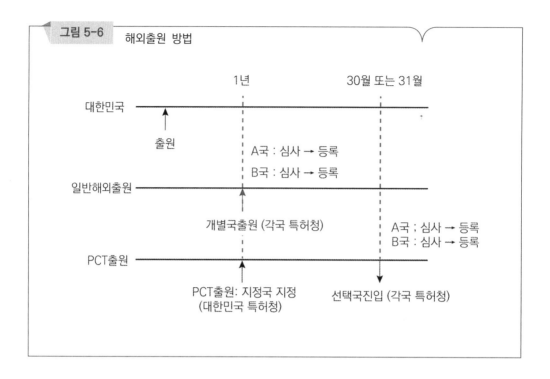

그림 5-6   해외출원 방법

5.8 특허권의 효력

특허권은 설정등록이 있는 날로부터 특허출원일 후 20년이 되는 날까지 존속하며, 그 보호범위는 특허청구범위에 기재된 사항에 의하여 정해진다.

그리고 특허권자는 업으로서 그 특허발명을 실시할 권리를 독점한다. 여기서 실시란 물건의 발명인 경우 그 물건을 생산·사용·양도·대여 또는 수입하거나 그 물건의 양도 또는 대여의 청약을 하는 행위를 말하며, 방법의 발명인 경우 그 방법을 사용하는 행위를 말한다.

업으로서의 실시이어야 하므로 정당한 권원이 없는 자의 실시라고 하더라도 업으로서의 실시가 아닌 개인적·가정적 실시인 경우에는 특허권의 효력이 미치지 아니한다.

5.9 디자인제도

5.9.1 정의

디자인이란 물품(물품의 부분 및 글자체를 포함)의 형상, 모양, 색채 또는 이들을 결합한 것으로서 시각을 통하여 미감을 일으키게 하는 것을 말한다.

5.9.2 성립요건

디자인의 성립요건에는 물품성, 형태성, 시각성, 심미성이 있다. 여기서 물품이란 독립거래가 가능한 구체적인 물품으로서 유체동산을 원칙으로 한다.

그리고 "형상·모양·색채"란 물품의 외관에 관한 디자인의 형태성의 요소를 말하는 것으로서 물품은 유체동산이므로 글자체를 제외하고 형상이 결합되지 않은 모양 또는 색채만의 디자인 및 모양과 색채의 결합디자인은 인정되지 아니한다.

그리고 디자인의 시각성은 육안(肉眼)으로 식별할 수 있는 것을 원칙으로 한다. 심미성이란 해당 물품으로부터 미(美)를 느낄 수 있도록 처리되어 있는 것을 말한다.

5.9.3 디자인의 등록요건

1) 공업상 이용 가능성

공업적 생산방법에 의하여 동일한 물품을 양산할 수 있는 디자인이어야 한다.

2) 신규성

디자인등록출원 전에 국내 또는 국외에서 공지(公知)되었거나 공연(公然)히 실시된 디자인, 반포된 간행물에 게재되었거나 전기통신회선을 통하여 공중(公衆)이 이용할 수 있게 된 디자인 또는 이와 유사한 디자인은 등록받을 수 없다.

3) 창작 비용이성

디자인등록출원 전에 국내 또는 국외에서 공지(公知)되었거나 공연(公然)히 실시된 디자인·디자인등록출원 전에 국내 또는 국외에서 반포된 간행물에 게재되었거나 전기통신 회선을 통하여 공중(公衆)이 이용할 수 있게 된 디자인 또는 이들의 결합으로부터 쉽게 창작할 수 있는 디자인은 등록받을 수 없다.

5.9.4 디자인권의 효력

디자인권자는 업으로서 등록디자인 또는 이와 유사한 디자인을 실시할 권리를 독점한다.

5.9.5 디자인의 유사여부 판단

동일하거나 유사한 물품 간에서만 디자인의 유사여부를 판단하며, 물품의 유사여부에 따른 디자인의 유사여부는 아래의 <표 5-1>과 같다.

⚙ 〈표 5-1〉 디자인의 유사 여부

구분	동일물품	유사물품	비유사물품
형상·물품·색채 동일	동일디자인		
형상·물품·색채 유사		유사디자인	
형상·물품·색채 비유사			비유사디자인

5.10 상표제도

5.10.1 상표의 정의

상표란 자기의 상품과 타인의 상품을 식별하기 위하여 사용하는 표장(標章)을 말한다. 여기서 "표장"이란 기호, 문자, 도형, 소리, 냄새, 입체적 형상, 홀로그램·동작 또는 색채 등으로서 그 구성이나 표현방식에 상관없이 상품의 출처(出處)를 나타내기 위하여 사용하는 모든 표시를 말한다.

따라서 기호, 문자, 도형뿐만 아니라 소리, 냄새, 입체적 형상, 홀로그램 및 동작도 상표가 될 수 있다.

5.10.2 식별력이 없어서 등록받을 수 없는 상표

1) 지정상품의 보통명칭

지정상품의 보통명칭을 보통으로 사용하는 방법으로 표시한 표장만으로된 상표는 상표등록을 받을 수 없다.

예를 들어 지정상품이 자동차인 경우 "Car", 지정상품이 과일인 경우 "Apple" 등은 보통명칭이라서 상표등록 받을 수 없다. 그러나 지정상품이 자동차인 경우 "Apple", 과일인 경우 "Car"는 지정상품의 보통명칭이 아니다.

2) 지정상품의 관용 명칭

지정상품의 관용명칭을 보통으로 사용하는 방법으로 표시된 표장만으로 된 상표는 상표등록을 받을 수 없다.

3) 기술적 포장

상품의 산지, 품질, 원재료, 효능, 용도, 수량, 형상, 가격, 생산방법, 가공방법, 사용방법 또는 시기를 보통으로 사용하는 방법으로 표시한 표장만으로 된 상표는 상표등록 받을 수 없다. 예를 들면 "supper, best, deluxe" 등은 지정상품의 종류에 관계없이 상표등록 받을 수 없다. 지정상품이 콜라인 경우 "Diet cola" 등은 상표등록 받을 수 없다.

4) 현저한 지리적 명칭

현저한 지리적 명칭, 그 약어 또는 지도만으로 된 상표는 상표등록 받을 수 없다. 예를 들면 국가명, 국내의 서울특별시, 광역시, 도, 시, 서울특별시의 구, 광역시의 구, 군의 명칭, 저명의 외국의 수도명, 대도시명, 현저하게 알려진 국내외의 관광지 등은 상표등록 받을 수 없다.

5) 흔한 성 또는 명칭

흔히 있는 성 또는 명칭을 보통으로 사용하는 방법으로 표시한 표장만으로 된 상표는 상표등록을 받을 수 없다. 예를 들면 "김", "이", "박" 등은 상표등록을 받을 수 없다.

6) 간단하고 흔한 표장

간단하고 흔히 있는 표장만으로 된 상표는 상표등록을 받을 수 없다. 예를 들면 1자의 한글 또는 한자, 2자 이내의 기타 외국문자, 두 자리 이하의 수자, 10단위의 숫자를 "＋, －, ×, ÷" 등의 부호로 연결된 경우, 3자리 이상의 숫자라도 "12345"와 같이 연속하여 배열된 숫자는 상표등록을 받을 수 없다.

7) 기타 식별력 없는 표장

기타 수요자가 누구의 업무에 관련된 상품을 표시하는 것인가를 식별할 수 없는 상표는 상표등록을 받을 수 없다. 예를 들면 일반적으로 쓰이는 구호, 표어, 인사말, 연도표시로 인식될 수 있는 표장 등은 상표등록을 받을 수 없다.

5.10.3 상표의 유사

1) 유사한 상표의 취급

선출원에 의한 타인의 등록상표와 동일 또는 유사한 상표로서 그 등록상표의 지정 상품과 동일 또는 유사한 상품에 사용하는 상표는 상표등록 받을 수 없다. 즉, 동일 또는 유사한 지정상품에 동일 또는 유사한 상표가 있는 경우 상표등록을 받을 수 없다.

2) 상표의 유사판단 방법

상표의 유사 여부는 양 상표 각각의 외관, 칭호, 관념의 세가지 요소를 대비하여 판단하며 원칙적으로 이들 요소 중 어느 하나만 유사하여도 양 상표는 유사한 것으로 본다. 다만 예외적으로 어느 하나의 구성요소가 유사한 경우라도 다른 요소들이 확연히 구별되어 양 상표를 전체로서 대비할 때 혼동의 염려가 없는 경우에는 양 상표는 비유사한 것으로 본다.

3) 유사판단 사례

"Sparkle"과 "스파클", "O'LEARY"와 "Olily", "TBC"와 "TVC"는 칭호가 유사한 상표이며, "HOP"와 "HCP"는 외관이 유사한 상표이다. 그리고 "CROWN"과 "왕관", "다이아몬드 도형"과 "Diamond"는 관념이 유사한 상표이다.

5.10.4 상표권의 효력

상표권자는 지정상품에 관하여 그 등록상표를 사용할 권리를 독점한다. 그리고 타인이 등록상표와 동일 또는 유사한 상표를 그 지정상품과 동일 또는 유사한 상품에 위법하게 사용하는 것을 금지할 수 있다.

5.10.5 상표권의 효력이 미치지 않는 범위

자기의 성명, 명칭 등, 보통명칭, 기술적 표장을 보통으로 사용하는 방법으로 표시한 상표 또는 관용상표, 현저한 지리적 명칭, 기능성 있는 입체적 형상으로 된 상표에 대해서는 상표권의 효력이 미치지 않는다.

　다만 상표권의 설정등록이 있은 후 부정경쟁의 목적으로 그 상표를 사용하는 경우에는 상표권의 효력이 미친다.

5.10.6 존속기간갱신등록제도

　상표권의 존속기간은 상표권의 설정등록이 있는 날부터 10년이지만, 존속기간갱신등록출원에 의하여 상표권의 존속기간을 10년씩 갱신할 수 있다.

　존속기간갱신등록출원은 상표권의 존속기간 만료 전 1년 이내에 하여야 하며, 그 기간이 경과한 경우에는 가산금의 납부를 조건으로 존속기간 만료 후 6월 이내에 갱신등록출원을 할 수 있다.

　갱신등록출원이 있는 경우에는 원상표권의 존속기간은 갱신된 것으로 간주된다.

상가 임대차계약과 보증금 및 권리금의 보호

6.1 상가임대차법의 보호

6.2 상가임대차계약 시 주의사항

6.3 상가임대차의 사용·수익

6.4 임대차계약의 해지

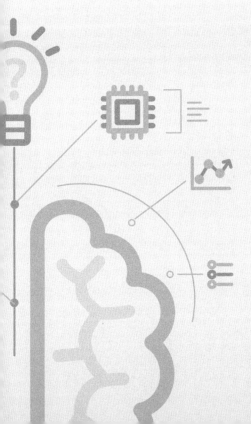

6.1 상가임대차법의 보호

6.1.1 상가임대차법의 적용범위

타인의 상가건물에 점포를 임차하는 것을 상가임대차라고 하는데 민법상 일반 임대차 규정의 적용을 받는다. 그러나 민법상의 임대차 규정은 소상공인 등 약자를 보호하기에는 부족하여 국민 경제생활의 안정을 도모하고자 민법의 특례규정으로 상가건물임대차보호법(이하 '상가임대차법' 이라 함)을 제정하였다.

상가임대차법의 적용을 받으려면 ① 사업자등록의 대상이 되는 건물, ② 지역별로 정해진 보증금의 일정 기준금액(환산보증금) 이하인 상가임대차여야 한다. 그러나 아래의 경우에는 상가임대차법의 적용을 받지 못한다.

① 일시사용을 위한 임대차임이 명백한 경우
② 사업자등록의 대상이 되지 않는 비영업용 건물(유치원, 어린이집, 선교원 등)
③ 종중이나 동창회, 종교단체, 자선단체, 향우회 등 친목단체가 임차한 사무실
④ 사실행위(상품의 보관·제조·가공 등)만 이루어지는 공장, 창고 등
⑤ 임대차보증금을 전혀 지급하지 않은 채 월 단위로 차임을 지급하여 매월 계약을 갱신하는 방식의 계약
⑥ 일정보증금을 지급하고 매달 발생하는 판매금액의 일정비율로 월세를 결정할 경우(수수료 매장을 말하며, 흔히 백화점이나 쇼핑몰처럼 대형 상가의 일정부분을 임대하는 경우가 해당)
⑦ 깔세 매장(보증금 없이 몇 달치의 월세를 한 번에 지불하고 월세만큼의 기간 동안 장사를 하는 곳으로 흔히 보는 "공장부도 바지 5,000원" 등을 판매하는 땡 처리 물건을 파는 곳을 말함)
⑧ 단기 1~2개월 목적한 독서실, 세차장, 옥외 주차장 등

6.1.2 환산보증금

지역별로 정해진 보증금의 일정 기준금액을 '환산보증금'이라고 한다. 보증금과 월세 환산액을 합한 금액으로 월세 환산액은 임차료에 100배를 곱한 금액이다. 예를 들어 임대차보증금이 5,000만원이고 월 임차료가 200만원, 권리금이 1억원이라면 환산보증금은 아래와 같다.

> (환산보증금 = 보증금 + (월차임 × 100)
> 5,000만원 + (200만원 × 100) = 2억 5,000만원

권리금은 기존 임차인과 신규 임차인 간에 거래되는 일종의 노하우로 보고 환산보증금 계산에는 고려하지 않는다. 지역별 환산보증금은 아래와 같으며, 2019. 4. 2시행 규정으로서 개정 이후 체결되거나 갱신된 상가건물 임대차계약부터 적용된다.

지역별	적용보증금액 (환산보증금)	임차인보증금 범위 (보호대상임차인 범위: 환산보증금)	보증금 중 일정액의 범위 (최우선변제금액)
서울특별시	9억원 이하	6천 5백만원 이하	2천 2백만원 이하
수도권정비계획에 따른 과밀억제권역(서울특별시 제외) 및 부산광역시	6억 9천만원 이하	5천 5백만원 이하	1천 9백만원 이하
광역시 (수도권정비계획법에 따른 과밀억제권역에 포함된 지역과 군 지역, 부산광역시는 제외)세종특별자치시, 파주시, 화성시, 안산시, 용인시, 김포시 및 광주시	5억 4천만원 이하	3천 8백만원 이하	1천 3백만원 이하
그 밖의 지역	3억 7천만원 이하	3천만원 이하	1천만원 이하

6.1.3 환산보증금 초과시 상가임대차 보호

환산보증금 초과 상가건물에도 계약갱신요구권(2013.8.13 개정)에 추가하여 건물주 변경시 대항력 부여, 임차인의 권리금 회수기회 보호, 제3기의 차임연체시 임대인에게 해지권 발생(해지권 남용방지), 표준임대차계약서 작성 권장(이상 2015.5.13 개정) 등이 적용된다.

일반 민법상 임대차는 제3자에게 대항하려면 임대차등기를 해야 하고, 등기를 한 때부터 제3자에게 대항할 수 있다(민법 제621조). 이에 반해 상가임대차법상 대항력은 상가건물의 인도와 사업자등록을 신청한 그 다음날부터 생기며 이 규정은 환산보증금과 상관없이 적용을 받는다.

임차인의 계약갱신요구권은 최초의 임대차기간을 포함해 10년 이내에 보호받으며, 이 규정 역시 환산보증금과 상관없이 적용된다.

그러나 우선변제권, 차임증액(5%)제한, 월차임 전환시 산정율 제한, 임차권 등기 명령제도, 최우선변제(소액임차인 보호), 묵시적 갱신, 임대차 기간 보호(1년) 등은 환산 보증금 초과 시 적용되지 않는다.

6.2 상가 임대차계약 시 주의사항

6.2.1 등기사항전부증명서에 의한 건물 확인

등기사항전부증명서의 각 구별 등기사항과 분석할 내용은 아래와 같다.

〈표 6-1〉 등기사항전부증명서에서 분석할 내용

구 분		등기사항	확인사항
표제부	표시번호란	표시란에 등기한 순서	등기접수일자
	표시란	• 부동산의 표시(토지·건물의 소재지, 지번, 지목, 면적, 건물의 종류·구조·면적·층수·용도 등) • 구분건물은 전체건물의 표제부와 구분건물의 표제부가 각각 있음	• 부동산의 현황과 등기내용과 일치 여부 • 토지에 대한 별도 등기 유무 • 부동산표시의 변경 여부
갑 구	순위번호란	사항란에 등기한 순서	
	사항란	• 소유권에 관한사항(소유권의 보존이나 변경에 관한 사항: 소유권보존(이전)등기, 가압류, 압류, 환매특약, 예고등기, 경매개시결정, 보전처분)	• 소유자의 처분권원과 권한의 확인 • 처분제한 유무
을 구	순위번호란	사항란에 등기한 순서	
	사항란	• 소유권이외의 권리(지상권, 지역권, 전세권, 저당권, 권리질권, 임차권 등)에 관한 사항	• 제한물권 유무 및 그 내용

건물의 등기를 검토해서 소유권에 관련된 사항과 압류·저당권·전세권 여부를 확인해야 한다. 등기 확인은 등기부를 열람하거나 등기사항전부증명서(舊 등기부등본)를 발급받는 것이 있다. 등기부 열람은 등기소를 방문하거나 인터넷등기소[1]를 이용하면

---

1 www.iros.go.kr

되고, 등기사항전부증명서는 등기소를 방문하거나 지방자치단체의 무인발급기 또는 인터넷등기소에서 발급받을 수 있다.

등기사항전부증명서는 갑구와 을구로 구성된다. 갑구에서는 부동산 소유자의 이름, 주소, 주민등록번호 등 인적사항을 확인하고 압류·가압류·가처분·가등기 여부를 확인해야 한다. 을구에서는 저당권이나 전세권의 등기여부를 확인해야 하는데, 저당권이 많이 설정된 건물이라면 주의해서 살펴보도록 해야 한다. 저당권이 설정된 후에 임차한 임차인은 후순위권리자가 된다. 상가건물이 경매되면 저당권자에게 배당되는 금액을 제외한 나머지 금액에서만 보증금을 받게 되므로 보증금 전액 반환에 문제가 생길 수 있다.

등기된 권리의 순위는 갑구, 을구 내에서는(同區)순위번호의 순위에 따르고, 구가 다를 경우(別區)는 등기일자에 따라 순위가 결정되고 같은 날인 경우 접수번호 순위에 따르며(同順別接), 부기등기의 순위는 주등기의 순위에 의한다.

가등기에 관한 것으로서 차후에 가등기에 기하여 본등기가 행해지면 그 순위는 가등기의 순위에 따르는 것이므로 본등기에 저촉되는 가등기 이후 제3자의 등기는 본등기가 이루어질 때 효력을 잃거나 후순위가 된다.

6.1.2 계약서의 주요 내용

상가건물임대차 표준계약서를 기반으로 상가임대차계약서를 작성하면 별 문제가 없을 것이다. 유의할 것은 특약사항인데 상가건물임대차 표준계약서에는 다음과 같은 예시를 두고 있다.

① 입주 전 수리 및 개량
② 임대차기간 중 수리 및 개량
③ 임차 상가건물 인테리어
④ 관리비의 지급 주체·시기 및 범위
⑤ 귀책 사유 있는 채무불이행 시 손해배상액 예정 등에 관하여 임대인과 임차인은 특약할 수 있다 등이다.

임대인과 업종제한 약정을 체결하면 임차인은 계약서에 정해진 업종에 한하여 영업해야 한다. 업종의 의미 및 영업 범위에 관해 따로 정하지 않았으면 획일적·절대적으로 결정할 것이 아니고 상가가 위치한 도시와 아파트단지의 규모, 그 상가의 크기와 상권 형성 정도, 인근 동종 업종의 상황 등도 고려하여 판단해야 한다.[2]

이와 관련하여 상가건물에 동종 및 유사업종의 입점을 금지하는 조항을 특약에 넣어서 같은 건물에 동일 및 유사업종이 복수로 입점하면 서로 어려움을 겪을 수 있는데, 단순히 '유사 업종의 영업은 금지된다'라고 계약하면, 향후 유사 업종이 무엇인지에 관해 다툼의 여지가 있기 마련이다.

따라서 유사 업종의 범위와 구체적 업종을 열거함으로써 임대인과의 다툼을 미리 예방하는 것이 최선의 방법일 것이다.

상가임대차계약 시 임차인에게 불리한 약정을 체결하면 상가임대차법은 당사자 간의 합의와 상관없이 적용되는 강행규정으로, 만약 그 약정이 상가임대차법을 위반하는 것으로서 임차인에게 불리한 경우에는 효력이 없다.[3]

1) 점포계약 전 준비사항

상가건물의 계약 전에 준비해야 할 사항들은 아래와 같다.

① 입지 및 형태, 주변환경, 노후상태, 통행인구, 주차장 이용 등이며 점포 입지는 반드시 직접 현장 확인을 해야 한다.
② 등기사항전부증명서, 도시계획확인원 등으로 용도지역, 소유자 동일여부, 소재지 및 지번과 일치여부 등 법률관계를 확인한다.
③ 계약은 임차인과 임대인 당사자가 직접하는 것이 원칙이고 만약에 대리인과 계약할 때는 위임장과 인감증명서를 함께 받으면 된다.
④ 사업자등록의 대상이 되는 건물이어야 한다.
⑤ 임차료가 3월간 연체되면 임대인이 계약을 해지할 수 있다. 따라서 점포가 마음에 든다면 계약 유지를 위해서 임차료가 밀리지 않도록 해야 한다.

---

2 대판 2007.9.21. 선고 2006다63747
3 상가임대차법 제15조

2) 점포계약 시 확인사항

① 임대인의 신용 상태조사

임대인(소유자)이 정보가 어두운 임차인(매수인)을 일시적인 눈속임으로 속여 권리금을 높여 받으려 하는 경우와 처음부터 권리금을 부당하게 높여 받으려는 목적을 가지고 있는 경우는 주의한다.

② 건물에 대한 확인조사

영업행위에 피해를 줄 만한 부분이 있는지 확인한다. 입주한 후에는 영업행위에 지장을 줄 수 있고, 소유주가 책임전가를 할 수 있다.

하자보수 관계가 임대인과 약정이 되면 반드시 계약서에 명기하여 이후 책임전가 같은 문제가 일어나지 않도록 한다. 또한 습기, 누수, 배수, 화장실, 전기, 수도, 가스, 환기시설, 옥외광고물 등도 확인한다.

③ 등기사항전부증명서 확인

아파트인 경우에는 대출금액과 본인이 지급하려는 전세금액을 합한 금액이 아파트 매매 금액의 70% 이내인 경우, 다가구나 연립, 단독은 60% 이하인 경우에 계약을 체결하여도 안전하다고 할 수 있다.

④ 불법건축물 확인

불법건축물 확인사항은 다음과 같은 경우이다.

- 거실 베란다 확장 또는 공부상보다 실면적이 넓을 경우, 공부상 구조와 실제 구조가 상이할 경우(예: 공부상＝원룸형, 실제＝투룸)
- 공부상 용도와 실제 용도가 상이할 경우(예: 공부상＝근린생활시설, 실제＝주거용)
- 공부상 주차대수와 실제 주차대수가 상이할 경우
- 공부상 가구수와 실제 가구수가 상이할 경우, 불법 복층, 다락방 등 허가를 받지 않고 천장을 높여서 복층으로 사용할 경우
- 베란다 및 테라스 지붕 불법 개조한 경우 등이며, 건축물현황도를 발급(열람)받아 불법건축물을 확인할 수 있다.

위반건축물(불법건축물이 관련 관공서 등의 단속에 의하여 위법사항이 적발된 건축물)에 대해서는 이행강제금이 부과(1년에 2회 이내)된다.

⑤ 세금체납 사실

세입자가 임대차계약서에 확정일자를 받는다고 하더라도 집주인에 대한 '국세의 법정기일'이 내가 받은 확정일자보다 앞선다면, 집이 경매로 넘어가는 경우 매각대금에서 내 보증금보다 세금이 우선 변제 받는다. 세금체납사실은 그 부동산을 국세청이 압류하기 전에는 등기부등본에 표시되지 않는다.

그래서 많은 세입자가 이 부분을 놓치고 있어 집주인에게 세금을 완납했다는 증명서를 요구하여 직접 확인하기 전까지는 세입자가 체납사실을 확인할 길이 없다.

따라서 국세완납증명서는 국세청 홈택스[4]에서, 지방세완납증명서는 민원24[5]에서 편리하게 발급받을 수 있으므로 계약 전 집주인에게 당당히 요구하여 확인해야 한다. 만약 집주인이 증명서 발급을 거부하면 체납 사실을 의심해보고, 계약을 재고하는 것이 좋다.

3) 대항력과 우선변제권, 최우선변제권

⚙ 〈표 6-2〉 대항력과 우선변제권, 최우선변제권의 비교

구 분	개 념	효력발생요건	효 과
대항력	상가주인이 바뀌어도 임차기간과 보증금을 반환받을 때까지 계속해서 살 수 있는 권리	경매개시 기입등기 전 상가인도(입점) + 사업자등록신청(경매 시에는 말소기준권리보다 앞설 것)	보증금 전액을 소유자, 양수인, 경락인에게 대항(받을 수 있음)
우선 변제권	후순위 권리자보다(말소기준권리 보다 앞선 경우) 우선하여 보증금을 변제(배당)받을 수 있는 권리(순위에 의한 배당)	경매개시 기입등기 전 대항력(상가인도 + 사업자등록신청) + 확정일자	보증금 전액을 순위에 의해 변제
최우선 변제권	소액보증금 중 일정금액을 선순위 권리자보다 우선하여(순위에 관계없이)변제 받을 수 있는 권리	경매개시 기입 등기 전 대항력(상가인도 + 사업자등록신청) + 보증금 일정금액 이하	소액보증금 중 일정액을 최우선변제

---

4 www.hometax.go.kr

5 www.gov.kr

4) 임차보증과 근저당권과의 배당순위와 임차인의 대항력

⚙️ 〈표 6-3〉 임차보증과 근저당권에 따른 배당순위와 임차인의 대항력

임차보증금		근저당권 설정일	배당순위	임차인의 대항력
전입일자	확정일자			
1월 4일	1월 4일	1월 4일	임차인의 배당순위는 1월 5일 (전입의 효과는 다음날)이고 근저당권은 1월 4일이므로 근저당권이 앞선다.	대항력은 전입 다음날(5일 0시)에 발생하므로 대항력이 없다.
1월 4일	1월 4일	1월 4일	임차인의 배당순위는 1월 4일 (확정일자가 늦으므로)로서 근저당권과 동순위로서 안분배당된다.	대항력은 1월 4일 0시에 발생하므로 근저당권 설정 (빨라야 1월 4일 9시)보다 앞서 대항력이 있다.
1월 4일	1월 4일	1월 4일	임차인의 배당순위는 전입 다음날인 1월 4일 0시이므로 근저당권(1월 4일 9시 이후)보다 앞선다.	대항력이 있다.

6.3 상가임대차의 사용·수익

6.3.1 임대차 기간, 차임 등 증감청구권

1) 임대차기간

기간을 정하지 아니하거나 1년 미만으로 정한 임대차는 1년으로 보며, 임차인은 1년 미만으로 정한 기간이 유효함을 주장할 수 있다.

2) 차임 등 증감청구권

차임 또는 보증금의 증액청구는 약정한 차임 또는 보증금의 5/100의 금액을 초과하지 못한다(감액은 제한 없음). 증액청구는 임대차계약 또는 약정한 차임 등의 증액이 있은 후 1년 이내에는 이를 하지 못한다.

임대차계약의 존속기간 중 당사자 일방이 약정한 차임 등의 증감을 청구한 때와 임차인의 계약갱신요구권의 행사로 인하여 계약이 갱신되는 경우에(상가임대차법 제10조 제3항 단서) 적용되며, 임대차계약이 종료된 후 재계약을 하거나 또는 종료전이라도 당사자 합의로 증액된 경우에는 적용되지 않는다.[6]

보통 1년이나 2년의 계약기간이 지나 다시 계약서를 작성한다면 이는 재계약으로 보아 5% 인상율의 제한을 받지 않는다는 주장도 있지만 법원은 임차인이 계약갱신요구권을 갖는 10년 동안은 재계약의 형식을 띤다고 하더라도 계약 갱신의 실질을 갖기 때문에 임대료 인상률 산정에 제한을 받는다고 보고 있다.

차임과 보증금 어느 한쪽의 증액 부분이 5/100를 초과하더라도 보증금과 월차임을 합산한 금액의 5/100를 초과하지 않는 한 유효하다.

---

6 대판 2014.2.13. 선고 2013다80481

3) 월차임 전환 시 산정률 제한

보증금의 전부 또는 일부를 월 단위의 차임으로 전환 시 전환금액에 연 12%와 한국은행 공시기준금리(현 0.5%)에 4.5배를 곱한 비율 중 낮은 비율을 곱한 금액을 초과하지 못한다(금리가 낮을 때는 인하된 금리를 즉각 반영하여 전환율을 낮추고 금리가 높을 때는 고정된 12%가 적용).

4) 유익비와 수선비

임차인은 점포의 인테리어와 시설 등을 철거하고 원상회복하여 임대인에게 반환하여야 한다.[7]

유익비는 객관적 가치를 증가시키기 위해 투입한 비용으로 임차인의 영업목적을 위해 투입한 비용은 제외된다.

유익비상환청구는 임차기간 안에 지출한 비용에 한해 가능하고, 유익비를 지출하여 증가한 가액이 임대차가 종료할 때도 존재해야 청구할 수 있다. 또한 임대인이 상가건물을 반환받은 날부터 6개월 안에 해야 한다.

임대인이 부담해야 할 비용은 아래와 같다(통상의 손모 범위 내).

벽에 걸어 놓았던 달력 또는 액자의 흔적, 냉장고, TV뒷면의 벽 검게 변색, 벽의 못자국(도배를 바꿔야 할 정도가 아닌 경우), 카페트에 가구를 놓았던 자국, 햇볕으로 인한 벽지, 마루 등의 변색 등이다.

임차인이 부담해야 할 비용은 아래와 같다(통상의 손모 범위 밖).

바퀴 달린 의자로 생긴 마루바닥의 흠, 자국, 이사짐을 옮기면서 생긴 마루의 긁힘, 벽의 못자국(도배를 바꿔야 할 정도), 에어컨 누수를 방치하여 생긴 벽의 부식, 결로를 방치하여 확대된 얼룩이나 곰팡이, 애완동물 사용에 따른 기둥의 흠 등이다.

인테리어 공사기간이 2~4주 동안은 임대인이 임차료를 받지 않는 게 관행이다. 그러나 관행에 기대지 말고 상가임대차계약서를 작성할 때 '공사기간에는 임차료를 지급하지 않는다'라고 명시하는 것이 좋다.

---

7 민법 제615조, 제654조

6.3.2 계약갱신과 갱신거절

임차인은 임대차기간 만료 전 6개월에서 1개월 사이 계약갱신요구권을 행사할 수 있으며, 임대인은 정당한 사유 없이 거절을 할 수 없다.

이는 최초의 임대차기간(최초입점)을 포함하여 10년을 초과하지 않는 범위 내에서 행사할 수 있고, 지역별 환산보증금이 초과하는 임차인에게도 계약갱신요구권을 인정한다.

임대인이 임대차기간 만료 전 6개월에서 1개월 사이에 갱신거절 통지, 계약조건 변경 통지를 하지 아니하면 그 기간이 끝난 때에 다시 임대차한 것으로 본다(보증금과 차임도 종전의 임대차와 동일한 조건). 이 경우 임대차의 존속기간은 1년으로 본다. 임차인은 언제든지 임대인에게 계약해지 통고가 가능하며 임대인은 통고 받은 후 3개월 이후 효력이 발생한다.

묵시적 갱신은 지역별 환산보증금 이내여야만 적용대상(10년 보장)이나 계약갱신 요구권은 환산보증금 상관없이 가능하다.

임대인이 아래와 같은 사유가 있으면 임차인의 계약갱신 요구를 거절할 수 있다.[8]

⚙️ 〈표 6-4〉 임대인이 계약갱신 요구를 거절 할 수 있는 사유

1. 임차인이 3기의 차임액에 해당하는 금액에 이르도록 차임을 연체*한 사실이 있는 경우
   연체: 연체된 차임의 총액이 3기의 차임액을 합한 액수에 달한다는 의미
2. 임차인이 거짓이나 그 밖의 부정한 방법으로 임차한 경우
3. 서로 합의하여 임대인이 임차인에게 상당한 보상을 제공한 경우
4. 임차인이 임대인의 동의 없이 목적 건물의 전부 또는 일부를 전대(轉貸)한 경우
5. 임차인이 임차한 건물의 전부 또는 일부를 고의나 중대한 과실로 파손한 경우
6. 임차한 건물의 전부 또는 일부가 멸실되어 임대차의 목적을 달성하지 못할 경우
7. 임대인이 다음 각 목의 어느 하나에 해당하는 사유로 목적 건물의 전부 또는 대부분을 철거하거나 재건축하기 위하여 목적 건물의 점유를 회복할 필요가 있는 경우(권리금 분쟁의 1/3 이상이 재개발·재건축 상가의 권리금 분쟁임)
   가. 임대차계약 체결 당시 공사시기 및 소요기간 등을 포함한 철거 또는 재건축 계획을 임차인에게 구체적으로 고지하고 그 계획에 따르는 경우(계약당시 사전 고지)
   나. 건물이 노후·훼손 또는 일부 멸실 되는 등 안전사고의 우려가 있는 경우(구조안전진단업체의 진단이 안전사고의 우려가 있다는 결과가 나온 경우)
   다. 다른 법령에 따라 철거 또는 재건축이 이루어지는 경우
8. 그 밖에 임차인이 임차인으로서의 임무를 현저히 위반하거나 임대차를 계속하기 어려운 중대한 사유가 있는 경우

---

8 상가임대차법 제10조 제1항.

6.4 임대차계약의 해지

임대인의 상가임대차계약의 해지 사유는 아래와 같다.

① 임차인이 임대인의 동의 없이 임차권을 양도하거나 임차 상가건물을 전대한 경우[9]
② 임차인의 차임 연체액이 3기의 차임액에 달하는 경우(상가임대차법 제10조의8),
③ 임차인이 상가건물을 계약 또는 그 상가건물의 성질에 따라 정하여진 용법으로 이를 사용·수익하지 않은 경우[10] 등이다.

6.4.1 임차권 등기명령

임대차가 종료된 후 보증금을 돌려받지 못했을 때 임차인이 신청할 수 있는데 임대차 기간 만료 후 임차건물의 소재지관할 지방법원(지원), 시·군법원에 임차인 단독으로 신청 가능하다.

임차인이 임차권등기명령을 하면 이사를 해도 대항력과 우선변제권이 유지되어 보증금 회수가 쉬워진다. 임대차 기간 존속 중에는 임대인과 합의에 의하여만 임차권등기를 신청할 수 있다.

임차권등기와 동시에 대항력 또는 우선변제권을 취득하며 임차권등기명령 관련 비용은 임대인에게 청구 가능하다. 임대인의 임대차보증금의 반환의무가 임차인의 임차권등기 말소의무보다 먼저 이행되어야 할 의무이다.[11]

임차인의 우선변제적 효력 등은 등기가 경료된 때(등기접수일이 아니라 원인일자가 순위임)로부터 인정되므로 등기명령신청을 하였더라도 등기부에 현실적으로 기재되지 않으면 보호의 공백상태가 생길 수 있으므로 등기부에 임차권이 현실적으로 기재된 것

---

9 민법 제629조 제2항
10 민법 제610조 제1항, 제654조
11 대판 2005.6.9. 선고 2005다4529

을 확인하기 전에는 이사를 하거나 사업장 등을 옮기지 않는 것이 좋다.

임차권등기명령에 의한 등기의 효과를 살펴보면 다음과 같이 정의할 수 있다.

① 대항력 및 우선변제권의 취득,
② 종전 대항력 및 우선변제권의 유지, 존속,
③ 후순위 소액임차인의 최우선변제권 상실이 있다.

6.4.2 권리금

1) 권리금의 정의

권리금이란 임대차 목적물인 상가건물에서 영업을 하는 자 또는 영업을 하려는 자가 영업시설·비품, 거래처, 영업상의 노하우, 상가건물의 위치에 따른 영업상의 이점 등 유형·무형의 재산적 가치의 양도 또는 이용대가로서 임대인, 임차인에게 보증금과 차임 이외에 지급하는 금전 등의 대가를 말한다.[12]

권리금은 신규임차인으로부터만 지급받을 수 있을 뿐이고 보증금과는 달리 임대인에게 직접 그 지급을 청구할 수 없는 것이 일반적이다.[13]

임대인이 권리금을 받고 향후 권리금을 지급하지 않는다는 특약은 무효이다(임차인 보호목적).

권리금계약서는 반드시 작성을 하여야 하며 권리금계약서를 작성하는 비율이 10%에 불과한데, 권리금계약서를 작성하지 않으면 나중에 법적인 다툼이 발생할 수 있다. 임차인과 신규 임차인이 되려는 자가 권리금계약을 체결하기 위한 표준권리금계약서를 정하여 사용을 권장하고 있다.[14]

2) 권리금의 종류

① 시설권리금

기존의 영업주가 창업할 당시 내부 인테리어, 집기비품, 주방기기 등 시설물에 투자한 금액에 대해 보전해주는 성격의 권리금이다. 시설 감가상각은 1년 단위로 30%씩

---

12 상가임대차법 제10조의3 제1항
13 대판 2000.4.11. 선고 2000다4517,4524
14 상가임대차법 제10조의6

시설 비용을 절사하는 것이 관례로 알려져 있다. 시설에 대한 금액은 감가상각을 통해 보통 3년 정도면 소멸한다고 보면 적당하다.

② 영업권리금

기존의 영업주가 운영을 하면서 단골 고객의 확보, 영업력 등을 발휘하여 꾸준한 매출을 올리고 있었다면 본인이 그 점포를 인수하여 영업하더라도 어느 정도는 매출을 보장받을 수 있으므로 그에 대한 보전 성격의 금액이다.

점포의 매도하는 시점 6~12개월 동안 발생한 매출 평균 수익을 기준으로 평균수익이 100만원 이면 100만원 × 12개월 = 1,200만원이 적정가격으로 형성되는데 주의할 점은 점포의 매출장부 등을 통해 꼭 확인해야 한다.

대체로 이전 임차인에게 1년 치 순이익을 권리금으로 지불한다. 병원이나 학원 등을 거래할 때 주로 거론된다. 앞선 매장의 장부를 확인하는 등 해당 매출에 대한 정확한 판단이 필요하나 신규 임차인 입장에서는 기존 경영자의 말이나 부동산 업자의 말에 의존할 수밖에 없다는 단점이 있다.

③ 바닥권리금(위치 또는 지역권리금) → 권리금의 50% 차지

점포가 좋은 입지에 위치하고 있어서 위치에 대한 프리미엄이라고 보면 무방할 것이다.

보통 역세권, 도심, 주택가 상권 등 각 상권에 따라 권리금의 시세가 형성된다. 좋은 입지에 점포가 위치해 있으므로 기본적 매출은 보장받을 수 있다는 것이다.

* 2018년도 전국상가 평균권리금: 4,535만원, ㎡당 68.4만원

3) 권리금 회수기회 보호 등

임대인은 임대차기간이 끝나기 6개월 전부터 종료 시까지 다음에 해당하는 행위를 함으로써 권리금 계약에 따라 임차인이 주선한 신규임차인이 되려는 자로부터 권리금을 지급받는 것을 방해해서는 안 된다.

① 임차인이 주선한 신규임차인이 되려는 자에게 권리금을 요구하거나 임차인이 주선한 신규임차인이 되려는 자로부터 권리금을 수수하는 행위
② 임차인이 주선한 신규임차인이 되려는 자로 하여금 임차인에게 권리금을 지급

하지 못하게 하는 행위

③ 임차인이 주선한 신규임차인이 되려는 자에게 상가건물에 관한 조세, 공과금, 주변 상가건물의 차임 및 보증금, 그 밖의 부담에 따른 금액에 비추어 현저히 고액의 차임과 보증금을 요구하는 행위

④ 그 밖에 정당한 사유 없이 임대인이 임차인이 주선한 신규임차인이 되려는 자와 임대차계약을 거절하는 행위

4) 임대인에 대한 손해배상청구권 인정

임대인이 임차인이 주선한 신규임차인으로부터 권리금을 지급받는 것을 위반해서 손해가 발생 시 임차인은 임대차 종료 후 3년 이내에 임대인에게 손해배상을 청구할 수 있다.

임차인이 임대인에게 권리금에 상당하는 손해배상을 요구하는 것은 우선 임차인이 권리금을 내고 들어온 다음 임차인을 주선해야 하고 그 다음으로 임대인이 이 사람과의 계약을 거부하여 권리금을 못받게 된 경우에 가능하다.

이때 손해배상액은 신규임차인이 임차인에게 지급하기로 한 권리금과 국토교통부가 고시한 기준에 따라 산정한 계약 만료 시점의 권리금 중 낮은 금액을 넘을 수 없으며, 이때 임차인은 임대인의 방해 행위를 직접 입증해야 하며, 감정을 통하여 임대차 종료 당시의 권리금을 입증하여야 한다.

5) 임대인이 임차인이 주선한 신규임차인과 임대차계약을 거절할 수 있는 경우

① 임차인이 주선한 신규임차인이 되려는 자가 보증금 또는 차임을 지급할 여력이 없는 경우

② 임차인이 주선한 신규임차인이 되려는 자가 임차인으로서의 의무를 위반할 우려가 있거나 그 밖에 임대차를 유지하기 어려운 상당한 사유가 있는 경우

③ 임대차목적물인 상가건물을 1년 6개월 이상 영리목적으로 사용하지 아니한 경우(임대인이 임차인이 주선하는 신규임차인과의 임대차계약 체결을 거절하고, 그 이후의 1년 6개월 이상 상가건물을 영리목적으로 사용하지 않는 경우를 의미)

④ 임대인이 선택한 신규임차인이 임차인과 권리금 계약을 체결하고 그 권리금을 지급한 경우

⑤ 계약갱신요구의 거절 사유가 있는 경우[15]

---

15 상가임대차법 제10조 제1항

6) 권리금 적용 제외 임차인

① 임대차 목적물인 상가건물이 유통산업발전법 제2조에 따른 대규모점포 또는 준대규모점포의 일부인 경우
- 매장 면적의 합계가 3천㎡ 이상의 전문점, 백화점, 대형마트(이마트, 홈플러스 등), 쇼핑센터, 복합쇼핑몰 등
- 지하상가, 유통상가 등도 3천㎡ 이상
② 임대차 목적물인 상가건물이 "국유재산법"에 따른 국유재산 또는 "공유재산 및 물품관리법"에 따른 공유재산인 경우
- 시영 지하상가 등은 묵시적으로 권리금이 형성되기도 하나 보호대상은 아님
③ 전대차 관계에 있어서 전차인의 경우(대항력 및 우선변제권도 없음)
④ 사업자등록을 하지 않은 영세사업자(포장마차, 구멍가게, 시장의 좌판상인 등)는 권리금 보호의 대상이 안됨

7) 권리금의 분쟁유형

① 임대인과 임차인 간의 분쟁
- 매매·경매 등으로 인하여 갑자기 소유주가 변경되어 새로운 소유주가 종전의 어떠한 권리금도 인정하지 않는 경우
- 임대차계약이 끝난 후 임차인에게 계약의 해지를 요구하면서 임차인이 주선한 새로운 임차인과의 계약을 거절하고, 임대인 자신이 임대건물을 사용·수익하겠다고 하는 경우
- 임대인이 직접 새로운 임차인과 임대차계약을 체결하면서 임대인에게 권리금으로 직접 지급하도록 유도하는 경우
- 임대인이 계약갱신을 거절하고 계약서에 따라 원상회복을 요구하는 경우(임차인은 투자한 시설비, 권리금 등을 반환받지 못함은 물론이고 오히려 원상회복 비용까지 부담하여야 하는 경우)
- 임차 거절을 목적으로 신규 임차인에게 고액의 보증금과 월세를 요구하여 발생하는 경우

② 기존임차인과 신규임차인 간의 분쟁

- 높은 권리금을 받기 위하여 기존 매출액을 부풀려 신고한 경우
- 신규 임차인에게 높은 권리금을 수수함에 따라 법적분쟁으로 비화되는 경우
- 임대보증금의 수령 효과가 소유주에게 미치는 것과는 달리 개발업자와 임차인 사이에 수수된 권리금은 당연히 소유주에게 그 효력을 미치는 것이 아니므로 임대차 해지 시 소유주가 이를 반환키로 하였다는 등 특별한 사정이 없으면 소유주에게 그 권리금을 반환할 의무가 없어 이로 인한 분쟁이 발생하는 경우[16] 등이 있다.

---

16 대판, 1989.2.28. 선고 87다카823, 824

신용관리의 중요성과 기법

7.1   신용의 개념
7.2   우리나라의 개인신용평가제도
7.3   신용등급관리의 중요성과 기법

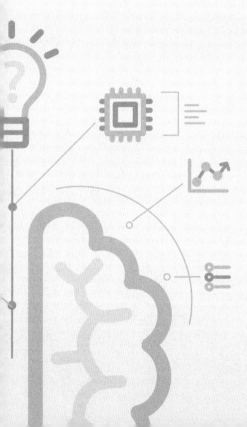

7.1 신용의 개념

7.1.1 신용의 의의

신용이란 장래 어느 시점에 그 대금을 지급할 것을 약속하고 현재의 가치로 획득할 수 있는 능력으로 개인의 경제적 활동에 대한 사회적 평가를 말한다. 즉, 차입능력 또는 일정기간 지급을 연기하고 재화와 서비스를 구입할 수 있는 능력이라 할 수 있으며, 통상 신용을 공여한 측의 입장에서 주로 사용한다. 그리고 이러한 신용의 종류에는 대출 신용(현금 대출, 현금 서비스), 판매 신용(신용카드, 할부금융 등), 서비스 신용(후불제 서비스) 등으로 구분할 수 있다.

7.1.2 개인신용평가 및 등급

개인신용평가란 개인이 경제적 채무를 정해진 기간 내에 상환, 지급할 수 있는 능력에 대한 평가를 말하며, 개인신용등급이란 신용평가회사 및 금융회사가 개인 관련 신용정보를 수집하고 이를 향후 1년 내에 신용위험(90일 이상 장기연체)이 발생할 가능성에 따라 통계적으로 1~10등급(점수제)체계로 구분하여 수치화한 지표를 말한다.

현재 개인신용평가를 수행하는 신용평가기관(CB사 Credit Bureau)은 신용정보원·금융회사 등에서 모든 국민의 신용정보를 수집하여 개인의 신용위험도를 평가, 등급화(점수제)하여 약 4,515만명 개인의 신용등급을 생산하여 금융회사에 제공하고 있다.

신용평가기관은 금융회사 및 한국신용정보원 등에서 수집한 평가항목을

통계적으로 분석하여 신용점수 및 등급을 산출하며, 금융회사는 자체 신용평가형(CSS등급)과 신용평가기관(CB사) 신용등급을 여신 승인심사, 기한연장, 한도 및 금리 책정 등에 활용한다. 개인신용등급(점수구간)별 의미 및 특징은 아래 표와 같다.

〈표 7-1〉 개인신용등급에 따른 특징

등급	점수		구분	거래실적	연체 가능성
	NICE	KCB			
1	900~1000	942~1000	최우량	오랜 신용거래 경력을 보유하고 있으며 다양하고 우량한 신용거래 실적을 보유	매우 낮음
2	870~899	891~941			
3	840~869	832~890	우량	활발한 신용거래 실적은 없으나 꾸준하고 우량한 거래를 지속한다면 상위등급 진입 가능	낮음
4	805~839	768~831			
5	750~804	698~767	일반	주로 저신용 업체의 거래가 있는 고객으로 단기연체 경험 있음	일반
6	665~749	630~697			
7	600~664	530~629	주의	주로 저신용 업체와의 거래가 많은 고객으로 단기연체의 경험을 비교적 많이 보유하고 있어 단기적인 신용도의 하락이 예상됨	높음
8	515~599	454~529			
9	445~514	335~453	위험	현재 연체 중이거나 매우 심각한 연체의 경험을 보유	매우 높음
10	0~444	0~334			

우리나라의 개인신용평가제도

7.2.1 의 의

금융회사가 개인에게 대출을 해 줄 때 보편적으로 적용하는 제도로서 금융회사는 고객이 대출을 신청하는 경우 개인의 인적사항과 안정적인 직장 근무여부, 연체정보, 소득현황, 금융회사 거래 및 대출거래실적 등 신용정보 등을 토대로 대출가능 여부와 대출액 상환능력, 적용금리 등을 결정하는데 대부분의 은행이 관련 항목에 가중치를 두고 있으며 여기에서 나오는 평점은 그 고객이 금융회사와 거래시 평가자료로 활용한다.

즉, 개인이 경제적 채무를 정해진 기간 내에 상환, 지급할 수 있는 능력에 대한 평가를 말한다고 할 수 있다.

개별 금융회사는 거래 고객에 대하여 CB사의 평가와 더불어 자체적인 신용평가(CSS, Credit Scoring System)의 결과를 종합하여 여신신사에 활용한다.

7.2.2 도입 배경

우리나라의 개인신용평가는 2003년 카드상태, 신용불량자 급증 등에 대응하여 본격 도입된 이후 빠르게 성장하고 있으며, 신용정보 인프라가 강화되고, 은행연합회 등 5개 금융협회 및 보험개발원에서 분산하여 관리해 오던 신용정보를 집중하여 안전하게 관리하기 위하여 2016년에 설립된 유일의 종합신용정보집중기관인 한국신용정보원과 민간CB업이 도입되면서 다양한 신용정보에 기초한 전문화된 개인신용평가체계가 마련되었다.

이에 따라 금융회사의 리스크관리가 개선되었을 뿐만 아니라, 장기분할상환 여신 관행 정착 등 여신구조도 건전화되었으며 또한, 신용이력의 중요성이 커짐에 따라 채무자인 개인의 건전한 신용생활 및 신용관리를 유도하게 되었다.

한편 우리나라의 민간 CB업은 2002년 9월 한신정·한신평정(현 NICE 평가정보)에서 개인 CB업무를 시작하여 2005년 국내 8개 금융사 연합으로 설립된 KCB(Korea Credit Bureau) 등이 있다.

7.2.3 자기신용정보확인 방법 및 정정절차

본인의 신용등급을 조회한 결과 예상과 달리 신용등급이 현저하게 차이가 나면 자신이 거래하고 있는 금융회사를 이용하는 방법과 신용조회업자를 이용하는 방법으로 본인의 신용정보를 정정할 수 있다.

신용정보의 정정청구는 신용정보를 등록한 해당 금융회사, 전국은행연합회, 신용조회업자에 대하여 할 수 있으며, 신용정보 처리결과에 이의가 있을 경우에는 금융위원회에 신용정보시정요청을 할 수 있다. 참고로 신용조회업자별 인터넷 조회시스템 주소는 아래와 같다.

* 한국신용정보원: www.credit4u.or.kr(1544 − 1040)
* KCB: www.allcredit.co.kr(02 − 708 − 1000)
* 나이스신용평가정보: www.credit.co.kr(1588 − 2486)
* 서울신용평가정보: www.sci.co.kr(1577 − 1006)

7.2.4 신용정보 집중관리 활용정보

우리나라에서 집중적으로 관리하는 정보에는 다음과 같은 것들이 있다.

1) 식별정보

개인을 구분하는 성명, 주민등록번호, 주소, 성별, 국적, 직업 등이며 식별정보 자체로서의 활용 외에도 신용거래정보, 신용도판단정보, 신용능력정보 및 공공정보 등과 결합되어 주로 이용된다. 기업 및 법인은 기업체명, 법인등록번호, 사업자등록번호, 대표자명, 본점 및 영업점 소재지, 설립연월일, 영업실태, 영업 종목 등이 포함된다.

2) 신용거래정보

　신용거래정보란 개설·발급정보, 개인대출정보, 카드대출정보, 보험계약대출정보, 개인채무보증정보, 기업신용공여정보, 복수카드정보, 사고회원정보를 말한다. 마이너스 통장은 이미 한도가 부여되어 있는 상태에서 고객의 입출금이 자유로운 상품이므로 마이너스 대출의 발생시점은 실제계약이 완료되어 발급된 시점으로 인식된다.

3) 신용도 판단정보

　신용도 판단정보란 연체정보, 대위변제·대지급정보, 부도정보, 금융질서문란정보, 관련인정보, 미수(위탁자가 증권시장에 상장된 증권을 매매거래함에 있어 증권회사에 납부하여야 하는 매수대금 또는 매도증권을 「자본시장과 금융투자업에 관한 법률」 제393조 제1항에 따른 한국거래소의 증권시장업무규정에서 정하는 결제일까지 납부하지 아니한 경우를 말한다) 발생정보, 신용거래의 무담보 미수채권(증권회사가 채권 회수를 위하여 위탁자의 신용거래 융자 또는 신용거래 대주를 임의로 상환, 정리한 이후에도 잔존하는 미회수채권을 말한다)정보를 말한다.

4) 신용거래능력판단정보

　신용거래능력판단정보란 개인의 재산·채무·소득 등과 기업 및 법인의 개황, 사업의 내용, 재무에 관한 사항 등 신용정보주체의 신용거래능력을 판단할 수 있는 정보를 말한다.

5) 공공정보

　공공정보란 공공기관 또는 금융기관이 보유하고 있는 「국세징수법」에 의한 다음의 정보를 말한다.

- 국세체납자에 대한 정보, 「지방세기본법」에 의한 지방세 체납자에 대한 정보, 「질서위반행위규제법」에 의한 과태료 체납자에 대한 정보
- 「관세법」에 의한 관세체납자에 대한 정보
- 「민사집행법」에 의한 채무불이행자명부등재자에 대한 정보

- 「고용보험 및 산업재해보상보험의 보험료징수 등에 관한 법률」에 의한 산재·고용보험료 체납자에 대한 정보
- 회생절차가 진행되고 있는 자에 대한 정보
- 개인회생절차가 진행되고 있는 자에 대한 정보
- 파산면책결정을 받은 자에 대한 정보
- 신용회복지원협약에 따라 신용회복지원이 확정된 자에 대한 정보
- 한국자산관리공사의 신용회복규정에 의해 채무조정이 확정된 자에 대한 정보
- 중소벤처기업부의 재창업 자금을 지원받은 자
- 신용보증기금, 기술보증기금으로부터 재도전 기업주 재기지원보증 및 각 지역 신용보증재단으로부터 재도전지원 특례보증을 받은 자에 대한 정보
- 「해외이주법」에 의한 해외이주 신고확인서상 신고자에 대한 정보
- 조달청의 정부 납품실적 및 납품액 정보
- 행정안전부 주민등록전산정보자료에 의해 사망 또는 주민등록번호 변경 사실이 확인된 자에 대한 정보
- 국세청 모범납세자로 선정된 자에 대한 정보
- 「근로기준법」에 의한 체불사업주에 대한 정보
- 국민행복기금이 협약금융기관 등으로부터 채권을 매입한 자
- 채무조정 약정을 체결한 자 및 국민행복기금이 보유하거나 채무조정 약정을 체결한 채권을 한국자산관리공사가 매입한 자에 대한 정보를 말한다.

집중관리 활용정보에 관한 구체적인 내용은 신용정보원에서 제정한 일반신용정보관리규약의 신용정보관리기준을 참고하기 바란다.

7.2.5 개선된 개인신용평가제도

1) 현행 제도의 문제점

현행 개인신용평가제도는 불합리한 차별 등 소비자 피해가 지속되고 차주별 위험수준에 따른 다양한 금융상품 개발·제공 등도 지연되고 이에 따라 불합리한 평가관행이 지속되면서 평가의 투명성·공정성에 대한 문제점이 제기되었다.
또한 이용권에 따른 일괄평가, 일률적인 등급제 등으로 차주별로 세분화된 리스크

평가가 이루어지지 못한다는 지적도 있었다.

또한 개인별 신용상황이 정교하게 반영되기 어렵고, 등급간 문턱이 높아지는 문제가 발생, 예컨대 7등급 상위에 속하는 사람은 6등급 하위그룹과 신용점수에 큰 차이가 없음에도 대출 심사 때 격차 이상의 불이익을 받는 경우가 많았다.

뿐만 아니라 제도권 금융회사들이 통상 6등급까지만 대출해 주는 경우가 많아 7등급은 대부업체나 비제도권 금융회사를 이용해야 하는 상황으로 내몰리기도 하였다. 정보화된 진전 등으로 활용할 수 있는 정보가 크게 확대되었음에도 불구, 금융권 정보 중심의 평가를 지속반영하지 못하고 금융권 연체(이력)정보를 과도하게 활용하여 일시적 어려움을 겪은 취약계층의 재기 및 금융·경제생활에 과도한 제약이 있었다.

평가지표 등에 대한 공개가 불충분하고, 평가 전 과정에서 정보주체인 개인의 자기정보 결정권의 보장도 미흡함에 따라 개인의 합리적 신용관리가 어렵고, CB사 자의적 평가 우려 등 평가결과에 대한 소비자 신뢰가 저하되었다.

따라서 불합리한 개인신용평가가 관행을 개선하여 평가의 정확성을 제고하고, 평가과정에서 권리를 충분히 조장할 필요성 대두되었다.

2) 개선효과

개인신용평가제를 등급제에서 점수제로 변경함으로써 아래와 같은 개선효과가 있다.

① 저축은행 등 제2금융권 대출을 받았다는 이유로 은행권 대출을 이용하는 경우에 비해 신용점수가 큰 폭으로 하락하는 불합리가 해소되어, 제2금융권 이용자 62만명 이상의 신용점수가 오르게 된다.

② 개인신용평가의 결과에 관한 신용등급(1~10등급)이 신용점수(1~1000점)로 단계적으로 전환되어, 보다 세분화된 평가 결과에 따라 대출한도나 금리 산정 등이 합리적으로 이루어지게 된다.

③ 연체 및 연체이력 정보의 활용기준이 개선되어, 오래전에 연체가 있었거나 최근 일시적인 어려움을 겪은 금융취약계층에 대한 개인신용평가상 과도한 불이익이 완화된다.

④ 금융소비자에게 금융회사·CB사에 대한 프로파일링 대응권이 보장되고, 신용점수에 영향을 미치는 중요사항에 대한 금융회사의 설명·통지의무가 강화되는 등 소비자의 합리적인 신용관리가 가능하게 된다.

⑤ 점수제로 바뀌면 기존 7등급 상위에 분포한 사람들도 제도권 금융회사를 이용
할 수 있게 될 것이며, 약 240만명이 대략 연 1% 포인트 수준의 금리 인하 효
과를 볼 것으로 예상된다.

3) 개인신용평가제도 개선 내용 요약

⚙ 〈표 7-2〉 개인신용평가제도의 개선방안

원 칙	개선방안	세부내용
정확성 향상평가	등급제 폐지	• 신용 등급제에서(1~10등급)에서 신용 점수제(1~1,000점)로 전환 • 5개 시중은행: 2019.1.14. 시행 전 금융권 2020년 시행
	업권에 따른 차등평가제한	• 업권보다 대출금리나 대출유형 기준으로 신용도 평가 • 저축은행권: 2019.1.14. 시행, 기타 2019.6. 시행
	비금융정보 적극 활용	• 대출 및 연체 정보 외에 공과금 납부와 상거래 실적 등도 활용
공정성 강화평가	연체정보 등록기준 강화	• 단기연체: 10만원 이상과 5영업일 이상→30만원 이상과 30일 이상, 상환 후 3년간 평가에 반영→1년간 반영(단, 최근 5년간 2건 이상 연체보유자는 3년) • 장기연체: 50만원 이상과 3개월 이상→100만원 이상과 3개월 이상, 상환 후 5년간 평가에 반영
소비자 보호	소비자 대응권 강화 및 확대	• 신용평가 결과에 대한 설명 요구 및 이의제기권 보장 • 신용평가 기초정보 정정 및 신용점수 재심사 요구 가능
	중요사실 통지의무 강화	• 연체 발생 시 연체정보 등록 전에 소비자에게 통지 의무화

4) 개인신용평가제도 개선 주요 내용

① 제2금융권 이용에 따른 평가상 차등 완화

제2금융권에서 대출을 받으면 은행권에서 대출을 받는 경우에 비해 대출금리나 대출유형에 관계없이 CB사가 산출하는 신용점수 등급이 상대적으로 큰 폭으로 등급이 하락하였던 것을 대출금리·유형 등 대출의 특성을 평가에 반영하여 신용위험을 세분화하도록 CB사의 개인신용평가 체계를 개선하였다.

따라서 제2금융권 이용 시에도 대출금리가 낮을수록 신용점수·등급하락 폭이 완화되도록 CB사 평가모형을 개선하고 업권별 신용위험에 차이가 없는 중도금·유가증권 담보대출은 점수 하락폭을 은행권과 동일하게 적용하게 되었다.

② CB사 개인신용평가 결과에 관한 신용등급제에서 점수제로 전환

현행의 개인신용평가체계는 등급(1~10등급)중심으로 운영되어 리스크 평가가 세분화되지 못하고 등급간 절벽효과가 발생하였다. 예를 들어 신용점수가 664점인 A씨는 신용등급이 6등급에 매우 가까움에도 현행 평가체계상 7등급(600－664점)에 해당하여 대부분 금융기관에서 대출이 거절되는 경우가 많았다.

이러한 불합리한 점을 CB 평가결과에 대한 신용점수제를 단계적으로 점수제로 전환하여 시행하고 있다. 1단계로서는 5개 시중은행(국민·신한·우리·하나·농협)에서 2019.1.14.부터 시행하고 2단계는 전(全) 금융권에 전면 시행하고 있다.

③ 금융권 연체(이력)정보의 활용기준 합리화
※ 연체정보 활용기준 강화

현재는 금융채무 연체 시 연체금액·연체기간에 따라 단기·장기 연체로 구분하여 CB사·금융회사의 개인신용평가 등에 활용하고 있는 것을 연체정보가 금융권에 공유되고 CB사의 평가에 반영되는 금액 및 기간에 관한 기준을 아래와 같이 강화하였다.

(단기연체) 10만원 & 5영업일 이상 → 30만원 & 30일 이상
(장기연체) 50만원 & 3개월 이상 → 100만원 & 3개월 이상

※ 단기연체 이력정보의 활용기간 단축

단기연체 상환 후에도 해당 단기연체가 있었다는 사실(연체이력)에 관한 정보를 3년간 금융권에 공유하고 평가에 반영하고 있던 것을 연체이력 정보를 금융권에 공유하고 평가에 반영하는 기간을 3년에서 1년으로 단축하였다. 다만, 도덕적 해이 방지 등을 위해 최근 5년간 2건 이상 연체이력 보유자에 대해서는 연체이력 정보의 금융권 공유 및 CB사 평가에도 현행 기간(3년)을 유지하기로 하였다.

④ 금융소비자의 개인신용평가에 대한 권리보호 강화
※ 개인신용평가 관련 프로파일링 대응권 보장

현재는 본인에 대한 평가에 어떤 정보가 어떻게 활용되었는지를 알기 어렵고, 부정확한 평가 등을 정정할 권리 보장도 제한적이었지만 CB사·금융회사의 평가결과에 대한 대응권을 아래와 같이 강화하였다.

첫째, 개인신용평가의 주요기준, 평가에 이용된 기초정보 등에 대해 설명을 요구

할 수 있는 권리를 도입하고 둘째, 평가에 유리한 자료를 제출하거나 평가에 이용된 부정확한 정보를 수정할 수 있도록 하고 재평가를 요구할 권리도 도입하였다.

※ 신용점수에 영향을 미치는 중요사항에 대한 설명·통지의무 강화

금융회사는 신용점수·등급에 영향을 미치는 중요사항(예: 연체발생)에 대해 소비자에 대한 설명 또는 통지가 미흡하던 것을 개인신용평가 결과에 영향을 미치는 중요사항에 대한 금융회사의 설명·통지의무를 강화하고 대출을 받게 되면 신용점수가 하락하는 등 개인신용평가에 불이익이 발생할 수 있다는 사실 등을 설명한다. 또한 연체정보 등을 CB사·신용정보원에 등록하기 전 관련 정보(예: 채무금액)를 소비자에게 문자메시지 등으로 통지하기로 하였다.

7.3 신용등급관리의 중요성과 기법

7.3.1 신용등급관리의 중요성

우리나라 성인 남녀의 약 53.2%가 본인의 신용등급을 잘 모르고 있는 현실이며, 금융회사에서는 개인의 신용등급을 대출의 가능성, 대출금액의 크기, 그리고 대출이자율 등 거래조건(고율적용, 제2금융권 이용 등)을 결정하는 데 있어 중요한 기준으로 활용하고 있다.

은행권에서 신용등급이 낮아서 대출금리(신용등급 한 등급 차이로 신용대출금리는 1.2%~3.3% 포인트 정도 차이)가 높다거나 또는 신용등급 한 등급 조정 시 신용대출한도가 5천만원의 증액 효과가 있으며, 은행권에서 대출이 거절되어서 결국 제2금융권을 이용하는 사람들이 많아지면서 개인 신용등급관리에 대한 중요성이 날로 커지고 있는 실정이다.

뿐만 아니라 공무원, 공공기관, 대기업, 중소기업 취업 시, 결혼정보회사 등에서도 개인신용정보를 요구하고 있는 곳도 있다고 하며 신용카드 발급 불가(7등급 이하), 이용한도 및 사용제한 등의 불이익을 당할 수도 있다. 따라서 신용등급 관리가 대출 시 낮은 금리를 적용할 수 있다는 점에서 재테크라고 할 수 있다.

7.3.2 신용등급 산출기준과 반영비중

신용평가회사마다 신용등급의 산출기준과 반영 비중이 조금씩 차이는 있으나 대체로 아래와 같으며 신용등급을 결정하는 요인에는 대출정보, 보증정보, 카드사용정보, 연체정보 등이 있다.

우리나라는 2011년 10월부터 신용정보조회를 수차례 하더라도 신용등급에 영향을 미치지 아니하나 미국에서는 우리나라와는 달리 신용등급에 영향을 주고 있다.

⚙ 〈표 7-3〉 신용등급 산출에 영향을 미치는 요소

평가항목	설 명	활용비중(%)		
		KCB	나이스	미국 (FICO Score)
상환이력정보	채무의 적시 상환여부 및 그 이력(연체정보 등)	24.0	37.0	30.0
현재부채수준	현재 보유 채무의 수준(대출금액, 대출건수 등)	28.0	23.0	35.0
신용형태정보	신용거래의 종류 및 형태(제2금융권 대출금액 및 건수, 최근 6개월 내 대출발생건수 등)	33.0	28.0	10.0
신용거래기간	신용거래기간(최초/최근 개설로부터의 기간 등)	15.0	12.0	15.0
신용정보조회	새로운 신용거래 활동정보(최근 조회 건수 등)	0.0	0.0	10.0

또한 개인신용평가 시 긍정적인 요소와 부정적인 요소는 아래와 같다.

⚙ 〈표 7-4〉 개인신용평가에 따른 긍정적 요소와 부정적 요소

긍정적 요소	부정적 요소
• 대출금 상환이력 • 신용카드 사용금액 및 기간 • 연체상환 및 연체상환 후 경과기간 • 통신·공공요금 성실납부 실적	• 대출금 연체 • 신규대출 및 대출건수 증가 • 제2금융권 대출 • 과도한 현금

우리나라의 신용등급 분류내용은 아래와 같으며 무등급, 미성년자, 금융거래 6개월 이상 미만자는 저신용자로 간주한다.

⚙ 〈표 7-5〉 신용등급 분류 현황

(2017.12.31현재) / (단위: %)

분류	최우량		우량		일반		주의		위험		저신용자
등급	1	2	3	4	5	6	7	8	9	10	7~10
구성비	24.6	17.6	7.6	14.1	15.7	11.5	2.7	2.7	2.7	0.8	8.9
평균 이자율	6.25	7.25	9.32	11.85	14.54	16.17	18.33	50.13	22.04	22.84	20.83
연체율	0.06	0.16	0.31	0.56	0.73	2.10	6.63	11.28	13.43	38.08	17.36

신용등급이 높은 등급일수록 은행권을 비롯한 제1금융권역에서 대출을 지원받은 비율이 높지만 신용등급이 낮은 저신용자의 경우에는 대출금리가 높은 대부업 등으로부터 대출을 받은 비율이 높다.

참고로 신용등급별 가계대출 비중은 아래와 같다.

⚙ 〈표 7-6〉 신용등급별 가계대출 비중

(2017.12.31현재) / (단위: %)

구분	최우량	우량	일반	저신용자
은행	43.8	33.0	16.6	6.6
보험	31.8	31.5	24.2	12.5
상호금융	18.7	31.0	29.2	21.1
여신 전문기관	12.6	23.8	36.8	26.8
저축은행	1.0	3.2	31.0	64.8
대부업	0.0	0.1	15.4	84.5
기타	35.1	36.0	21.0	7.9

7.3.3 서민금융 · 채무조정 · 학자금 대출 성실상환의 개인신용평가 반영

아래와 같이 대출을 성실하게 상환을 한 경우에는 개인신용평가에 반영을 하여 주고 있다.

1) 서민금융상품 성실상환

- 대상상품: 미소금융, 햇살론, 바꿔드림론, 새희망홀씨
- 연체 없이 4대 서민금융상품 성실상환(예시: 12개월 이상 또는 원금 50% 이상 상환 등) 다만, 3개 이상 금융회사 채무 보유한 다중채무자는 대상에서 제외
- 별도의 증빙자료 제출 불필요(5~13점 가점)

2) 채무조정 성실상환

- 대상상품: 신용회복위원회 워크아웃(프리워크아웃은 제외), 한국자산관리공사 개인신용회복지원(한마음금융, 희망모아, 상록수)

- 연체 없이 채무조정 성실상환(예시: 24개월 이상 또는 원금의 50% 이상 상환 등)
- 별도의 증빙자료 제출 불필요

3) 학자금대출 성실상환

- 대상상품: 한국장학재단으로부터 대학 및 대학원 재학 시 받은 학자금 대출을 연체 없이 1년 이상 성실하게 상환(5~45점의 가점) 다만, 취업 후 상환하는 학자금 대출의 경우에는 대학 재학 시 받은 학자금대출에 한정

7.3.4 신용등급 상향 방법과 하락 원인

다음은 신용등급을 상향시킬 수 있는 방법과 하락원인을 살펴보기로 한다. 신용등급관리 시 가장 중요한 것이 연체를 안하는 것이 가장 중요하다. 연체정보는 상환을 하여 해제가 되더라도 향후 5년간 신용평점에 반영이 된다.

1) 신용등급 상향 방법

1. 주거래은행을 통하여 거래실적을 제고하고 금융거래를 한 금융회사로 집중
2. 연체는 단 하루라도 하지 말 것(연체금액보다는 연체기간과 빈도를 더 크게 반, 4등급 이상 추락 가능)
3. 장기연체부터 우선 상환
4. 자동이체(급여이체, 카드대금, 각종 공과금 납부 등)를 최대한 이용
5. 카드는 가급적 1장만 사용하고 불필요한 카드는 해지(최근 발급카드 우선 해지)
6. 적절한 카드 이용 한도내에서 카드 사용(한도의 50% 이내)과 결제가 중요
7. 할부구매는 하지 말고 일시불로 결제(할부시 연체없으면 신용등급 향상, 할부수수료가 대출이자보다 높음)
8. 체크카드를 연체 없이 월 30만원 이상 6개월 동안 사용하거나, 6~12개월 동안 지속적으로 사용할 경우 4~40점의 가점을 받을 수 있음
9. 사업실패 후 재창업을 위하여 중소기업진흥공단 등에서 재창업자금 지원 등을 받은 중소기업의 경우 10~20점의 가점을 받을 수 있음
10. 단기카드대출, 장기카드대출은 가급적 사용하지 말 것(사용 시 결제일 이전에 상환)

11. 대출은 한 개의 금융회사에서 이용(여러 금융회사에서 대출 시 신용등급 하락 요인)

12. 서민금융상품(미소금융, 햇살론, 바꿔드림론, 새희망홀씨)을 연체 없이 12개월 이상 또는 원금의 50% 이상 성실상환(단, 3개 이상 금융회사 채무 보유한 다중채무자는 제외, 별도 증빙자료 불필요)시 5~13점 가산

13. 한국장학재단으로부터 받은 학자금 대출을 연체 없이 1년 이상 성실하게 상환하는 경우 5~45점의 가점을 받을 수 있음(대학 및 대학원 재학시 받은 학자금 대출. 단, 취업 후 상환하는 학자금 대출의 경우에는 대학 재학시 받은 학자금 대출에 한정)

14. 연체 없이 채무조정(신용회복위원회 워크아웃(프리워크아웃은 제외), 한국자산관리공사 개인신용회복지원)성실상환(24개월 이상 또는 원금의 50% 이상 상환 등)

2) 신용등급 하락 요인

1. 단기간(3~6개월)에 집중적으로 대출받고 연체 발생 시

2. 빈번한 단기카드대출, 장기카드대출, 제2금융권(대부업체 1.16등급 하락, 저축은행 1.61 하락)대출 보유

3. 연체 중에 제2금융권 대출 신청(3~4등급 하락)

4. 개인회생, 파산·면책 기록보유자

5. 국세, 지방세, 과태료, 고용·산재보험료를 체납발생일로부터 1년이 경과하고 체납액이 5백만원 이상

6. 국세, 지방세, 과태료, 고용·산재보험료를 1년에 3회 이상 체납하고 납액이 5백만원 이상

7. 체납 결손처분액이 5백만원 이상

7.3.5 10가지 기본적인 신용 상식

⚙ 〈표 7-7〉 신용상식 10가지

구분	오 해	진 실
1	신용정보조회를 하면 신용등급이 내려간다.	2011.10.부터는 신용등급에 반영되지 않음
2	공과금, 세금, 통신요금은 금융채무(금융회사에서 빌린 돈)가 아니므로 신용도와 상관없다.	연체정보로 한국신용정보원이라는 곳에 기록되어 신용등급에 부정적인 영향을 끼침

구분	오 해	진 실
3	개인 간 채무관계로 법원에서 패소하더라도 신용도에는 영향이 없다.	확정판결은 신용정보원이라는 곳에 기록되어 신용등급에 부정적인 영향을 끼침
4	연체금을 갚으면 신용도가 이전으로 회복된다.	과거 연체기록은 일정기간 보존되므로 신용도가 바로 회복되지는 않음
5	금융회사 앞으로 보증을 서준 것은 내가 대출받은 것이 아니므로 신용등급에는 영향이 없다.	실제 대출을 받은 사람이 상환을 못하면 내가 상환할 책임이 있는 것이 보증이므로 신용등급에 부정적으로 반영됨
6	대출을 아예 받지 않거나 신용카드를 전혀 사용하지 않으면 신용등급이 좋아진다.	대출을 하거나 신용카드 등을 사용하고 잘 갚은 이력은 개인의 신용을 평가하는 자료로 이용되기 때문에 어느 정도의 신용거래가 있어야 개인신용등급이 올라감. 이러한 거래가 전혀 없으면 개인신용평가를 할 수 있는 자료가 부족하여 개인신용등급에 부정적인 영향을 끼침
7	금융회사나 금융회사 소속 대출모집인은 내 동의가 없어도 내 신용정보를 알 수 있다.	본인이 정보제공동의를 하지 않는 이상 내 신용정보를 남이 볼 수 없음
8	개인회생·파산·신용회복을 받아 무사히 마쳤으면 신용이 회복되어 바로 대출받을 수 있다.	금융회사는 신용정보회사의 신용등급 외에도 고객정보와 자체등급을 관리하고 있으므로 대출이 안 되는 경우가 있음
9	소득이 높으면 신용등급이 올라간다.	신용등급은 대출 등 채무상환에 관련된 정보 위주로 반영되므로 소득이 높다고 신용도가 올라가지는 않음
10	A은행에서 대출을 받았지만 B은행, C캐피탈에서는 모를 것이다.	신용정보 조회 시 모든 금융권 신용거래 정보를 알 수 있음

7.3.6 개인신용등급관리 10계명

　　개인신용등급관리 10계명을 잘 기억하면서 자신의 신용등급관리를 철처히 해야 할 것이다.

1. 주거래 금융회사를 정하여 이용하기
2. 연체상환은 금액보다 오래된 것부터 상환하기
3. 주기적인 결제대금은 자동이체를 이용하기
4. 상환능력을 고려한 채무규모 설정 및 관리

5. 건전한 신용거래 이력에 대한 관리 필요

6. 타인을 위한 보증은 가급적 지양하기

7. 연체는 소액의 경우에도 절대로 하지 말기

8. 인터넷, 전화 등을 통한 대출은 신중히 결정

9. 연락처 변경 시 금융회사에 통보하기

10. 신용정보조회 믿을 수 있는 곳에서 하기

참고로 신용관리 시 기억하여야 할 사항은 아래와 같다.

1. 신용거래기간이 오래될수록 신용등급이 올라간다.

2. 단일채무이면서 큰 채무를 성실히 상환하면 신용등급이 올라간다.

3. 신용등급은 30일 이상 연체되면 급락하며, 1년 이상 연체하면 그때는 10등급으로 떨어진다.

4. 다중채무자는 신용평점이 안 좋다.

5. 단기카드대출, 장기카드대출을 사용하면 등급이 하향된다.

6. 제2금융권 대출, 중고차 할부구입도 신용등급에 안 좋은 영향을 끼친다.

창업회계와 세무

8.1 세무기초
8.2 회계기초
8.3 결산 관련 체크포인트

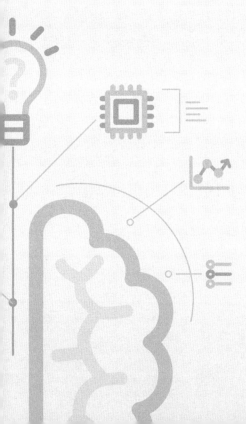

8.1 세무기초

8.1.1 개인사업자 vs. 법인사업자

1) 개인사업자와 법인사업자의 개념

사업을 처음 시작하는 시기에는 창업 아이디어, 아이템, 초기비용, 동업자 등 여러 가지를 고민하게 된다. 그중에서 가장 먼저 선택해야 하는 것 중의 하나는 사업의 형태인데 대부분 창업자는 개인사업자로 시작하지만, 점차 사업이 커지면서 각종 세금에 대한 부담이 생기면서 법인으로의 전환을 고민하게 된다. 세금 이외에도 개인사업자와 법인사업자는 설립절차, 세율, 이윤 배분, 책임 범위, 대외신용도 등에서 차이가 나기 때문에 각각의 개념 및 장단점을 잘 알고 선택을 하는 것이 중요하다.

나에게 맞는 사업의 형태를 고르기 위해서는 개인사업자와 법인사업자의 차이에 대해서 정확하게 아는 것이 중요하다. 먼저 개인사업자는 설립등기 절차 없이 세무서에서 사업자등록 신청으로 간단하게 사업을 시작할 수 있다. 하지만 영업의 모든 책임을 대표인 개인이 지게 되기 때문에 비교적 회사 규모가 작은 회사가 개인사업자의 형태를 선택하는 경우가 많다. 반면에 법인사업자의 경우에는 대표 혹은 대표를 포함해 여러 참여자가 함께 자본을 투입해 설립하게 된다. 따라서 법인사업자는 개인사업자보다 상대적으로 설립절차가 복잡하고 설립등기를 마친 후에야 세무서에 사업자등록을 할 수 있다.

⚙ 〈표 8-1〉 법인사업자 설립절차

절차	내용
발기인 구성	• 1인 이상 • 발기인은 설립 이후 주주로 전환
임원 구성	• 대표이사, 이사 및 감사 선정 • 자본금 10억 이상 법인은 최소 이사 3명과 감사 1명 선임. • 자본금 10억 미만 법인은 최소 이사 1명과 감사는 선임하지 않아도 됨.
상호결정	• 관할지역(동일 시,군,구) 내 유사업종의 같은 상호 등록 불가. • 상표등록이 완료된 상호는 관할지역 상관없이 등록 불가. • 대법원 인터넷 등기소에서 상호 확인 가능.
자본금 결정	• 사업자가 수익을 낼 때까지 필요한 금액 • 최소자본금(특수업종 제외) 제도는 없음.
소재지 결정	• 본점소재지를 결정하고 임대차 계약서 작성.
정관 작성	• 사업목적 및 자본금 등을 결정하여 정관 작성. • 필수 기재 사항: 목적, 상호, 발행할 주식의 총수, 액면가격, 본점 소재지, 공고 방법, 발기인 인적사항, 배당 및 임원 퇴직금 규정.
법인 설립등기신청 사업자등록 신청	• 법인 설립등기 완료 후 사업자등록 신청 가능.

출처: 중소벤처기업부; 창업진흥원의 온라인 법인설립 시스템 [법인설립 매뉴얼] 재구성

2) 개인사업자와 법인사업자의 장단점

개인사업자와 법인사업자는 설립절차 외에도 많은 부분에서 차이가 나는데 그 대표적인 예가 세율의 적용이다. 개인사업자는 소득세법에 근거하여 최소 6%에서 최고 42%까지 7단계의 누진세율을 적용받게 된다. 반면, 법인사업자는 법인세법에 근거하여 최소 10%에서 최고 25%까지 4단계의 누진세율이 적용된다. 이처럼 소득세와 비교하면 법인세 최고세율이 낮으므로 매출액이 일정수준 이상이라면 법인사업자를 선택하는 것이 세금부담이 적게 된다.

⚙ 〈표 8-2〉 종합소득세 세율

과세표준	세율	누진공제
1,200만원 이하	6%	–
1,200만원 초과 ~ 4,600만원 이하	15%	108만원
4,600만원 초과 ~ 8,800만원 이하	24%	522만원
8,800만원 초과 ~ 1억 5천만원 이하	35%	1,490만원
1억 5천만원 초과 ~ 3억 이하	38%	1,940만원
3억원 초과 ~ 5억원 이하	40%	2,540만원
5억원 초과	42%	3,540만원

참조: 국세청 자료 재구성

⚙ 〈표 8-3〉 법인세 세율

과세표준	세율	누진공제
2억원 이하	10%	–
2억원 초과 ~ 200억원 이하	20%	2,000만원
200억원 초과 ~ 3,000억원 이하	22%	4억 2,000만원
3,000억원 초과	25%	94억 2,000만원

참조: 국세청 [법인세, 세율] 재구성

　　개인사업자의 장점을 알아보면 우선 기업자금을 개인적인 용도로 사용하는 것에 대한 제약이 없으며 기업이윤 전부가 기업 대표에게 귀속이 된다. 또한, 기업활동상의 의사결정과 집행 등의 절차가 간편하고 신속하게 이루어질 수 있다. 소득세법상 최고 세율은 42%로 높지만, 최저 세율은 6%로 법인세법의 10%보다 적고 누진세율 구간도 많아서 소득이 적을 시에는 세금부담이 법인사업자보다 적은 것도 장점 중 하나이다.

　　법인사업자는 개인사업자보다 법인설립을 위한 법적 절차가 복잡하고 청산 시 별도의 법적 절차가 필요하다. 또한, 개인사업자는 이윤이 전적으로 기업주에게 귀속이 되지만 법인사업자는 배당이라는 절차를 통해 출자지분에 따라 주주에게 이윤을 배분하게 된다. 나아가 법인기업의 자금은 개인적인 용도로 사용하게 되면 회사에 가지급금으로 쌓이게 되고 대표이사는 회사에 원금을 상환할 의무가 발생하며 이자도 회사에 상당액을 지급해야 한다. 이 외에도 매출의 누락이 발생하거나 가공의 경비를 계상하는 등 회계처리의 미숙한 점은 대표자의 상여로 소득처분 하게 되는 불이익이 따른다.

　　반면에 법인사업자는 대외신용도가 개인사업자보다 높아 투자자로부터의 자본조달 및 금융기관을 통한 자금조달이 쉬우며 주식의 양도가 가능하여 주식의 매입이나 매각에 의한 출자액의 증감도 용이하다. 또한, 기업의 주주들은 본인의 출자금을 한도로 유한의 책임을 부담하게 되는데 이는 주식회사는 대표이사인 개인과 법인체인 기업 간 소유와 경영의 분리가 가능한 형태이기 때문이다.

　　개인사업자는 경영상 발생한 채무에 대해서는 기업주 개인이 전적인 책임을 부담하여야 하며 대표이사의 교체는 개인기업의 폐업 사유에 해당하므로 법인사업자와는 달리 기업의 영속성이 결여된다는 단점이 있다. 또한, 개인기업은 주식이나 사채를 발행하거나 주식의 교환이 불가능하여 자금조달이 제한적이다. 마지막으로 개인기업의 경우 대체로 연 매출 30억 또는 추계소득액이 1억 이상의 경우에는 대사업자로 분류되어 특별관리대상이 되나 동일 금액의 법인의 경우에는 중소규모 업체로 분류된다.

⚙ 〈표 8-4〉 개인사업자와 법인사업자의 비교요약

구분	개인사업자	법인사업자
설립절차	사업자등록	설립등기
설립비용	없음	등기비용, 등록면허세, 채권매입 비용 등 발생
책임	대표이사의 무한책임	출자지분 한도 유한책임
의사결정	자유롭고 신속함	이사회의 협의 필요
대외신용도	낮음	높음
자금조달	한계존재	대규모 조달 용이
과세체계	종합소득세	법인세
세율 차이	6~42%	10~25%
대표자 급여	비용처리 불가	비용처리 가능
대표자 퇴직금	인정 불가	지급 가능
배당	배당 불가	주주에게 배당 가능
이익금	사업소득 사용 제한 없음	급여나 배당의 절차로만 사용 가능

8.1.2 사업자가 알아야 할 세무일정[1]

1) 개인사업자

사업을 시작하면 세무신고를 해야 하는 일이 잦은데 처음 사업을 하는 창업자라

---

[1] 참조: 국세청 [종합소득세, 신고납부기한] 2020.04.29. 업데이트
https://www.nts.go.kr/support/support_01.asp?cinfo_key=MINF5020100726112244&menu_a=10&menu_b=100&menu_c=2000, [부가가치세, 신고납부기한] 2018.06.22. 업데이트
https://www.nts.go.kr/support/support_05.asp?cinfo_key=MINF7720100726151758&menu_a=50&menu_b=100&menu_c=2000 & [법인세, 신고납부기한] 2020.02.25. 업데이트,
menu_a=80&menu_b=100&menu_c=2000

면 무슨 신고를 언제 해야 하는지 막막할 때가 많을 것이다. 먼저 개인사업자의 경우 기본적으로 부가가치세, 직원을 둔 경우라면 원천세와 개인사업자 대표의 종합소득세 등이 대표적으로 챙겨야 할 세금이다.

부가가치세는 사업자의 재화와 용역의 공급 과정에서 발생하는 부가가치에 대하여 10%의 세율로 부과하는 국세이다. 개인사업자는 일반적으로 크게 두 번의 부가가치세 신고가 있는데 해당연도 1기(1월~6월)의 부가가치세를 7월 25일까지 신고·납부해야 하고 해당연도 2기(7월~12월)의 부가가치세를 다음 해 1월 25일까지 신고·납부하면 된다. 추가로 전기에 납부세액이 있는 사업자의 경우 4월과 10월에 전기 납부세액의 50%의 금액을 고지받게 되므로 총 4회의 부가가치세 납부를 실시하게 된다. 부가가치세는 무신고 혹은 지연신고 시 납부지연 가산세가 발생하기 때문에 신고 기간을 꼭 알아두는 것이 필요하다.

종합소득세는 대표이사가 전년도에 벌어들인 소득에 대하여 해당연도 5월 말일까지 신고·납부하는 세금이다. 성실신고 확인 대상자인 사업자의 경우 종합소득세를 6월 말까지 신고·납부가 가능하다. 개인사업자의 경우 총수입금액에서 필요경비를 차감한 금액이 과세표준이 되므로 필요경비로 차감할 수 있는 증빙을 꼼꼼히 준비하는 것이 좋다.

사업을 확장하다 보면 직원이나 프리랜서 인력을 고용하기도 하는데 이때 급여를 지급하였다면 지급일의 다음 달 10일까지 원천세를 신고·납부하면 된다. 원천세도 기한 내 신고·납부하지 않는 경우 원천징수불성실가산세가 발생하게 되므로 기한을 엄수하는 것이 중요하다.

⚙ 〈표 8-5〉 개인사업자의 세금일정

일자	개인사업자
1월 25일	전년도 2기(7월~12월) 부가가치세 확정신고·납부
4월 25일	해당연도 1기(1월~6월) 부가가치세 예정고지 및 납부(전년도 2기 납부세액의 50%)
5월 말	전년도 사업실적에 대한 종합소득세 신고·납부
6월 말	성실신고확인대상자 종합소득세 신고·납부
7월 25일	해당연도 1기(1월~6월) 부가가치세 확정신고·납부
10월 25일	해당연도 2기(7월~12월) 부가가치세 예정고지 및 납부(1기 납부세액의 50%)
11월 말	종합소득세 중간예납(전년도 납부세액의 50%, 세액 50만원 미만이면 제외)
원천세	매월 지급 근로 및 사업소득에 대하여 다음 달 10일까지 신고·납부

참고: 국세청 [종합소득세, 신고납부기한] 2020.04.29. 업데이트 & [부가가치세, 신고납부기한] 2018.06.22. 업데이트 자료 재구성

2) 법인사업자

법인사업자도 개인사업자와 동일하게 부가가치세와 원천세를 신고·납부해야 한다. 하지만 개인사업자는 종합소득세를 납부하는데 전년도의 법인이 벌어들인 소득에 대해 해당연도 3월 말까지 신고·납부하는 것이 기본이다. 각종 세금에 대한 자세한 내용은 다음 장에서 다루도록 한다.

〈표 8-6〉 법인사업자의 세금일정(12월 결산법인)

일자	법인사업자
1월 25일	전년도 2기(10월~12월) 부가가치세 확정신고·납부
3월 말	전년도 소득에 대한 법인세 신고·납부
4월 말	성실신고확인대상자 법인세 신고·납부
4월 25일	해당연도 1기(1월~3월) 부가가치세 예정신고·납부
7월 25일	해당연도 1기(4월~6월) 부가가치세 확정신고·납부
8월 말	해당연도 법인세 중간예납
10월 25일	해당연도 2기(7월~9월) 부가가치세 예정신고·납부
원천세	매월 지급 근로 및 사업소득에 대하여 다음 달 10일까지 신고·납부

참고: 국세청 [법인세, 신고납부기한] 2020.02.25. 업데이트, 자료 재구성

8.1.3 부가가치세[2]

1) 부가가치세의 이해

부가가치세는 재화나 용역, 즉 상품이나 서비스를 소비하는 최종소비자에게 부과되는 세금으로 사업자가 소비자 대신 받아두었다가 납부하는 간접소비세이다. 여기서 부가가치란 사업자가 스스로 창출한 경제적 가치를 말하는데 원재료에서 소비자에게 판매 가능한 완제품으로 만들면서 발생하는 가치를 예로 들 수 있을 것이다.

---

2 참조: 국세청 [부가가치세] 2020.6.30. 업데이트

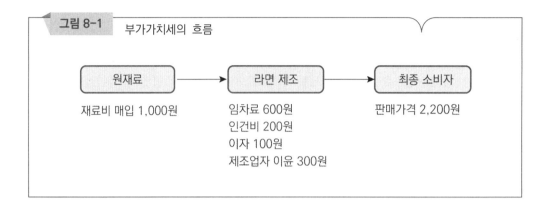

그림 8-1   부가가치세의 흐름

원재료 → 라면 제조 → 최종 소비자

재료비 매입 1,000원

임차료 600원
인건비 200원
이자 100원
제조업자 이윤 300원

판매가격 2,200원

라면 제조업자의 부가가치세 계산

(1) 부가가치
　　간접법: 매출액 - 매입액 = 2,200원 - 1,000원 = 1,200원
　　직접법: 비용 + 이윤 = (600+200+100) + 300 = 1,200원
(2) 부가가치세 = 부가가치 x 10% = 1,200원 x 10% = 120원

위의 예시를 보면 라면을 만들어 판매하는 제조업자의 부가가치는 최종 소비자가 지불하는 금액에서 제조공정의 투입물인 재료비를 차감하여 산출할 수가 있다. 또 다른 계산방식으로는 부가가치 공정에 들어가는 구성요소들의 조합을 계산하는 방식으로 임대료, 임금, 이자 비용 및 제조업자의 이윤 등을 합하여 계산한다. 우리나라에서는 부가가치세 계산에 있어서 첫 번째 방법을 채택하고 있다.

2) 부가가치세의 계산

우리나라에서는 부가가치세 계산방식으로 전단계세액공제방식을 채택하였다. 이는 부가가치세매출세액에서 매입세액을 공제하여 부가가치세납부액을 계산하는 방식으로 거래 단계마다 세금계산서 등의 증빙자료가 요구되므로 빠짐없이 과세자료를 수집하는 것이 중요하다.

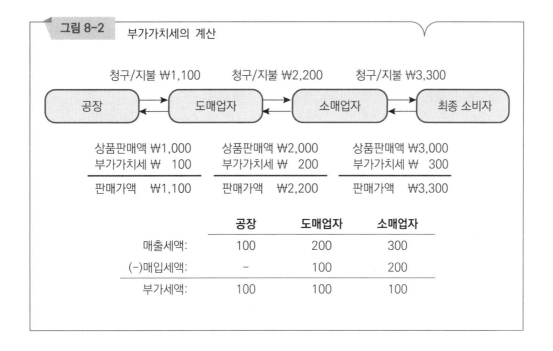

그림 8-2 부가가치세의 계산

청구/지불 ₩1,100   청구/지불 ₩2,200   청구/지불 ₩3,300

| 공장 | 도매업자 | 소매업자 | 최종 소비자 |

상품판매액 ₩1,000   상품판매액 ₩2,000   상품판매액 ₩3,000
부가가치세 ₩ 100   부가가치세 ₩ 200   부가가치세 ₩ 300
판매가액 ₩1,100   판매가액 ₩2,200   판매가액 ₩3,300

	공장	도매업자	소매업자
매출세액:	100	200	300
(−)매입세액:	−	100	200
부가세액:	100	100	100

위의 그림에서 도매업자를 중심으로 보면 도매업자는 공장으로부터 1,000원어치의 재료를 사오기 위해 부가세를 포함한 1,100원의 현금을 지급하게 된다. 이후에 도매업자는 같은 물건을 소매업자에게 부가가치세를 포함하여 2,200원을 받고 물건을 판매한다. 마지막으로 소매업자는 최종 소비 주체인 소비자에게 3,000원에 물건을 판매하고 부가세를 포함한 3,300원의 금액을 수취한다.

따라서, 도매업자는 소매업자에게 지급한 200원(매출세액)에 공장에서 매입하면서 받은 100원(매입세액)을 차감한 100원을 부가세로 납부하게 된다. 소매업자는 소비자에게 받은 부가세 300원을 매출세액으로 잡고 도매업자에게 지급한 200원의 매출세액을 차감한 100원의 부가세를 납부하게 된다. 마지막으로 공장은 도매업자에게 제품을 판매하면서 받은 100원의 매출세액을 해당 제품관련 매입세액이 없으므로 전액 부가세로 납부하게 된다. 결국 사업자(공장, 도매업자 또는 소매업자)가 납세의무자가 되고 최종 소비자가 300원(공장 100＋도매업자 100＋소매업자 100)의 부가세를 전액 부담하는 담세자가 된다.

3) 매입세액 공제

사업을 운영하는 동안 지속적으로 매입과 매출이 발생하기 때문에 부가가치세는 가장 빈번하게 발생하는 세무이슈로 다가올 수 있다. 일반적으로 매출이 매입보다 많으면 부가세를 내야 하고 매입이 더 많으면 환급을 받게 된다. 이때 매출세액이 발생하면 당연히 납부하여야 하지만 매입세액은 환급을 받아야 하는 부분으로 매출세액보다 세법에서 정한 적법한 증빙이나 요건을 갖추어야만 공제를 받을 수 있다. 따라서, 매입금액에 별도로 부가세액이 표시되었다고 하여도 매입세액을 공제받을 수 없는 경우도 발생하기 때문에 매입 전 적법한 요건을 갖추었는지 확인하는 것이 중요하다.

매입세액을 공제받기 위해서는 다음과 같은 요건이 필요하다.[3]

(1) 사업과의 직접적 연관성

가. 과세사업과 관련된 것으로 면세사업 및 사업과 관련 없는 매입세액은 공제 불가

나. 매입 시점을 기준으로 공급받는 시기가 속하는 과세기간의 매출세액에서 공제 가능

(2) 세금계산서 수취 가능성

가. 세금계산서 합계표를 작성하여 제출하여 입증

나. 세금계산서 발급하지 않아도 되는 경우
: 의제매입세액, 재활용 및 폐자원 매입세액
: 신용카드 매출전표 수령명세서 제출 매입세액

위의 매입세액 공제요건을 살펴보면 일반적으로 사업과 관련된 경비를 세금계산서를 수취하거나 신용카드로 증빙할 수 있으면 공제를 받을 수 있다는 것을 알 수 있다. 공제 가능 매입비용의 예를 들자면, 상품, 원재료 등의 재료구입비, 컴퓨터, 기계장치, 책상 등의 자산구입비, 직원의 복리후생비, 광고비, 마케팅비 등의 판매비, 소모품비, 전력비, 통신비 등의 관리비 등이 있다. 여기서 주의할 점은 개인사업자의 경우 사업주 대표는 직원으로 간주하지 않기 때문에 식대는 사업성을 인정 받지 않아 매입세액공제가 불가능하다.

반면, 세법에서 명시한 매입세액공제가 불가능한 항목들은 크게 다음과 같다.[4]

① 매입처별 세금계산서 합계표 미제출, 부실기재분

---

3 부가가치세법 제38조 【공제하는 매입세액】 국세청 홈택스.

4 부가가치세법 제39조 【공제하지 아니하는 매입세액】 국세청 홈택스.

② 세금계산서 미수취, 필요 기재사항의 부실기재분

　　단, 다음의 경우에는 공제 가능

　　가. 사업자 또는 대표자의 주민등록번호를 기재하여 교부받는 경우

　　나. 기타 필요적 기재사항 또는 임의적 기재사항으로 보아 거래사실이 확인되
　　　　는 경우

　　다. 재화 또는 용역의 공급시기 이후 당해 공급시기가 속하는 과세기간 내에
　　　　교부받은 경우

③ 사업과 직접 관련이 없는 지출에 대한 매입세액

④ 비영업용 소형승용자동차의 구입과 유지에 관한 매입세액

⑤ 접대비 및 이와 유사한 비용으로서 대통령령이 정하는 비용의 지출에 관련된
　매입세액

⑥ 부가가치세 면세사업 관련 매입세액

⑦ 토지관련매입세액

⑧ 사업자등록 전의 매입세액(단, 등록신청일로부터 역산하여 20일 이내의 것은 공제
　가능)

위의 불공제 요건에 해당하여 사업자가 매입세액을 공제받지 못하게 되면 해당
부가가치세를 고스란히 부담하게 되어 현금흐름에 좋지 않은 영향을 주게 된다. 더불
어 불공제매입세액과 관련해서는 세무당국의 관리대상이 될 수 있으므로 매입세액공
제에 대한 관리는 철저하게 하는 것이 좋다.

4) 부가세 신고 시 유의사항

(1) 전자세금계산서 발급을 잊지 말자.

모든 법인사업자와 직접 연도의 사업장별 재화 및 용역의 공급가액 합계가 3억원
이상인 개인사업자는 의무적으로 전자세금계산서를 발급해야 한다. 전자세금계산서를
미발급 또는 지연발급·전송하거나 종이세금계산서를 발급하는 경우 의무위반 가산세
가 발생하므로 반드시 전자세금계산서를 발급·전송하여 불필요한 지출을 줄이도록 하
는 것이 좋다.

(2) 전자세금계산서를 정확히 주고받자.

세금계산서를 발급받을 때는 거래 상대방의 사업자등록 상태와 과세유형 및 필수 기재사항이 정확하게 기재되어 있는지 확인하여야 한다. 필수적 기재사항으로는 공급자의 등록번호, 성명 또는 사업자 명칭, 공급받는 자의 등록번호, 공급가액과 부가가치세액, 작성연월일 등이 있다. 사업자가 휴·폐업자는 아닌지, 일반과세자가 아닌 면세사업자인지 등의 확인도 필수적이다.

(3) 허위 세금계산서에 주의하자.

실제로는 거래가 이루어지지 않았으나 거래가 이루어진 것처럼 세금계산서를 발급하거나 실제 거래 금액보다 많거나 적게 기재해 거짓으로 발급한 세금계산서를 허위 세금계산서 발행이라고 한다. 만약 세무조사로 인해 이러한 행위가 적발된 경우에는 어떠한 불이익을 받게 되는지 알아보자. 우선, 부가가치세법상 가산세가 발생하게 되는데 재화 또는 용역의 공급가액을 과다하게 기재한 경우 공급자와 공급받는 자 모두 공급가액의 2%에 해당하는 가산세를 부과하게 된다. 만약 재화 또는 용역의 공급 자체가 없는 경우에는 3%에 해당하는 가산세를 부과하도록 정하고 있다. 나아가 세무조사로 인해 거짓으로 세금계산서를 발급한 것이 발견되었을 경우 1년 이하의 징역 또는 세액의 2배에 달하는 벌금형에 처할 수 있다. 재화 또는 용역의 공급 자체가 없는 경우에는 3년 이하의 징역과 최대 3배에 달하는 벌금형에 처할 수 있으며 심각성에 따라 두 가지 모두를 받게 될 수도 있으므로 주의해야 한다.

다음 표는 허위 세금계산서를 2,200,000원 금액을 재화 또는 용역의 공급 없이 발행한 사실이 세무조사를 통해 발각되었을 경우 기본적으로 부과되는 가산세 및 벌금을 계산해 본 예이다.

〈표 8-7〉 허위 세금계산서에 대한 벌금(세무조사 시)

내용	공급자	공급받는 자
부가가치 가산세(3%)	66,000	66,000
매입세액 불공제		200,000
조세범 처벌법 벌금(3배)	600,000	600,000
합계	666,000	866,000

이 외에 신고불성실 가산세 10%(사기 및 기타 부정의 경우 40%)와 일일 0.25%의 납부불성실가산세에 해당하는 금액이 부과되므로 위 공급자의 벌금 6백만 원과 공급받는 자의 벌금 8백만 원은 최소한의 금액으로 생각하면 된다.

8.1.4 법인세[5]

1) 법인세의 이해

법인사업자로 창업을 완료한 경우라면 피할 수 없는 세금이 대표적으로 부가세, 소득세 및 법인세가 있는데 이번 장에서는 법인세에 대해 알아보도록 하자. 우선 법인세 납세대상자는 국내에 본점이나 주사무소 또는 사업의 실질적 관리장소를 둔 법인으로 과세대상 소득은 국내·외에서 발생하는 모든 소득이다. 외국에 본점 또는 주사무소를 둔 법인이라면 국내에서 발생하는 소득 중에서 법으로 정해진 국내원천소득에 한해서만 법인세 납세의무가 발생한다.

법인세 신고는 매년 3월에 반드시 해야 하는 것은 아니며 법인을 등록할 때 선택한 결산일을 기준으로 기업마다 달라진다. 보통 법인 등록을 신청할 때 결산일은 별도로 지정하지 않으면 12월로 설정되기 때문에 법인세 신고 기간은 3월 1일부터 3월 31일까지인 경우가 많은 것이다.

〈표 8-8〉 결산일에 따른 법인세 신고기간

법인 결산일	신고 및 납부 기간
3월	6월 30일까지 법인세 신고 및 납부
6월	9월 30일까지 법인세 신고 및 납부
9월	12월 31일까지 법인세 신고 및 납부
12월	익년도 3월 30일까지 법인세 신고 및 납부

참고: 국세청 [법인세] 2020.02.25. 업데이트 재구성

2) 법인세의 계산

법인세는 기본적으로 과세표준에 법인세율을 곱한 금액을 산출세액으로 보고 법

---

5 국세청 [법인세] 2020.02.25. 업데이트

인세중간예납 등의 기납부세액이 있거나 적용가능한 세액공제 및 세액감면이 존재하면 산출세액에서 차감하고 지급명세서 미제출 등으로 납부할 가산세가 있으면 더해주어 최종납부세액을 계산한다.

① 과세표준＝사업연도 소득금액-이월결손금-비과세소득-소득공제액
② 산출세액＝과세표준(①)×법인세율
③ 최종납부세액＝산출세액(②)－누진공제액

3) 법인세 관련 주의사항

(1) 매출누락 확인

법인세 신고 시 미발행한 세금계산서가 있는지 확인을 꼭 하여 누락된 매출이 없는지 다시 한번 살펴보아야 한다. 일반적으로 법인세는 작년 4분기 동안 신고하였던 부가가치세를 기준으로 매출액을 산정하고 이에 대한 법인세를 내게 되는데 작년 1년치의 통장을 정리하다 보면 부가가치세 신고한 금액보다 더 많은 매출이 있는 경우가 종종 발생한다. 이를 보통 가수금[6]이라고 하는데 이에 대한 증빙자료가 부족하다면 매출 누락으로 보아 가산세를 일할로 계산하여 부과하기 때문에 세금 폭탄을 맞을 수도 있다.

(2) 적격증빙 구비

적격증빙이란 법인이 사용한 비용을 인정받기 위해 필요한 자료로 필요한 적격증빙을 말한다. 모든 거래에 대하여는 반드시 법정 증빙서류를 수취하여 신고기한 날로부터 5년간 의무적으로 보관하여야 하며 혹시 모를 세무조사에 대비하기 위해 필수적인 서류이다. 법정 증빙으로 인정되는 증빙자료에는 세금계산서, 계산서, 법인명의 신용카드 매출전표, 현금 영수증 등이 있다.

이외에도 적격증빙은 아니지만, 적격증빙으로 이용될 수 있는 예외적인 사항이 간이영수증이다. 간이영수증은 제한된 금액에 한해서만 적격증빙으로 인정받을 수 있는데 일반경비는 3만원 한도 내로, 접대비는 1만원 한도 내까지 인정받을 수 있다. 따라서 임직원 개인카드로 회사 운영에 필요한 용품을 구매한 경우 등이 존재한다면 지출

---

6 가수금이란 실제 현금의 수입은 있었지만 거래의 내용이 불분명하거나 금액이 미확정인 경우에 일시적으로 수입을 채무로 표시하는 계정과목을 말한다(출처: ㈜조세통람 2019.10.10)

결의서를 구비하여 매출전표를 보관해 둔다면 적격증빙으로 사용할 수 있다. 단, 경조사비의 경우 20만원 이상 지출하는 경우에만 증빙서류를 구비하면 된다.

(3) 접대비 한도 유의

회사 업무와 관련하여 접대비, 교제비, 기밀비, 사례금, 업무추진비 등 이와 유사한 비용으로 특정인에게 무상으로 지출한 비용 또는 물품에 지출한 금액을 접대비라고 통칭한다. 세법에서는 이러한 접대비를 기업운영에 필수불가결한 요소로 보기 때문에 일정 한도까지는 필요경비로 인정하여 손금산입을 허용하고 있다. 법인 접대비의 기본한도는 다음과 같다.

〈표 8-9〉 접대비 한도(2019년 귀속분 기준)

접대비 한도	일반기업	중소기업
I. 기본한도금액	1,200만원	2,400만원
II. 수입금액(매출)기준	일반기업, 중소기업 동일	
100억원 이하	매출액 X 0.2%	
500억원 이하	2,000만원 + 100억원 초과 분 X 0.2%	
500억원 초과	6,000만원 + 500억원 초과 분 X 0.03%	

출처: 2020 개정세법해설, 접대비 한도 상향, 국세청 p.137 재구성

예를 들어 매출액 80억 원인 중소기업을 기준으로 접대비의 한도를 계산해 보면 중소기업 기본한도인 2,400만원에 수입금액 기준으로 산출한 1,600만원[7]을 더해 총 4,000만원까지 접대비로 공제가 가능하다.

추가적으로 2020년 귀속분에 대해서는 코로나19 사태로 인한 소상공인 및 중소기업의 피해를 최소화하고 내수 활성화를 위해 접대비 손금한입 추가한도가 일시적으로 증가한다. 100억원 이하 기업은 0.3%에서 0.35%로, 500억원 이하 기업은 0.2%에서 0.25% 및 500억원 초과 기업은 0.03%에서 0.06%까지 접대비의 추가한도가 일시적으로 인상된다.

---

7 80억원×0.2%＝1,600만원

(4) 가지급금 주의

가지급금은 가수금과 반대되는 개념으로 법인 통장에서 나간 돈이지만 어디에 사용되었는지 알 수 없는 금액으로 이러한 가지급금이 많다면 문제가 발생할 수 있다. 첫 번째로 가지급금이 발생하게 되었을 때 증빙서류가 없다면 대표이사가 법인에 해당 금액을 차입한 것으로 간주하게 된다. 이러한 경우 법인세를 납부할 때 대표이사는 법인세법에서 정한 적정 이율인 당좌대출이자율(4.6%)을 적용하여 인정이자를 납입해야 한다. 대표이사는 개인자금으로 인정이자를 법인에 지급을 해야 하는 불이익이 발생하고 기업은 인정이자만큼 이익이 발생한 것이 되어 늘어난 이익만큼의 법인세 또한 증가하게 된다.

반대로 대표이사가 법인에 이자를 납입하지 않았을 경우 대표이사가 혜택을 받았다고 판단하여 대표이사의 소득세가 증가할 수 있다. 결국, 가지급금이 발생하면 법인가 증가하게 되거나 소득세가 증가하고 가산세 또한 발생하게 되므로 항상 가지급금이 발생하지 않도록 지출한 비용에 대한 증빙은 꼭 챙기는 습관을 지녀야 한다.

4) 법인세관련 소득공제를 이용하자.

(1) 청년고용증대 세액공제[8]

기업에서 2018년 1월 1일 이후 개시하는 사업연도부터 청년 정규직 근로자에 해당하는 만 15세에서 29세 이하[9]인 자를 고용하면 법인세액을 공제해주는 제도이다. 수도권 소재 중소기업의 경우 인당 1,100만원을 수도권 외 지역의 경우 1,200만원을 해당연도 포함하여 3년으로 감면해준다. 단, 다음사항에 해당하면 공제대상에서 제외된다.

가. 파견근로자, 기간제 및 단기 근로자, 임원 및 최대주주의 배우자, 청소년
나. 여관업 및 호텔업, (단란)주점업, 오락 및 유흥목적의 소비성 서비스업

(2) 중소기업특별세액감면[10]

도소매업 및 건설업, 제조업, 지식기반산업, 정보서비스업 등의 조세특례제한법 7

---

8 조세특례제한법 제29조의 7에 따른 고용증대세액공제
9 병역을 이행하였을 시 병역기간 6년을 한도로 창업 당시 나이에서 제외하고 계산
10 조세특례제한법 제7조에 따른 중소기업특별세액감면

조에 열거된 업종은 중소기업일 경우 중소기업특별세액감면을 최대 1억 원까지 받을 수 있다. 단, 해당 과세연도의 상시 근로자 수가 직전 과세연도의 상시 근로자 수보다 감소한 경우 감면한도액은 1억 원에서 감소한 상시 근로자 1명당 5백만원씩 차감한 금액으로 적용된다. 다음에 해당하는 기업 또한 공제대상이 될 수 있다.

가. 사업장이 수도권 소재지인 경우
나. 청년고용증대세액 공제를 적용받는 경우

〈표 8-10〉 중소기업특별세액감면 비율

기업규모	사업장소재지	감면업종	감면비율
소기업	수도권[11]내	제조업 등	20%
		도매 및 소매업, 의료업	10%
	수도권 외	제조업 등	30%
		도매 및 소매업, 의료업	10%
중기업	수도권 내	지식기반산업	10%
	수도권 외	제조업 등	15%
		도매 및 소매업, 의료업	5%

참고: 조세특례제한법 제7조에 따른 중소기업특별세액감면 재구성

(3) 청년 창업중소기업 세액감면[12]

청년 창업중소기업 감면요건에 해당하는 경우 해당 사업에서 최초로 소득이 발생한 과세연도와 그 다음 과세연도의 개시일부터 4년 이내로 끝나는 과세연도까지 발생한 소득에 대한 법인세를 감면율에 따라 감면한다. 따라서 사업을 개시하고 과세연도를 포함한 총 5개년도 동안 감면을 적용받게 되는 것이다. 청년이라고 함은 창업을 할 당시 만 15세에서 34세 이하[13](단, 2018년 5월 29일 이전 창업자이면 만 29세 이하)인 대표사업자로 법인사업자라면 해당 법인의 최대주주 또는 최대출자자인 대표여야 한다.

---

11 수도권: 서울, 인천, 경기
12 조세특례제한법 제6조 창업중소기업 세액감면
13 병역을 이행하였을 시 병역기간 6년을 한도로 창업 당시 나이에서 제외하고 계산

가. 2018년 5월 29일 이후 청년창업의 경우에는 수도권·과밀억제권역 내에서도 감면 가능

나. 생애 최초 설립하는 창업이어야 하며 합병, 분할, 현물출자, 사업양수 등을 통한 승계나 자산의 인수 또는 매입은 적용 불가.

⚙ 〈표 8-11〉 청년 창업중소기업 감면율

창업일자	수도권·과밀억제권 내	수도권·과밀억제권 외
2017년 1월 1일 ~ 2018년 5월 28일	감면배제	3년간 75% + 2년간 50% (단, 만 29세 이하까지)
2018년 5월 29일 이후	5년간 50%	5년간 100%

참고: 조세특례제한법 제6조 제1항 창업중소기업 등에 대한 세액감면

(4) 중소기업 고용증가 인원에 대한 사회보험료 세액공제[14]

2018년 12월 31일이 속하는 과세연도까지의 기간 중 해당 과세연도의 상시근로자 수가 직전 과세연도의 상시근로자 수보다 증가한 중소기업인 경우 고용증가 인원에 대한 사회보험료 세액공제가 가능하다.

다음 3가지의 경우에도 세액공제가 가능하므로 법인에서 챙겨야 할 필요가 있다.

가. 수도권 소재 중소기업

나. 청년고용증대세액 공제를 적용받는 경우

다. 공제 받은 후 상시근로자 수가 감소해도 추징되지 않음

(5) 연구·인력개발비 세액공제[15]

기업부설연구소 또는 연구개발 전담부서에 사용된 공제대상 금액의 최소 25%(중소기업의 경우)에 해당하는 법인세를 공제해주는 제도이다. 중소기업의 연구소 및 전담부서에서 연구용으로 사용하는 부품·원재료 등 구입비, 연구·시험용 시설 이용에 필요한 비용, 연구전담요원의 인건비 등을 세액공제 받을 수 있다.

연구인력개발비 세액공제를 받기 위해서는 우선 기업부설 연구소, 연구개발전담부서를 기업 내에 설치해야 한다. 인적요건으로는 연구 등에 필요한 전담요원이 최소

---

14 조세특례제한법 제30조의 4조 중소기업 고용증가 인원에 대한 사회보험료 세액공제
15 조세특례제한법 제10조 연구·인력개발비에 대한 세액공제

1명 있어야 하며 기업부설 연구소의 경우 2명 이상 필요하다. 단, 각각 설치하는 연구소에 따라 최소인원의 기준이 달라지기 때문에 관련 법규를 확인해 보아야 한다. 또한, 물적요건으로 사무실이 일정 면적 이상인 별도 분리된 공간으로 갖춰져 있어야 인증서를 발급받을 수 있다. 해당 세액공제는 다른 세액공제 및 감면과 중복을 할 수 있지만, 국고보조금에 의한 연구개발 출연금 등을 연구개발비로 지출할 시에는 제외되므로 유의하여야 한다. 연구인력개발비 세액공제는 인증의 절차와 유지에 있어 적용이 복잡할 수 있으나 농어촌특별세가 면제되며 5년간 이월공제가 가능하므로 혜택을 놓치지 않는 것이 절세에 도움이 된다.

⚙ 〈표 8-12〉 연구인력개발비 세액공제 비율

구분	중소기업	중견기업	일반기업
신성장동력 · 원천기술 연구개발	연구개발비 X [(1) +(2)]		
	(1) 30%	(1) 20%(코스닥상장중견기업 25%)	
	(2) (a)와 (b)보다 작은 금액 (a) (연구개발비/해당과세연도 수입금액) x 3 (b) 10%(코스닥상장중견기업 15%)		
일반연구인력개발	(1)과 (2) 중 선택		
	(1) 초과발생액 기준: (당기 연구인력개발비−전기 일반연구인력개발비) X (a)		
	(a) 50%	(a) 40%	(a) 25%
	(2) 당기발생액 기준: 당기 연구인력개발비 X (b)		
	(b) 25%	(b) 8%	(b) (당기 연구인력개발비/ 당기 수입금액) x 50% [최대적용가능 한도 2%]

참조: 조세특례제한법 제10조 연구 · 인력개발비에 대한 세액공제, 재구성

8.1.5 종합소득세[16]

1) 종합소득세의 이해

법인사업자가 아닌 개인사업자로 창업을 하였다면 1년 동안 개인이 얻은 소득에 대해 신고 및 납부하는 종합소득세를 통해 세금을 납부하여야 한다. 소득세법에 열거된 다음의 8가지 소득이 있는 사람은 해당 소득을 합산하여 이듬해 5월 1일에서 5월 31일 사이에 종합소득세를 신고·납부하여야 한다.

가. 이자소득
나. 배당소득
다. 사업소득
라. 근로소득
마. 연금소득
바. 기타소득

종합소득세 사업소득 신고 시 실제 사업장에서 발생한 소득으로 신고하기 위해서는 우선 장부를 작성하는 것이 필수이다. 기장의무는 소득세법에서 규정한 바에 따라 간편장부대상자와 복식장부대상자로 나뉜다. 간편장부는 사업자들의 과도한 납세협력 비용을 절감하고 간편하게 장부를 만들어 제출하는 것을 허용하여 사업자들의 부담을 경감시킬 수 있도록 하는 제도이다. 우선 간편장부대상자는 해당 과세기간에 신규로 사업자등록을 한 자나 직전연도 매출액이 일정 금액에 미달하는 사업자이다. 하지만 영세한 규모의 초기 사업자라 할지라도 전문직 사업자[17]에 해당하는 사업자는 복식부기 장부를 충분히 작성할 수 있다고 판단하여 복식부기 의무자가 된다.

---

16 참조: 국세청 [종합소득세] 2020.04.29.

17 [소득세집행기준 160-208-3 기장의무 판정]에서 명시한 전문직 사업자는 의료업, 수의업, 약사업, 변호사업, 심판변론인업, 변리사업, 법무사업, 공인노무사업, 세무사.회계사업, 경영지도사업, 동관업, 기술지도사업, 감정평가사업, 손해사정인업, 기술사업, 건축사업, 도선사업, 측량사업 등이 있다.

⚙️ 〈표 8-13〉 간편장부대상자

업종	기준수입 금액(매출액)
가. 농업 및 임업, 어업, 광업, 도매업 및 소매업(상품중개업 제외), 부동산매매업, 기타 나. 및 다.에 해당하지 아니하는 사업	3억원
나. 제조업, 숙박 및 음식점업, 전기 · 가스 · 증기 및 수도사업, 하수.폐기물처리업 · 원료재생 및 환경복원업, 건설업, 운수업, 출판.영상.방송통신 및 정보서비스업, 금융 및 보험업, 상품중개업, 욕탕업	1억 5천만원
다. 부동산임대업, 부동산관련 서비스업, 임대업(부동산임대업 제외), 전문 과학 및 기술서비스업, 사업시설관리 및 사업지원서비스업, 교육서비스업, 보건업 및 사회복지서비스업, 예술 · 스포츠 및 여가 관련 서비스업, 협회 및 단체, 수리 및 기타 개인서비스업(욕탕업 제외), 가구 내 고용활동	7천 5백만원

참고: 소득세법 시행령 제208조, 재구성

반면 간편장부대상자 외의 사업자는 복식부기 장부를 반드시 작성하여야 하는데 이를 불이행하는 경우 무신고 가산세 및 무기장 가산세 혹은 두 가지를 동시에 적용받게 된다.

2) 종합소득세의 계산

종합소득세는 법인세와 마찬가지로 과세기간 1년간의 사업의 소득에 대해 개인사업자가 신고 · 납부하는 세금으로 사업소득 포함 소득세법에서 정한 다양한 종류의 소득에 대해 합산하여 계산하는 특징이 있다. 이 중 소득세는 부가세를 제외한 순수 매출액에서 사업을 하는 동안 발생한 경비를 제외한 순이익에 대해 소득세를 계산한다.

① 종합소득금액 = 총수입금액 − 필요경비 − 이월결손금
② 과세표준 = 종합소득금액(①) − 소득공제
③ 산출세액 = 과세표준(②) × 소득세율
④ 최종납부세액 = 산출세액(③) − 누진공제 − 세액공제 − 세액감면 + 가산세 + 추가납부세액 − 기납부세액

3) 종합소득세 관련 주의사항

(1) 적격증빙 구비

법인세와 마찬가지로 개인사업자 또한 법정증빙서류를 꼼꼼히 챙기는 것이 중요하다. 법정증빙서류는 세금계산서, 현금영수증, 신용카드매출전표가 해당된다. 특히, 개인사업자의 경우 사업용 신용카드 외에 대표자 명의의 카드는 물론 직원카드 및 가족명의의 카드 등도 사업과 관련 지출이라면 부가가치세와 소득세 공제가 가능하기 때문에 사업관련 지출증빙은 꼭 챙겨야 한다. 만약 부득이하게 간이영수증을 받는 경우가 생긴다면 3만원까지는 비용처리가 가능하니 사업과 관련된 지출은 반드시 챙기는 습관을 기르는 것이 좋다.

(2) 인건비 지출 내역 확인

종합소득세 계산 시 직원을 고용하거나 일용직을 쓰고 대금을 지급하였는데도 불구하고 경비처리를 놓치는 경우가 종종 발생할 수 있다. 따라서 가산세나 과태료를 부담하더라도 종합소득세 신고 시 경비로 인정되는 경우가 많으니 통장 이체내역 및 피고용인의 확인서 및 신분증을 보관하여 경비처리를 진행하는 것이 유리하다.

(3) 청첩장, 부고장 등 경조사비

법인사업자와 마찬가지로 개인사업자도 경조사비에 대해 적격증빙 없인 건당 20만원까지는 비용으로 인정해 주고 있다. 세법에서는 관혼상제의 경우 세금계산서, 신용카드매출전표, 현금영수증 등을 갖추기 힘들다는 점을 고려하여 실물 청첩장, 부고장 및 sns나 문자메시지 등으로 받은 경우도 접대비의 증빙으로 인정하고 있다.

(4) 적격증빙 외 지출도 체크

개인사업자의 경우 개인소유의 핸드폰이라도 사업을 위해 쓰는 경우가 많으므로 원칙적으로는 가입하고 있는 통신사 고객센터에 세금계산서 발급을 요청하여야 한다. 하지만 세금계산서 발급 요청을 하지 못하였더라고 영수증, 이체내역 등을 보관하는 경우 비용처리가 가능하다. 또한, 중고물품을 거래하는 경우 거래 상대방에게 인터넷 또는 모바일 뱅킹을 통해 계좌이체를 한 경우라면 이체기록을 사용하여 비용처리가 가능하다.

(5) 각종 공제와 감면 활용

① 인적공제, 보험, 저축 및 연금 공제, 기부금공제

개인사업자의 경우 종합소득세 신고 시 적용할 수 있는 인적공제 항목을 최대한 활용하는 것이 절세에 도움이 된다. 본인뿐만 아니라 부양하고 있는 가족, 배우자, 자녀를 추가로 입력하여 인당 150만 원의 공제를 받아 과세표준을 낮출 수 있다.

〈표 8-14〉 인적공제 항목

항목	대상
부양가족 인적공제	소득금액 100만원(근로소득만 있는 경우 연봉 500만원) 이하인 다음의 부양가족 • 만 20세 자녀 • 만 60세 이상 (처)부모, (처, 외)조부모 • 장애인공제 대상자의 경우 나이 관계없음
장애인 공제	소득자 본인 또는 부양가족 중 다음의 경우 • 장애인복지법상 장애인으로 등록된 경우 • 상이등급이 있는 국가유공자 • 항시 치료를 요하는 중증환자
부녀자 공제	소득자 본인이 소득금액 3,000만원 이하인 여성으로 다음의 경우 • 배우자가 있는 경우 • 부양가족이 있는 세대주인 경우(전년도 12월 31일 기준)
한부모가족 공제	배우자가 없고 부양가족공제를 받는 자녀, 손자녀, 입양자가 있는 소득자

참고: 국세청, 2019년 귀속 종합소득세 신고서 작성요령, 2020.4, 재구성

그 외에 국민연금보험료, 개인연금저축, 소기업 소상공인공제부금, 퇴직연금 계좌 및 개인연금계좌에 소득자 본인의 지출분도 공제가 된다. 마지막으로 소득자 본인이나 부양가족이 기부한 정치자금기부금, 법정기부금 및 지정기부금 등도 공제가 되기 때문에 기부금영수증을 꼭 챙겨야 한다.

② 창업관련 공제

법인사업자를 위한 여러 가지 창업 관련 세액공제가 개인사업자에게도 적용되므로 소득세 신고 시 감면을 받을 수 있도록 하자.

가. 청년고용증대 세액공제

나. 중소기업특별세액감면

(복식부기, 간편장부대상자, 추계신고 사업자 모두 해당)

다. 청년 창업중소기업세액감면

라. 중소기업 고용증가 인원에 대한 사회보험료 세액공제

(사업소득에 대한 소득세에서만 공제가능)

마. 연구인력개발비 세액공제

8.1.6 원천징수[18]

1) 원천징수의 이해

원천징수는 사업자가 종업원에게 급여, 사업소득 및 기타소득 등의 소득을 지급할 때에 소득자(종업원)가 납부하여야 할 세금을 미리 징수하여 국가에 대신 납부하는 제도이다. 사업자는 원천징수한 금액을 제외한 금액을 소득자에게 지급하고, 원천징수한 소득세는 다음 달 10일까지 관할 세무서에 신고·납부하는 의무를 지닌다. 소득세를 원천징수할 때는 지방세로 원천징수하는 소득세의 10%에 해당하는 지방소득세도 원천징수하여 다음 달 10일까지 관할 시.군.구에도 납부하여야 한다. 단, 종업원 20인 이하의 소규모사업자는 세무서 승인을 받아 6개월 단위로 신고·납부할 수 있다.

원천세의 신고.납부의 의무는 소득을 지급하는 자에게 있으므로 기한 내에 원천징수 이행상황 신고서를 제출하지 않거나 세금을 납부하지 않을 경우 가산세가 부과된다.

① 원천징수납부불성실 가산세

: (미납세액 × 3%) + [미납세액 × (2.5/10,000) × 경과일수]

② 지급명세서 미제출 불성실 가산세

: 소득지급금액의 1%

---

18 국세청 [원천징수(연말정산)안내, 원천징수개요] 2016.11.14. 업데이트

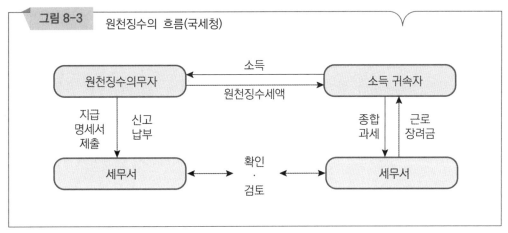

그림 8-3 원천징수의 흐름(국세청)

출처: 국세청, 2020년 원천세 신고안내, p.4

2) 원천징수 CASE

다음은 사업자에게 빈번하게 발생하는 원천징수대상 소득인 근로소득, 퇴직소득, 사업소득 및 기타소득을 간단히 설명한 것이다.

① 급여·상여 및 퇴직금 지급

사업자는 매월 지급하는 급여액의 크기에 따라 국세청장이 정하는 간이세액표에 의하여 근로소득세를 원천징수한다. 단, 일용근로자에게 급여를 지급할 때는 하루에 10만원을 초과하여 지급하는 경우에만 초과금액에 한하여 일률적으로 2.7%[19]를 적용하여 원천징수하면 된다. 면세 사업자로서 인적용역을 제공하는 자에게 용역대가를 지급할 때는 사업소득세로 지급금액의 3.3%(지방소득세 포함)을 원천징수해야 한다.

여기서 일용근로자란 근로를 제공한 날이나 근로시간 또는 근로성과에 따라 일급, 시간급, 성과급 형태로 근로 대가를 계산하여 지급 받는 경우로서 같은 고용주에게 3개월 이상 계속하여 고용되어 있지 않은 자를 말한다. 또한, 용역을 제공하는 면세사업자는 회사에 소속되지 않고 계속적 반복적으로 용역을 제공하는 자로 작가, 연출가, 연예인, 방문판매원 등이나 프리랜서로 활동하는 웹디자이너, 컴퓨터 프로그래머 등이 있다.

사업자는 지급하는 퇴직금에 대하여 세법이 정하는 바에 따라 퇴직소득을 계산하여 퇴직소득세를 원천징수한다. 퇴직소득에 적용되는 원천징수세율은 종합소득에 적용

---

19 원천징수세율 6%에 근로소득세액공제 55%를 차감한 비율.

되는 기본세율을 따른다.

② 경품 · 사은품 제공 또는 사례금 지급

사업자가 판매촉진을 위하여 불특정 다수를 대상으로 경품이나 사은품을 제공하거나 사례금을 지급할 때가 있다. 기타소득세에 해당하는 소득으로 경품 및 사은품의 시가 상당액 또는 지급금액의 22%(지방소득세 포함)를 원천징수하고 지급하여야 한다. 하지만 지급하는 기타소득 금액이 5만 원 이하면 과세최저한에 해당하여 원천징수를 하지 않는다.

8.2 회계기초

8.2.1 회계의 기본개념

기업에서 발생하는 경제적 거래를 식별하고 화폐단위로 측정하여 장부에 기입하는 절차를 통해 유용한 재무적 정보를 회계정보 이용자들에게 재무제표의 형태로 전달하는 일련의 과정을 회계라고 한다. 간단히 말하면 회계는 기업이 재화나 용역을 사고파는데 있어서 일어나는 돈의 거래에 대한 기록이며 이러한 기록은 재무제표의 형태로 분류·집계되어 외부에 공개되는 것이다.

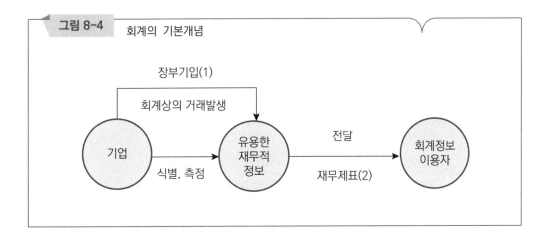

그림 8-4 회계의 기본개념

1) **장부기입**: "부기"는 기업의 재무상태 및 경영성과를 일정 원칙에 따라 요약, 정리하는 방법이다.
2) **재무제표**: 재무상태표, 포괄손익계산서, 현금흐름표, 자본변동표 및 주석을 말한다.

여기서 회계상 거래라고 인식되는 것은 기업의 경영활동에 있어 보유하고 있는 자산, 부채, 자본의 증감에 변화를 일으킬 수 있는 거래를 말하는 것이다. 예를 들어 상품을 주문하거나 건물이나 토지의 임대차 계약을 작성하는 것은 사업을 운영하면서 일어나는 활동이지만 화폐가 연관된 거래가 아니므로 회계상의 거래라고 보기 어렵다. 반면, 상품의 매입과 매출이나 은행으로부터 융자를 받거나 하는 거래는 자산 및 자본을 증감을 일으키므로 회계상의 거래가 되는 것이다.

먼저 회계에서 기본이 되는 계정에 대해 알아보자. 계정이란 재산의 모든 변동을 종합적·유기적으로 파악하여 기록하고 계산하기 위한 단위이다. 쉽게 말하자면 회계거래의 기록에 사용되는 단위라고 보면 된다.

우선 특정 날짜에 기업의 재무적 상황을 나타내주는 재무상태표의 계정에는 '자산' '부채' '자본'이 있다. '자산'이란 미래의 경제적 효익을 가지는 경제적 자원을 일컫는데, 이와 반대되는 개념인 '부채'는 경제적 효익의 자원이 유출될 것으로 기대되는 의무를 말한다. '자본'은 총자산에서 자본을 차감한 순자산의 개념으로 기업의 자산 중 빚인 자본을 차감한 순수한 주주의 몫인 것이다.

다음으로 기업이 일정 기간 얼마만큼의 돈을 벌어들였는지를 알게 해주는 손익계산서 계정으로 '수익'과 '비용'이 쓰인다. '수익'에는 기업의 주된 영업활동의 대가로 발생한 경제적 효익의 증가분이 기록되며 '비용'에는 수익을 발생시키기 위해 희생된 경제적 대가 즉, 지불한 금액이 기록된다.

⚙ 〈표 8-15〉 회계의 기본 계정과목

구분		계정과목
재무상태표 계정	자산계정	현금 및 현금성 자산, 매출채권, 토지, 건물, 기계장치, 비품, 재고자산 등
	부채계정	매입채무, 차입금, 사채 등
	자본계정	자본금, 자본잉여금, 이익잉여금 등
손익계산서 계정	수익계정	매출액, 임대료, 수입수수료, 이자수익 등
	비용계정	매출원가, 임차료, 급여, 광고선전비, 이자비용 등

기업은 거래 발생 시 이러한 기본 계정들을 사용하여 왼쪽은 차변, 오른쪽은 대변이라는 분개를 통해 회계처리를 한다. 특히, 차변과 대변에는 넣을 수 있는 계정이 정해져 있으므로 분개할 때 주의가 필요한데 이를 거래의 8요소라고 한다.

기입 위치	왼쪽	오른쪽
	차변	대변
계정/증감	자산 증가 (+)	자산 감소 (−)
	부채 감소 (−)	부채 증가 (+)
	자본 감소 (−)	자본 증가 (+)
	비용 발생 (+)	수익 발생 (+)

Activity

유통업을 시작한 A씨는 5월 1일 현금 200만원을 주고 상품을 구입하였다. 해당 거래를 분개하시오.

Answer

1. 회계상 거래 해당 여부 확인
: A씨의 회사의 재산 상태에 영향을 주며 화폐단위로 측정가능한 거래이므로 회계상 거래에 해당

2. 분개 실시
   • 차변과 대변에 계정과 금액 확정 후 기입
   : (차변) 상 품 2,000,000 / (대변) 현 금 2,000,000

3. 전기 실시
   • 분개한 거래를 원장의 각 계정계좌에 옮겨 적음

상품		현금	
5/1 현금 2,000,000		5/1 상품 2,000,000	

8.2.2 재무제표

일반적으로 기업은 회계기간(일반적으로 1월 1일부터 12월 31일) 동안 실시한 분개 활동을 집계하여 장부를 마감하는 결산절차를 거친 후 재무제표를 작성하게 된다. 재무제표는 주주, 채권자, 종업원, 정부, 경영자 등 기업의 여러 이해관계자에게 재무상태, 경영성과 및 현금흐름 등의 정보를 제공한다. 이러한 재무제표는 내부적으로 경영자가 기업의 재무상황을 파악하는 데 필요하고 외부적으로는 은행이 기업을 평가하여 대출 여부를 판단하는 데 필요하기도 하다. 또한, 투자자들이 회사의 재무상태 및 경영성과를 바탕으로 주식의 매입·매수 여부를 판단하기도 하고 거래처와의 외상거래에서 신용도를 입증하는 데 필요하기도 하다.

재무제표에는 기본적으로 재무상태표, 손익계산서, 현금흐름표, 이익잉여금 처분계산서, 자본변동표가 있다. 재무상태표는 일정 시점(예: 12월 31일)의 기업의 재무상태를 알 수 있으며 손익계산서는 일정 기간(예: 1월 1일 ~ 12월 31일)의 기업의 경영성과를 확인할 수 있다. 현금흐름표 또한 일정 기간의 현금의 증감내용을 영업·재무·투자 활동으로 나누어 확인할 수 있고 이익잉여금처분계산서는 이익잉여금의 처분내용을 확인할 수 있다. 마지막으로 자본변동표는 일정 기간의 자본금, 이익잉여금 등 모든 자본항목의 변동사항을 나타낸다.

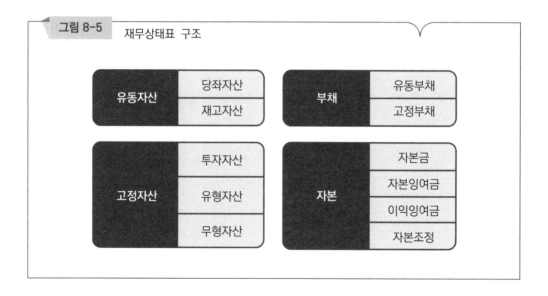

그림 8-5   재무상태표 구조

| 유동자산 | 당좌자산 |
| | 재고자산 |

| 부채 | 유동부채 |
| | 고정부채 |

고정자산	투자자산
	유형자산
	무형자산

자본	자본금
	자본잉여금
	이익잉여금
	자본조정

재무상태표의 자산 항목은 기업의 자금 보유현황 및 자산보유 현황을 나타내며 부채 항목은 외부에서 차입한 자금 현황을 나타낸다. 반면, 자본항목은 주주들의 자금이 투입된 자본금과 이익잉여금으로 이루어진다. 여기서 자산의 항목들의 합은 부채와 자본항목들의 합과 항상 일치한다는 [자산 = 부채 + 자본]의 회계등식을 확인할 수 있다.

창업자가 사업을 시작할 때 외부로부터의 차입을 많이 하게 되면 부채가 자산을 초과하며 자본이 마이너스가 되어 자본잠식이 일어날 수가 있다. 이렇게 되면 채무초과 상태로 기업의 재정상태가 위험하게 되므로 자금조달에 있어 외부차입과 주식의 발행 및 대표자의 자본금 납입 등 자기자본 투입의 비중을 잘 활용하는 것이 중요하다.

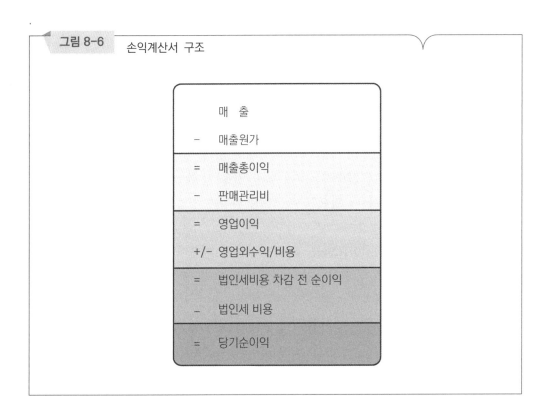

그림 8-6 손익계산서 구조

손익계산서는 기업의 회계 기간 동안 발생한 매출과 비용을 확인하여 최종적으로 어느 정도 이익과 손실이 났는지 확인할 수 있는 자료이다. 손익계산서는 매출액에서 각종 비용을 차감하여 당기순이익을 구하는 구성이다. 여기서 비용은 매출원가와 판매비와 관리비로 나뉘는데 매출원가는 제품을 생산하는 데 들어가는 제조원가와 상품을 매입하는 상품원가가 있다. 반면, 제품이나 상품을 판매하는 데 쓰이는 비용으로 인건비, 관리직 임직원 급여, 완제품의 운반비, 사무실 유지비용 등이 있다. 매출에서 매출원가를 차감한 매출총이익은 일반적으로 제조업의 경우는 높은 제조원가로 비교적 낮지만, 서비스업의 경우는 제조 및 상품원가가 낮아 높은 매출원가가 산출되는 것이 정상이다.

하지만 기업이 속해있는 산업에 상관없이 실제로 가장 중요한 이익지표는 영업이익이다. 영업이익은 매출총액에서 판매관리비를 차감한 금액으로 동종산업에 속한 기업과 비교해 영업이익이 많이 나는 기업이 사업을 잘 하고 있다고 할 수 있다. 또한, 사업자는 매출원가율, 판관비율 및 영업이익률 등 매출대비 각 계정의 금액이 차지하는 비율을 연도별 혹은 반기 및 분기별로 계산하여 비교·분석하는 과정을 통해 목표를 설정하고 달성 여부를 주기적으로 점검하는 것이 중요하다.

마지막으로 현금흐름표는 기업의 주된 영업활동과 관련된 현금흐름(영업활동으로 인한 현금흐름), 설비나 연구개발 등의 투자활동에 관련된 현금흐름(투자활동으로 인한 현금흐름) 및 대출이나 주식 발행 등의 재무활동에 관련된 현금흐름(재무활동으로 인한 현금흐름) 및 각 활동의 기초대비 증감액을 나타내고 있다. 손익계산서에서는 기업이 주력 사업에서 수익을 얼마나 창출하는지에 대한 것을 알 수 있지만, 현금흐름표에서는 기업을 실질적으로 운영하는데 필요한 현금 보유현황과 기업의 현금 운용 현황이 드러나게 된다.

사실 창업 초기에는 수익모델을 갖추고 있어도 매출이 적거나 비용만 발생하는 경우가 많다. 하지만 매출이 일어나기 시작하고 규모가 커질수록 매출액도 중요하지만, 매출채권의 회수가 제대로 이루어지는지 현금흐름이 악화하고 있지 않은지 등 여러 가지 재무지표를 관리하면서 사업을 진행하는 것이 필요하다.

8.3 결산 관련 체크포인트

아무리 규모가 작은 사업자라도 결산과 재무제표 작성 및 세무신고를 직접 하는 경우는 많지 않다. 하지만 한 해 동안 기업의 실적이나 재무상태를 파악할 수 있는 재무제표를 확정하는 절차인 결산을 할 때만큼은 다음과 같은 포인트들을 챙겨 세무상 불이익이나 기업의 신용도 하락 등의 불이익을 피할 수 있도록 하자.

8.3.1 매출액 확인

매출액은 재무제표에서 상당히 중요한 수치이지만 많은 사업자가 세금계산서를 바탕으로 매출은 인식하고 있다. 하지만, 기업회계기준[20]상으로 수익인식시점과 부가가치세법상의 공급시기는 다를 수 있으므로 기업회계기준에 부합하는 매출액인지 재차 확인이 필요하다.

8.3.2 거래처와의 확인

결산 시점에는 주요 거래처 및 해당 연도에 거래가 있었던 모든 거래처를 대상으로 채권 및 채무의 잔액을 대사하여 확인할 필요가 있다.

8.3.3 재고관리

모든 산업에 재고관리는 중요하지만, 특히 제조업이나 건설업 등에서는 제조인력 인건비나 경비 중에서 제조원가로 포함될 수 있는 항목이 있는지 확인하여야 한다.

---

20 우리나라의 회계기준은 크게 한국채택국제회계기준(K – IFRS), 일반기업회계기준(K – GAAP) 및 중소 기업회계기준이 있다.

8.3.4 가지급금 및 가수금

증빙서류를 갖추지 못하는 현금의 입출금은 가지급금 또는 가수금으로 처리가 되기 때문에 세무상 불이익이 남지 않도록 정리하여야 한다.

투자유치 전략

9.1 투자유치의 필요성

9.2 투자유치의 방법

9.3 투자유치의 준비

9.4 투자자들의 관심 분야

9.5 엔젤 투자유치

9.6 크라우드 펀딩

9.7 스타트업이라면 알아야 할 투자 관련 사이트 모음

9.8 정부의 창업 지원 정책

9.1 투자유치의 필요성

9.1.1 재무구조의 개선

금융기관에서 대출을 해 줄때는 사업자의 신용도가 중요하다. 즉 대출금의 정상적인 상환이 이루어질 수 있다는 확신이 될 때 대출을 해주게 된다. 정상적인 대출상환이 이루어지지 않을 경우를 대비하여 담보 설정을 한다든지 보증을 요구하는 것이다.

이때 사업자의 신용도를 측정하는 기준이 부채비율이며 부채비율은 부채를 자본으로 나눈 비율이다.

통상 부채비율 200% 미만은 양호 한 것으로 판단하나 400%를 넘는 경우는 재무구조가 좋지 않다고 판단하여 신용등급이 급격히 떨어지게 되고 대출도 어려워지게 된다.

이렇게 재무구조가 좋지 않은 경우에 재무구조를 개선할 수 있는 것은 신규 투자를 유치하여 자본을 늘리는 방법이 있다.

9.1.2 투자자들의 참여로 주변의 협력을 받을 수 있음.

사업자는 모든 의사결정에 대하여 혼자서 결정을 해야 하고 책임을 져야 하는 무거운 자리이나 투자자가 참여 한다면 투자자와 책임을 나누어질 수도 있고 투자자의 네트워크를 활용한 주변의 협조와 협력을 기대할 수도 있다.

새로운 투자자가 경영에 참여를 하지 않고 재무적인 참여만 한다고 하더라도 투자자의 소중한 자금이 투입된 사업에 대하여 관심을 가질 수밖에 없어 자연히 경영에 도움이 될 것이다.

또한 새로운 투자자가 가지고 있는 영업망이나 인맥을 활용한 사업의 확대나 새로운 분야의 진출도 기대해 볼 수 있다.

9.1.3 유동성의 여유가 생김.

사업을 한다는 것은 자금을 잘 운영한다는 것인데 자금 운영을 잘 하지 못할 경우 이익이 나더라도 자금이 유통되지 않아 도산하는 이른바 흑자도산을 하는 경우도 일어날 수 있다.

꼭 필요한 시기에 적정 규모의 여유자금을 가지고 사업을 하기 위해서는 급할 때 활용할 수 있는 금융기관의 협조가 필요하다.

투자유치로 여유자금을 가지고 사업을 한다면 자연적으로 신용등급이 올라갈 수 있어 급할 때 금융기관의 협조를 쉽게 받을 수 있어 사업의 유동성 확보가 가능하다.

9.2 투자유치의 방법

9.2.1 자금조달과 투자유치

운영시스템이 갖춰진 회사는 투자금이 들어오면, 최대한 회사에 유리한 지분배정으로 투자를 유치하게 된다. 투자사도 장기적 관점에서 회사를 평가하고 투자를 결정하게 된다. 반면 자금조달은 회사의 상태에 관계없이 회사의 상환 능력 혹은 매출, 신뢰를 기반으로 사용하는 돈의 개념인 것이다.

투자유치로 돈을 받는 대신 회사는 지분을 반대급부로 줘야 한다. 빌릴 경우 비록 단기간에 자금조달이 가능하며 지분을 지킬 수 있다는 장점이 있는 반면, 상환이 불가능할 경우에는 신용도 하락(파산) 및 심할 경우 경영권까지 송두리째 빼앗길 수 있는 위험이 있다. 그러나 투자 받을 경우에는 차입에 따른 위험도 없을 뿐더러 때론 경험 많은 엔젤 혹은 명망 있는 벤처캐피탈을 만날 경우에는 돈 이상의 큰 도움을 받기도 하는 장점이 있다.

9.2.2 투자유치 단계

시스템 이전의 투자란, 시스템이 갖춰지지 않은 회사에 투자하는 걸 의미한다. 시스템 이후의 투자란, 당연히 시스템이 갖춰진 회사에 투자하는 걸 의미한다. 시스템 이전의 투자에서는 '사람'에 투자해야 한다. 시스템 이후의 투자에서는 '시스템'에 투자하면 된다.

상장주식의 경우 '시스템'에 투자하는 것이지, CEO 하나를 보고 투자하지는 않는다. Series A 투자로 넘어가는 단계부터 투자는 시스템 이후의 투자가 된다. Pre A 라운드에서는 그 시스템을 만들어낼 싹이 보이는지 판단하고 투자가 들어간다.

Seed와 Angel, Pre A까지는 '리더'와 '조직 개인'에 투자하는 것이다. 통상 이 단

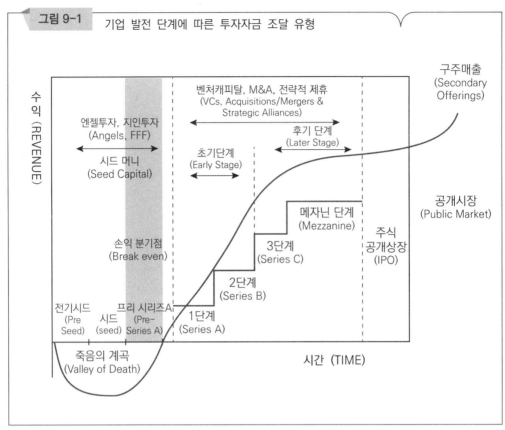

그림 9-1   기업 발전 단계에 따른 투자자금 조달 유형

비상장주식 투자는 Seed - Angel - Pre A - Series A - Series B - Series C - Pre IPO 의 과정을 거치고, IPO(Initial Public Offering)를 하게 된다. IPO는 코스닥 혹은 코스피에 주식을 올리는 걸 말한다.
참고: https://linkimpact.co.kr/9

계에서 투자금액은 10백만원에서 3억원 수준에서 이루어지고 투자자 지분은 1%에서 10% 수준이다.

　회사가 성장하고 매출도 발생하면 더 큰 성장을 위해 자금을 유치하게 되는데 이 단계가 벤처캐피탈이란 기관으로부터 투자받는 단계이다. 통상 VC(Venture Capital)로부터 받는 첫 투자유치를 시리즈 A라하고 2차, 3차 가면서 시리즈 B, 시리즈 C로 구분해서 부른다.

　벤처캐피탈은 투자유치시 사업성, 성장성, 수익성을 주로 보기 때문에 스타트업은 이 부분을 중점적으로 알려야 한다. 하려는 비즈니스가 어떤 비즈니스이며, 규모가 큰 시장에서 놀고 있는지, 언제 의미있는 매출을 달성하고, 그 성장속도는 어떻고 그래서 BEP는 언제쯤 도달하며 결론적으로 자금회수는 가능하며 그때 수익률은 어느 정도 될 수 있는지 논리적으로 보여줘야 한다. 특히 자금회수가 주식시장 상장(IPO)을 꿈꾼다면 매출규모, 성장속도, 이익률 등이 더 중요한 요소이며, M&A를 꿈꾼다면 고객수, 시장점유율, 기술력 등이 더 중요할 수 있다.

통상 시리즈 A 단계에서는 여전히 기업가치가 낮기 때문에 3억원에서 10억원 정도 유치하는 것이 적당한다.

9.2.3 사업계획서 작성

기본적으로 사업계획서에는 팀, 아이템, 데모, 비즈니스 모델, 경쟁사 분석, 시장분석, 매출계획 및 펀딩 받길 원하는 액수 및 사용계획 등이 포함된다. 미국의 스타트업 엑셀러레이터 데이브 맥클루어(Dave McClure)는 시장, 제품, 고객, 팀, 재무 등을 제시하였으며, 애플에서 나온 뒤 벤처투자자로 전직한 가이 가와사키(Guy Kawasaki)는 '10·20·30 프레젠테이션 법칙' 즉, 슬라이드는 10장 이내, 시간은 20분 이내, 글씨 크기는 30포인트'를 권하고 있다.

9.2.4 사업계획서 발표(Pitching)시 착안사항

① 투자유치시 사업발표(Pitch)는 CEO가 직접 하기
② 맞장구, 가려운데 등 공감을 이끌어 내자
③ 투자자가 잘 모르는 새로운 시장, 다른 접근 등을 알려주자
④ 자금 사용처를 정확하게 알려주자
⑤ 직접 서비스를 시연, 동영상 등으로 보여주는 것이 좋다.
⑥ 정해진 시간 내 발표를 하여야 한다.
⑦ 과도한 Animation 효과 자제하자
⑧ 질문할 때 받아 적고, 질문을 잘 알아듣고 대답하자
⑨ Pitching은 준비를 많이 해야 한다. 연습 또 연습하자
⑩ 하나라도 기억나게 만들자
⑪ 다음 번 다시 만나게 만들자

9.3 　투자유치의 준비

9.3.1 네트워크

우선 VC와 미팅을 하고 싶다면 그들과 만나야 한다.

VC입장에서도 본인이 잘 알고 있는 사람이 추천해 준 회사는 다른 회사보다는 관심이 가는 게 당연하고 미팅을 할 확률도 높아진다. 실제로 미국 VC의 경우 네트워크도 그 회사의 능력이라고 생각해서 아는 사람의 추천으로 연락이 오는 경우에만 회사를 만나는 VC도 있다.

이를 위해서는 평소에 다양한 사람들을 만나두는 것이 중요하다. 항상 만나던 사람만 만나다 보면 네트워크가 한정되기 쉬운데, 팀 중에 적어도 한명은 활발하게 다양한 모임을 통해서 사람들을 만나고 다녀야 한다. 꼭 대표가 사람들을 만나야 할 필요는 없고 대외적인 활동을 즐기시는 분이 하면 된다.

9.3.2 사업계획서 작성

사업팀, 아이템, 데모, 비즈니스 모델, 경쟁사 분석, 시장분석, 매출계획 및 펀딩받길 원하는 액수 및 사용계획 등이 들어간다.

투자자가 관심을 가지는 분야에 대해서는 집중적인 설명을 하는 것이 바람직하다.

9.3.3 요약보고서(Executive Summary) 작성

VC와 연락이 닿으면 가장 먼저 보내줘야 하는 자료는 사업계획서가 아닌 한 페이지 분량의 Executive Summary이다. VC입장에서 먼저 받아보고 싶은 건 사업계획서보다는 한 눈에 사업에 대해서 파악할 수 있는 Executive Summary이다.

하루에도 수십 페이지가 넘는 수십 개의 사업계획서를 받는 벤처캐피탈리스트가 모든 문서를 꼼꼼히 검토하기는 어렵다.

Executive Summary는 사업계획서의 요약본으로 보는 사람이 한눈에 이 회사가 어떤 비즈니스 모델로, 어떤 사람들이 무슨 사업을 하는지 볼 수 있는 문서라고 생각하면 된다.

9.3.4 연습을 많이 해야 한다

문서작업을 모두 마치고 마침내 VC와 미팅 일정을 잡았다면 그 다음부터 해야 할 일은 "연습"이다. VC앞에서 발표를 하다보면 VC가 중간중간에 말을 끊고 질문을 하는 경우가 다반사이다. 이 경우에 연습이 부족할 경우 긴장하게 되고 말실수를 하게 된다. 중간에 누가 질문을 해도 당황하지 않고 여유롭게 답변하고 발표를 이어나갈 수 있을 정도로 많은 연습이 필요하다. 팀원들끼리 서로 예상 질문들을 생각해보고 답변하면서 사업계획서를 보완해 가는 것도 좋은 방법이다. 발표시 잘 되던 데모가 동작을 안 하는 경우가 있는데 그런 경우를 대비해서 항상 스크린샷이나 동영상 파일을 준비하는 게 좋다.

9.3.5 자신감

우리나라 사람들은 특히 외국 VC는 물론이고 국내 VC앞에서 발표할 때 자신감 없이 기어들어가는 목소리로 발표하는 경우가 많다. 자신감은 많은 연습과 본인 사업에 대한 확신해서 나오는 것이므로 발표를 하러 가기 전에 최대한 많은 연습과 사업에 대해서 많이 고민해 보기를 바란다. 만약 언어적 장벽이 걱정이라면 통역이나 외국어에 능통한 팀원에게 발표를 맡기는 게 좋다. 꼭 발표를 대표가 진행해야 하는 것은 아니다. 최대한 사전에 준비를 많이 하여 발표하는 동안 발표를 듣는 사람도 그 사업의 성공가능성에 대해서 믿을 수 있게 자신감 있는 발표를 할 수 있도록 해야 한다.

9.3.6 끊임없는 업데이트

처음부터 완벽한 사업계획서란 것은 없다.

여러 VC들에게 발표를 하다보면 미처 생각지도 못한 피드백을 받는 경우가 많다. 대부분이 첫 번째 발표에서는 많은 질문들에 대해서 제대로 답변을 하지 못한다. 아무래도 오랜 기간 동안 업계에서 여러 회사를 만나봤던 VC의 피드백은 많은 인사이트를 포함하고 있다.

발표가 끝나도 사업계획서를 덮지 말고 VC의 피드백을 반영해서 사업계획서를 끊임없이 업데이트 해야 한다.

9.3.7 성실한 커뮤니케이션

투자는 한 번의 발표로 이루어지지 않는다. 보통 첫 미팅부터 투자가 마무리 될 때 까지 2~3달이 걸리며 그동안 끊임없이 VC들과 커뮤니케이션 해야 한다. 그동안 성실하게 VC들의 요청자료에 답변해 줘야 한다.

VC와의 미팅은 마지막이 아니라 시작이라는 걸 명심하고 VC들과 성실하게 커뮤니케이션하여야 한다.

9.3.8 팀조직

아무리 훌륭한 아이템이라고 하더라도 그 아이템을 현실화할 수 있는 팀이 없다면 투자자 입장에서는 그저 공상으로 보일 뿐이다.

창업을 혼자 준비하고 있는 분들이 있다면 돈을 찾기 전에 우선 사람을 찾아 팀 구성을 먼저 해야 한다. 만약 팀을 다 갖췄고 데모가 나와서 자본이 필요한 상황이 오면 본인의 상황에 맞는 VC나 Angel 투자자를 찾아야 한다.

9.4 투자자들의 관심 분야

9.4.1 사업 동기 및 대표자의 사업관

이 부분을 중요하게 보는 이유는 대표자가 이 사업을 얼마나 중요하게 여기고 얼마나 오래 지속할 동기를 가지고 있는지 결정하기 때문이다. 사업을 하다 보면 힘든 상황들이 많이 닥치는데 그때 지속해서 갈 수 있는 사람은 동기가 명확한 사람이다. 그 동기 중에서도 돈은 두 번째이고 첫 번째는 내면에서 우러나는 사업에 대한 마음가짐이다. 마음가짐은 인위적으로 만들어낼 수 있는 게 아니고 무의식과 맞닿아 있다. 사업을 더 멀리 갈 수 있게 하는 힘은 마음가짐에 있고, 그 과정에서 돈을 배운다는 것이다. 어떤 사업이든지 대표자의 사업관과 사업의 맥이 맞닿아야 성공할수 있다고 투자자들이 판단한다.

9.4.2 사업 분야의 지식과 경험 및 네트워크

다른 사람에 비해 혹은 다른 사업자에 비해 특별히 강한 역량 또는 구조적인 환경을 가지고 있는 사업자는 그 분야에 대하여 정통한 지식과 최신 정보와 다양한 네트워크를 가지고 있다고 판단된다. 특히 세월의 축적이 주는 경험치는 사업의 성공을 위하여 아주 중요하다. 경영자와 설립 멤버의 과거 경력, 평판 등은 투자자들의 의사결정에 매우 중요한 요소이다.

실제로 창업자의 과거 경력과 연관된 사업을 하는 것이 성공 가능성도 높고, 투자유치 가능성도 큰 편이라고 할 수 있다.

9.4.3 비즈니스 모델(BM: Business Model)

기업의 존재 목적은 이윤창출이다. 아무리 뛰어난 아이디어라도 이를 통해 이익을 내는 구조를 만들어야 기업으로서 의미가 있다.

투자자의 목표 역시 이윤창출에 있으므로, 기업가치를 높여 투자자의 이익을 실현하기 위해서는 아이디어에서 그치는 것이 아니라, 이익을 실현할 수 있는 비즈니스 모델을 명확히 제시해야 한다.

9.4.4 모방 가능성과 진입장벽

많은 투자자들이 투자 조건으로 선호하는 요소가 바로 '진입장벽'이다. 기업가치를 제고하기 위한 필수요소 중 하나인 진입장벽은 모방 가능성이 얼마나 낮은지에 따라 결정된다. 즉, 좋은 아이디어와 비즈니스 모델이라 해도 모방이 쉽고 진입장벽이 낮다면 사업 매력도는 감소할 수밖에 없다.

9.4.5 신뢰할 수 있는 재무제표와 회계관리

신뢰성을 높이기 위해서 투자자들이 선호하지 않는 거래를 지양해야 한다. 특수관계인과의 거래와 가족, 친구, 대표이사 및 경영진이 개인적으로 관련된 회사와의 거래 등은 지양하는 것이 좋다. 또한 지급 출처가 불분명한 가지급금 등의 회계 처리도 없애는 것이 좋다.

9.4.6 회사의 지분구조의 적정성

초기 스타트업이 사업을 시작하여 성장해 나가는 단계에서 인력과 자금을 유치하는 방식은 지분의 분배이다. 지분을 효율적으로 활용하면 인재를 회사에 들이고, 자금을 지속적으로 유치할 수 있다. 회사가 투자를 받게 된다면 초기에는 엔젤투자부터 시작하여 벤처투자로 나중에는 상장까지 하게 된다. 적게는 서너 단계, 많게는 대여섯 단계의 투자를 거쳐 회사는 상장하게 된다. 그 과정에서 지분율이 15~25% 정도 각 단계마다 신규로 증자가 되면 기존 주주들이 가지고 있는 지분율이 희석된다. 대표자의 경영권을 방어하기 위해 초기에 지분을 어느 정도 가지고 사업을 키울 준비를 하는 것이 좋은데, 대표자의 지분율이 너무 적을 경우 향후 경영권 방어가 어려워질 수 있다.

9.4.7 성장성

마켓의 흐름과 사이즈도 중요한다. 가장 훌륭한 건 대표자의 삶과 사업의 맥이 맞닿아 있고, 그 사업이 성장하는 시장에 속해 있는지이다. 한 길을 걸은 대표자의 경우 기회가 왔을 때 그걸 확실히 잡을 수 있게 되어 시장이 성장함에 따라 많은 성공을 할 수 있다.

9.4.8 지속적인 네트워크 형성

투자 미팅은 한두 차례로 끝나는 게 아니다. 여러 차례 만나는 과정에서 신뢰를 돈독히 하고 서로 리스크를 지고 갈 수 있을 정도가 되어야 길이 조금씩 보인다. 아무리 좋은 회사라도 같이 만들어나갈 수 있는 구조가 나오지 않는다면 다음 단계로 진행하는 건 무리이다. 모든 것이 완벽한 회사라 하더라도 네트워킹이 되지 않는 회사이면, 투자를 하고 싶어도 할 수 없는 회사가 되어 버린다.

9.4.9 엑시트(Exit) 가능성

엑시트(Exit)란 투자 후의 출구전략을 의미한다. 쉽게 말해 투자자가 자금을 회수하는 방안이다.

스타트업의 엑시트는 크게 인수합병(M&A)과 기업공개(상장, IPO) 등으로 이뤄진다. 투자자들은 본인이 투자한 금액을 어떤 방식으로 회수할 수 있는지에 많은 관심을 갖고 있다. 그러므로 투자 유치 시에 유력한 엑시트 방안을 강조하면 성공 가능성이 높아진다.

동종업계의 사례, M&A 전략, IPO 계획 등을 기업 홍보 시 적절히 활용해야 한다.

9.4.10 소득세 감면 혜택 소개

벤처기업에 직접 투자하거나, 개인투자조합을 통하여 벤처기업 등에 투자시 누릴 수 있는 소득공제 혜택을 설명한다.

⚙ 〈표 9-1〉 소득공제 혜택(시행일: 2018년 1월 1일)

구분	내용
투자금액 중 소득공제 비율	• 3천만원 이하: 100% • 3천만원 초과 5천만원 이하: 70% • 5천만원 초과: 30%
소득공제 한도	신청 해당과세연도의 종합소득금액의 50%
공제가 가능한 투자 대상	• 벤처기업 • 기술성 평가 통과 창업 중소기업(3년 미만) • R&D 지출액이 연 3천만원 이상인 창업초기기업

9.5 엔젤 투자유치

9.5.1 엔젤투자의 유래

엔젤(Angel)은 원래 미국 브로드웨이에서 유래되었다.

1920년대 미국을 중심으로 많은 오페라가 만들어져 공연 되었으나, 어떤 오페라는 작품성이 있음에도 불구하고 자금이 부족해 공연을 할 수 없었는데 당시 돈 있는 후원자들이 이런 오페라에 자금을 대어 공연을 성공적으로 끝낼 수 있도록 했다.

이 후원자들을 가리켜 '엔젤(Angel)'이라 불렀다.

지금은 개인들이 돈을 모아 창업하는 벤처기업에 필요한 자금을 대고 주식으로 그 대가를 받는 투자형태를 말한다. 통상 여럿의 돈을 모아 투자하는 투자클럽의 형태를 띠고 있으며, 자금 지원과 경영 자문 등으로 기업 가치를 올린 뒤 기업이 코스닥시장에 상장하거나 대기업에 인수합병(M&A)될 때 지분 매각 등으로 투자 이익을 회수한다. 직접투자방식과 간접투자 방식이 있다.

직접투자방식은 개인이 기업과 직접 접촉해 투자하거나 여럿이 모여 정보를 공유하고 기업설명회(IR: investor relations) 등을 함께 듣는 엔젤클럽 활동을 통해 자기 책임하에 투자하는 것이며, 간접투자방식은 49명 이하의 개인이 모여 결성하는 개인투자조합(펀드)에 출자하는 방식이다. 투자 대상 선정은 펀드매니저 역할을 하는 업무집행조합원(GP: general partner)이 담당한다.

9.5.2 창업자 자금 투자 단계

초기 창업자금은 창업자 본인이 마련해야 한다. 초기 창업자금 규모는 하려는 사업규모에 따라 다르다. 반도체 칩이나 하드웨어 장비, 또는 대규모 온라인 게임 사업을 하고자 한다면 비교적 자기 돈도 많이 들어갈 것이다. 그런데 이런 사업을 하면서 자기돈 5백만원 또는 천만원 넣고 한다면 사업의 진정성이 의심을 받을 수 있을 것이다. 그것은 자신의 돈의 규모가 자신의 헌신정도(Commitment)를 보여줄 수 있기 때문이다. 상대적으로 모바일 서비스나 모바일 게임 같은 사업규모가 작은 경우에는 자기돈이 조금 덜 들어가도 될 것이다.

9.5.3 인간관계를 통한 투자유치 단계

자기 돈으로 법인을 설립한 후, 그 돈으로 기본적인 기능이 구현된 제품/서비스, 즉 최소 존속제품 구축까지 추가로 자금이 필요하다면 가까운 가족이나 친구로부터 자금을 유치할 수 있다. 이 돈을 투자하는 이들은 온전히 사업성, 수익성 때문에 투자하지 않고 그동안의 인간관계를 통한 신뢰가 기반이 되어 그냥 믿고 주는 돈이기에 이들로부터 투자를 받을 때는 반드시 두 가지만은 다짐을 받는게 좋다.

첫째, 그냥 로또 산거라 생각하라.
둘째, 앞으로 모임에서 자주 만날 텐데 회사 상황 절대 물어보기 없기.

이 두 가지 다짐이 다 사업이 망하더라도 친구나 가족관계를 지키기 위한 최소한의 조치이다. 이 단계에서도 너무 많은 자금을 유치하여 친구나 가족에게 부담을 주는 것은 좋지 않다.

9.5.4 엔젤, 액셀러레이터(Accelerator: 창업지원기관) 투자단계

자기 돈도 내고 친구나 가족으로부터도 자금을 유치했는데도 불구하고 자금상 최소존속제품 출시가 어렵거나 경영상 멘토의 도움이 필요할 경우에는 엔젤이나 액셀러레이터의 도움을 받게 된다. 이 단계의 자금부터는 투자자의 전문성이 가미되며 비교적 장시간 투자해 줄 수 있는 자금의 성격을 갖는다. 이 단계에서 자금 유치시 유의사항은

첫째, 엔젤이나 액셀러레이터의 과거 경력이나 투자이력에 맞는 스타트업을 선호하기 하기 때문에 같은 분야에서 경험을 보유한 투자자를 만나는 것이 좋다.
둘째, 명확한 목표를 제시해야 한다. 이들의 투자지원은 최소한의 서비스 또는 최

소한의 사업모델이 구현되는 수준까지 성장을 가속화 해주는 역할을 주로 하기 때문에 그 수준에 맞는 적절한 목표를 제시하는 것이 좋다.

셋째, 낮은 비용수준으로 초기 서비스를 구현할 수 있다는 것을 보여줘야 한다. 그래야 첫 서비스가 설령 실패한다고 하더라도 다음 서비스까지 버틸 체력이 있기 때문이다.

넷째, Series A 투자(벤처캐피탈로부터 받는 첫 투자유치)가 가능할 수 있다는 것을 보여줘야 한다.

9.5.5 엔젤투자자 검증 단계

간혹 엔젤(Angel) 중에는 엔젤의 탈을 쓴 악마(Devil)가 섞여 있으니 투자유치시 주의해야 한다. 그래서 모르는 엔젤이라면 반드시 주변이나 잘 아는 분들을 통해 검증 (Reference Check)을 해야 한다. 통상 악마들은 10% 이상의 지나친 지분을 요구한다든지, 우선주나 전환사채 투자를 한다든지, 연대보증을 요구한다든지, 추가 투자에 대한 옵션을 많이 거는 투자자들 중에서 많이 나타날 수 있다.

투자자가 선호하는 사업가는 두세 번 정도 실패하고, 개인 자산을 많이 투자했으며, 주변에서 자금을 조금 들여 사업을 해본 사람(돈이 얼마나 무섭고 무거운 건지 아는 사람), 그러면서도 사업 아이템의 맥을 가지고 일관성 있게 시도를 해본 사람이다. 사업의 트렌드가 계속 바뀜에 따라 사업 아이템도 계속 바뀌지만 실패의 경험, 의지, 원칙을 가진 사업가가 있다면 그런 사업가를 투자자들이 선호한다.

9.5.6 매칭펀드 투자유치

엔젤투자자가 초기창업자에게 투자하면 엔젤투자 매칭펀드에서 심사 후 3억원 한도 내에서 엔젤투자금액의 1.0배에서 2.5배를 매칭하여 초기창업기업에 투자한다.

9.5.7 투자 규모에 맞는 투자유치

투자유치를 위해 엔젤투자자나 VC를 미팅해 보면 대화가 힘들다는 느낌을 많이 받을 수 있다. 그것은 회사가 부족해서 그런 것 보다 투자 규모가 맞지 않는 경우가 많다. 대부분의 VC는 초기 단계의 스타트업에게는 투자를 하지 않는다. 이제 막 데모가 나오고 팀이 갖춰진 회사의 경우 엔젤투자자나 AC를 찾아가는 게 좋다.

Seed money를 원하는 사업가와 큰 규모의 투자를 다루는 VC와는 대화의 GAP이 존재하기 때문에 사업의 단위를 나누어 고객에게 서비스를 명확하게 제공하듯, 투자자에게도 투자규모에 맞게 접근할 필요가 있다.

9.6 크라우드 펀딩

크라우드 펀딩(Crowd funding)은 소액 자금을 대중으로부터 모으는 투자 방식이다. 작은 돈을 모아 여럿이 하나의 기업에 투자하는, 돕는 방식의 투자라고 보면 된다. 투자자가 벤처투자에 접근하기 좋도록 투자금액 한도를 기업당 500만원, 개인별로 1,000만 원으로 법으로 정해져 있다.

온라인을 통한 소액의 증권모집이 가능하도록 증권신고서 등 증권발행에 수반되는 기존의 공모 공시규제를 완화하고 온라인 중개업자를 신설하여 크라우드 펀딩이 창업기업의 자금조달 수단으로 활용될 수 있도록 자본시장법으로 규정되어 있다.

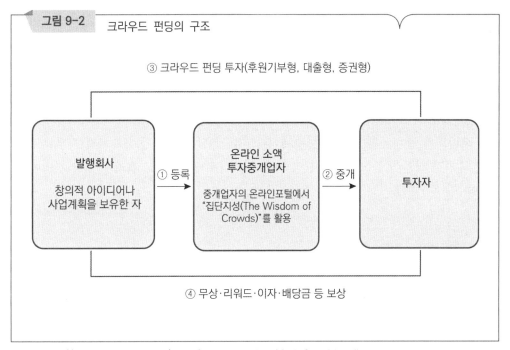

그림 9-2 크라우드 펀딩의 구조

③ 크라우드 펀딩 투자(후원기부형, 대출형, 증권형)

발행회사
창의적 아이디어나 사업계획을 보유한 자

① 등록

온라인 소액 투자중개업자
중개업자의 온라인포털에서 "집단지성(The Wisdom of Crowds)"를 활용

② 중개

투자자

④ 무상·리워드·이자·배당금 등 보상

참고: https://www.innopolis.or.kr/board?menuId=MENU00747&siteId=null

9.6.1 크라우드 펀딩의 종류

크라우드 펀딩은 증권형, 후원기부형,대출형이 있다. 대부분의 투자방식이 포함되어 있다. 주식, 채권, 예약 판매, 홍보 판매, 기부 모두 가능하다.

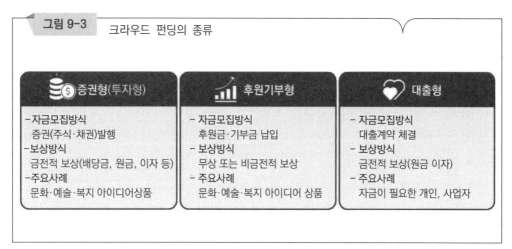

그림 9-3   크라우드 펀딩의 종류

참고: https://www.innopolis.or.kr/board?menuId=MENU00747&siteId=null

9.6.2 크라우드 펀딩 전망

최근 크라우드 펀딩은 후원형 위주로 진행되고 있으나 일부 금융선진국과 같이 증권형의 규모가 서서히 커질 것으로 예상한다.

서비스가 플랫폼화 되어가는 추세이니, 자금조달도 마찬가지로 플랫폼 위주로 시장이 옮겨갈 확률이 높고 금융기관의 자금이 크라우드펀딩으로 흘러 들어갈 전망이 예상된다.

9.6.3 크라우드 펀딩 업체

크라우드 펀딩 업체로는 와디즈, 크라우디, 펀딩포유, 오픈트레이드, 네오스프링, 아시아크라우드, 오마이컴퍼니 등 한국에 약 15개 사가 있다. 크라우드펀딩은 금융감독원의 인허가를 받아야 한다.

9.6.4 스타트업 투자유치 관점에서 크라우드 펀딩 활용

크라우드 펀딩을 받으면 주주가 많아지니 VC에서 후속투자 들어가기가 어렵지만 최근 크라우드 펀딩 투자 형태의 비중이 자연스레 늘기에 큰 흐름을 VC에서도 받아들이는 추세이다. 즉 다수의 소액투자자들이 주주로 들어가 있는 상황이 일반적인 게 된다는 것이다.

서류 준비, 펀딩 수수료, 예탁결제원 수수료등의 부담으로 창업 초기 회사의 경우 투자형으로 들어가기에 문턱이 있지만 자본금 5,000만원, 매출 1억 전후의 회사 정도면 시도해볼 만하고, 물론 그보다 수치가 낮아도 진행은 가능하다.

9.6.5 필요한 서류

① 크라우드 펀딩으로 공모 가능한 정관 사본
② 사업계획서
③ 투자계획서
④ IR과 같은 사업의 이해 및 투자 계획을 알 수 있는 사업계획서
⑤ 이사 3인 미만의 경우 주주총회 의사록 사본, 3인 이상의 경우 이사회의사록 사본
⑥ 사업자등록증 사본
⑦ 법인등기부등본
⑧ 주주명부
⑨ 납세증명서
⑩ 재무제표 및 증명원
⑪ 추정 재무제표
⑫ 법인인감증명서
⑬ 법인 거래통장 사본(주금납입통장)
⑭ 인허가
⑮ 인증서류(벤처기업, 이노비즈, 특허증 사본 등)
⑯ 재무제표 확인서
⑰ 결격사유 확인서
⑱ 자본구조 개선방안

⑲ 발행인 확인서

9.6.6 크라우드 펀딩 절차

펀딩 준비하고 주금납입 받기까지 두 달은 소요되니 회사 내에서 크라우드 펀딩 담당자를 배정해 두는 것이 좋다.

〈착수〉중개업자 선택, 투자내용 준비, 계약 준비
• 크라우드 펀딩 회사를 택한다.
• 펀딩 신청서를 작성한다.

〈본격 준비〉투자내용 확정, 펀딩 소개 페이지 작성, 계약, 홍보
• 투자(후원) 목적, 투자 금액, 투자 방식의 조율, 중개수수료 등 안내를 받고 발행사와 중개업자는 계약서를 작성한다.
• 발행사는 온라인 펀딩 페이지에 올릴 제품 혹은 투자 소개 상세 페이지를 준비한다.
• 펀딩 개시일 전까지 펀딩 홍보에 총력: 주변인, SNS 등

〈펀딩 개시〉펀딩 시작, 초기 참여자 셋팅, 홍보, 투자 최종 확정
• 초기 펀딩 달성률을 보고 펀딩 일정 연장, 금액 증액, 조기종료, 추가 마케팅 등에 대해 결정한다.

〈마감〉예탁결제원, 모집금액 입금, 수수료정산, 투자자관리
• 모집된 펀딩 금액, 펀딩 참여자, 기타 정보를 발생사와 함께 조율하며 예탁결제원에 보낸다. 통일주권으로 만들어진 주식을 펀딩 참여자는 자신의 증권사 계좌로 받는다.
• 모집 금액은 PG(Payment gateway: 인터넷 전자경제지불 대행사)사에서 중개업자로 전달되고, 중개업자가 발행사로 입금한다.

9.7 스타트업이라면 알아야 할 투자 관련 사이트 모음

9.7.1 THE VC – 스타트업 투자 데이터베이스(https://thevc.kr/)

스타트업 투자 데이터베이스 THE VC는 미디어, 전자공시, 투자사, 제휴 등을 통해 벤처캐피탈 등의 스타트업 투자 데이터를 수집해 공개하는 곳이다.

9.7.2 DIVA(중소기업창업투자회사 전자공시)(http://diva.kvca.or.kr/)

벤처투자정보센터에서 운영하는 DIVA는 중소벤처기업부에 등록된 벤처캐피탈들의 활동과 관련 정보 공시를 확인할 수 있는 곳이다.

9.7.3 KVCA(한국벤처캐피탈협회)(http://www.kvca.or.kr/)

KVCA에서 스타트업들이 유용하게 이용할 수 있는 메뉴는 '정보마당'인데 해당 메뉴를 통해 매월 발간되는 Venture Capital Market Brief를 통해 투자 동향을 파악할 수 있다.

9.7.4 엔젤투자지원센터(http://www.kban.or.kr/)

(사)한국엔젤투자협회에서 운영하는 엔젤투자지원센터는 엔젤투자자들과 스타트업들을 연결시켜주는 것을 주 목적으로 운영되고 있다. 스타트업은 투자매칭 신청 등 엔젤투자자로부터 투자 유치를 희망할 경우 엔젤투자지원센터를 통해 직접적인 액션을 취할 수도 있다.

9.8 정부의 창업 지원 정책

문재인 정부는 출범과 함께 '중소벤처가 주도하는 창업과 혁신성장'을 국정운영 전략 중 하나로 제시하고, 2018년 「혁신창업 붐 조성을 위한 엔젤투자 활성화 방안」, 「혁신창업생태계 조성방안」을 비롯하여 2019년 「제2벤처 붐 확산전략」 등 다음과 같은 다양한 창업정책을 마련하여 추진하고 있다.

- 신설법인의 경우, 2010년 6만 312개에서 2013년 7만 5,574개, 2016년 9만 6,155개, 2019년에는 10만 8,840개를 기록하는 등 창업기업 수가 지속적으로 증가 추세에 있다.
- 엔젤투자 소득공제제도 도입(1997년), 엔젤투자지원센터 설립(2011년), 엔젤투자 매칭펀드 결성(2011년), 전문엔젤투자자 등록제도 및 TIPS 사업추진(2014년), 엔젤모펀드 개인투자조합 출자사업(2015년), 크라우드펀딩 및 엔젤전용세컨더리펀드 조성(2016년), 크라우드펀딩 연계형 R&D 사업(2017년) 등을 추진하였다.
- 2020년에는 새로 제정한 「벤처투자촉진법」에 엔젤투자 활성화를 위한 조건부지분인수계약(SAFE)제도, 전문엔젤투자자 확인제를 등록제로 변경하는 내용이 포함되어 있다.
- 벤처캐피탈 신규투자 추이: 1조 6,393억 원(2014년) → 2조 1,503억 원(2016년) → 2조 3,803억 원(2017년) → 3조 4,249억 원(2018년)
- 엔젤투자 추이: 346억 원(2009년) → 459억 원(2011년) → 2,048억 원(2015년) → 5,538억 원(2018년)

사업계획서의
이해

10.1 사업계획서의 기본개념
10.2 사업계획서의 구성요소

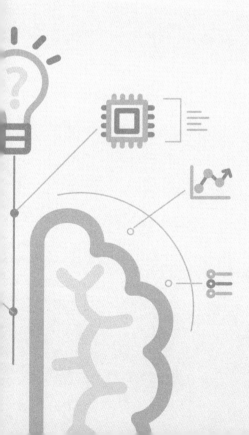

10.1 사업계획서의 기본개념

10.1.1 창업기업의 마음 자세

사람이 하루를 살아가는데도 아무런 계획이 없이 살아가면 늘 하는 익숙한 일임에도 불구하고 놓치는 일이 생기거나 자기가 바라는 대로 되지 않는 경우가 있다. 하물며 지금까지 해본 적이 없는 회사를 설립해서 꾸려 나가는데 자기의 생각만으로 어찌 되겠는가!

창업을 준비하는 예비창업자를 대상으로 창업교육을 하면서 창업아이템이 뭐냐고 물으면 대부분은 대답을 잘한다. 제품(서비스)이 뭐냐? 자본금, 고객, 연매출, 종업원 등 세부적인 것에 대하여 묻기 시작하면 대답을 잘하지 못하는 경우가 많고 사업계획서를 작성하라고 하면 대부분은 쭈뼛거린다.

사업계획서라는 말은 많이 들었지만 전문적인 교육을 받아 본 적이 없고 설령 있다 하더라도 관심 가지고 보지 않았거나 직접 작성해 본 경험이 없어서 그렇다고 본다.

또 다른 문제점은 사회적 분위기이다. 자격증을 따기 위해서는 기꺼이 수강료를 지불하고 학원에 등록을 해서 일정기간 동안 열심히 공부를 해서 원하던 자격증을 손에 넣고 뿌듯해한다. 자격증이 직접 돈을 벌어주는 것도 성공을 보장하는 것도 아닌데도 말이다.

그런데 자신과 가족의 미래가 달려있는 창업을 준비하면서 비용을 지불하고 공부를 체계적으로 해서 사업을 시작하는 사람은 그리 많지 않다.

무료 강의나 무료 멘토링에 의존하는 것이 대부분이고 이 과정이 끝나면 더 이상 시간과 비용을 투입하지 않으려고 한다. 더 필요하면 또 무료를 찾아다니는 모습을 많이 보았다. 그러면서 무료과정의 무용론을 말하는 사람들이 있다.

여러분 같으면 고객들이 계속해서 무료 샘플만을 요구하면 계속해서 공급해 줄 수 있겠는가? 샘플을 본품과 같은 양으로 제공할 수 있겠는가? 여러분을 나무라기 위해서 하는 말이 아니라 자신의 미래가 걸린 창업을 하기 위해서 준비를 하는데 인색하지 말라는 것을 강조하기 위해서 하는 말이다.

창업은 실전(實戰, 실제의 싸움)이다. 학교에서의 배움이나 아마추어들의 취미생활이 아니라 기업의 생사가 달려있고 자신과 가족 그리고 임직원들의 미래가 걸린 일이다.

기업의 경영은 총으로 하는 전쟁이 아니라 돈과 아이디어로 하는 전쟁이다. 자칫 잘못하면 한순간의 실수로 모든 것을 잃을 수도 있다. 마케팅 편에서 사례로 든 노키아의 경우만 봐도 그렇다. 경영자원은 모자라지 않았는데도 상황분석과 판단의 잘못으로 인하여 거대한 기업이 한순간에 모든 것을 잃은 경우이다.

우리 사회가 사업을 바라보는 시각 중에 "공부머리 따로 있고 돈 버는 머리 따로 있다"는 말이 있다. 사람에 따라 각자가 잘하는 분야와 재능이 다르니까 그럴 수도 있지만, 지금의 현실에서 이 말은 반은 맞고 반은 그렇지 않다고 본다. 비교적 경쟁의 강도가 낮고 고도성장을 하던 시기에 나온 말이었고 많은 사람들에게 성공의 문이 활짝 열려 있었던 시기에 통용되던 말이었다.

고도의 경제 성장을 하던 시기는 미국의 서부 개척시대로 볼 수 있겠다. 말을 달려서 먼저 말뚝을 박으면 그게 자기 땅이 되었다. 능력이 있는 사람은 많은 땅을 차지하였고 능력이 부족한 사람도 조금 적지만 땅을 차지할 수 있었다. 이때는 근면과 성실만으로도 어느 정도의 성공을 할 수 있었으나 지금은 완전히 상황이 바뀌었다. 다른 기업이나 고객들이 보유한 재화를 효율적으로 취득을 해야만 생존이 가능한 시대가 되었다.

창업의 이유가 공부하기 싫어서, 취업이 안 돼서, 회사에서 퇴직 당해서, 회사 다니기 싫어서, 회사 다니는 것보다 좋을 것 같아서와 같아서는 곤란하다. 사업은 자기 혼자서 할 수 있는 것이 아니다. 자사와 직원, 협력업체, 투자자, 금융기관, 시장과 고객이 있어야 회사가 생존을 할 수 있으며 외부와 소통이 원활해야 한다. 성공하기 위해서 다른 사람을 설득할 수 있는 명분이 있어야 한다.

자사(예비 창업자)가 가진 기술과 자본 및 인력 등의 경영자원을 객관화하고 시장과 고객의 니즈를 정확히 분석하여 자사의 목적을 달성할 수 있는 전략을 수립하지 않으면 성공하기가 힘든 때가 되었다.

이 장에서 제시하는 사업계획서 작성 방법은 필자가 창업을 하여 기업을 경영한 경험과 예비 창업자들을 교육하고 창업 후에 성장과정에서 경영컨설팅과 멘토링을 실시하면서 쌓은 노하우들을 토대로 하여 쉽고 간결하면서도 실전에 적용이 가능하도록 설명하고자 한다.

10.1.2 창업 사업계획서의 개념

창업 사업계획서는 사업(창업)에 대해 계획한 내용을 담은 문서이다. 창업을 준비하거나 기업이 새로운 사업을 구상하는 경우, 사업 추진계획에 대한 내용을 사업개시 이전에 객관적인 방법을 통하여 서면으로 정리해 놓아야 한다.

그림 10-1 사업계획 수립

출처: pixabay

사업계획서는 이해 당사자인 최고경영자와 종업원이 공유할 수 있어야 하며 부서 간에 의사소통을 할 수 있는 기업의 언어로 작성되어 있어야 한다. 사업계획서를 활용하여 외부의 이해관계자로부터 지원을 이끌어낼 수 있어야 하므로 전문성과 객관성, 정확성, 일관성 및 독창성을 갖추어야 한다.

사업계획서의 양식이나 내용 및 항목은 별도로 정해진 것은 없다. 일반적으로 사업의 형태나 사업의 종류 및 시기에 따라 적절한 방법으로 작성된다. 사업의 목적과 추구하는 방향을 잘 표현할 수 있도록 체계적으로 작성하면 된다.

사업계획서의 구성은 일반적으로 사업의 목적, 제품(서비스), 시장분석과 전망, 시설계획, 조직현황, 생산, 마케팅 전략, 자금조달과 사용계획 및 상환계획, 사업추진 일정, 추정 재무제표 등으로 되어 있다.

10.1.3 사업계획서의 종류

사업계획서는 크게 내부업무 추진을 위한 '내부용'과 자사의 사업을 타인에게 알리기 위한 '외부용'으로 나눌 수 있다. 사업의 내용을 한눈에 쉽게 알아 볼 수 있도록 작성한 '요약사업계획서'를 추가로 작성하면 외부와 커뮤니케이션하기가 용이해진다.

1) 내부용

사내 사업운영이나 업무추진을 위하여 작성하는 것으로 사업운영을 위한 사내용 계획서이며 사업 내용을 구체적으로 작성하는 것이 좋다. 다만, 시각적이거나 형식적인 부분은 생략하고 실무중심으로 작성해서 사업 추진에 도움이 되도록 해야 한다.

2) 외부용

외부 발표를 위하여 작성하는 것이며 주로 투자유치, 정부지원사업, 금융차입 등의 공식적인 발표에 사용하기 위한 것으로 텍스트보다 정보전달력이 높은 도표나 그림 등의 시각적인 요소를 적극적으로 활용하는 것이 좋고 작성 시 일정한 형식과 규칙을 가지고 일관성 있게 작성하여 가독성을 높여 이해하기 쉽도록 작성한다.

3) 요약사업계획서

요약사업계획서는 주로 사업의 컨셉을 결정하거나 투자유치나 신규 사업을 설명하기 위한 목적으로 작성한다. 투자유치나 신규 사업을 제3자에게 설명하고자 할 때 수십 쪽에서 수백 쪽에 달하는 사업계획서를 이메일로 보내게 되면 대부분은 스팸처리가 될 것이다. 설령 문서로 만들어 직접 전달을 해도 자기 업무에 바쁜 투자자 등이 친절하게도 읽어줄 가능성보다는 책상 한구석에 쌓아둘 가능성이 많다.

애써 작성한 사업계획서가 버려지지 않도록 하기 위해서 우선 상대방의 관심을 끌 수 있도록 사업의 개요와 목적, 마케팅계획, 필요한 자금 및 재무현황 및 추정재무제표를 한눈에 쉽게 알아볼 수 있도록 3페이지 이내의 분량으로 작성하는 것이 좋다.

요약사업계획서가 상대의 관심을 끌게 되면 외부용 사업계획서를 가지고 미팅을 할 기회를 얻을 수 있을 것이다.

⚙ 〈표 10-1〉 사업계획서의 종류

구분	1. 요약 사업계획서	2. 내부 업무 추진용	3. 외부 발표용
용도	• 사업의 컨셉을 정하고자 할 때 • 투자자에게 사업의 개요 설명 • 제3자에게 개념을 설명할 때	• 내부 사업 운영 • 내부 업무 추진 • 내무 업무 공유	• 외부 발표 및 정부 지원사업, 투자 유치 등 공식적 발표를 위한 계획서
특징	• 사업의 개요, 필요한 자금, 마케팅 계획 및 재무 계획을 한 눈에 파악할 수 있도록 작성 • 핵심내용을 쉽고 재미있게 작성된 요약서	• 내부적 운영을 위한 계획서 • 내용은 구체적으로 작성 • 시각적이고 표면적인 측면은 생략 가능 • 전문용어 사용	• 내용과 어휘가 형식과 규칙을 갖추어야 함. • 차트, 도표, 그림, 사진과 같은 그래픽 요소를 활용 • 비전문가도 이해할 수 있도록

10.1.4 사업계획서 작성 절차

사업계획서는 사업의 목적과 용도에 따라서 구성과 내용이 취지에 맞도록 작성되어야 한다. 사업계획서를 작성하기 전에 방향과 순서 등의 기본계획을 수립해야 시간과 노력을 절감할 수 있을 뿐만 아니라 완성도를 높일 수 있다.

사업계획서를 작성할 때 내부 인력으로 목적을 달성하기 어려우면 전문가에게 의뢰를 해서 작성할 수도 있다. 사업계획서를 작성하는 것도 하나의 전략이다. 누가 작성을 했는지가 중요하겠지만 결과물이 사업의 목적을 얼마나 충실하게 나타내었느냐와 보기 편하고 이해하기 쉽도록 작성하는 것은 더 중요하다.

⚙ 〈표 10-2〉 사업계획서 작성 절차

1. 목적 및 방향 설정	사업계획서의 작성 목적에 따라 사업계획서의 종류를 결정
2. 소정양식 및 요건확인	제출기관의 소정양식 확인 / 없으면 적절한 양식 선택
3. 계획수립 및 자료준비	필요한 객관적인 자료수집 / 첨부자료 및 서류 준비(확보)
4. 사업계획서 작성	사업전략에 따르는 세부내용 작성 / 요약사업계획서 작성
5. 편집, 재검토 후 제출	작성 후 꼭! 재검토, 수정, 교정 및 논리적 오류 수정

1) 목적 및 방향설정

사업의 목적과 사업계획서의 용도에 따라 내부용과 외부용 및 요약사업계획서 등으로 작성 방향을 결정하여야 한다.

2) 소정의 양식과 자격요건 확인

외부용 사업계획서를 작성할 때는 사업계획서를 제출하는 대상이 존재한다. 특히 정부지원사업의 경우에는 평가의 공정성과 객관성 등 여러 가지 사유로 인하여 소정의 양식을 제공하고 분량도 몇 페이지 이내로 제한하는 경우가 있다. 양식에 맞춰 작성을 하지 않으면 불이익을 받는 경우가 생기게 되므로 각별히 유의하여야 한다.

소정의 양식이 없을 경우 자사의 실정에 맞는 적절한 양식을 선택하여 작성할 것을 권장한다.

3) 계획수립 및 자료수집

사업계획서 완성 일자를 정하고 작성자(팀)를 선정하고 사내의 업무분장과 협조사항, 추진일정 등 사업의 목적을 달성하기 위한 전략이 담긴 계획을 수립하여야 한다.

사업계획서 작성에 필요한 국제 관계 등의 거시적 경제 지표와 국내시장이나 타깃시장의 지표 등 사업전략에 따르는 세부 내용에 들어갈 직접적인 자료를 준비한다.

사업계획서의 첨부 서류는 자격요건이나 자사의 우수성을 증빙할 수 있는 특허등록증 등의 산업재산권이나 벤처기업 확인서, 중소기업확인서, 수상 경력, 학력, 사업자등록증 등 자사에 유리하게 작용할 수 있는 것이면 된다.

첨부 서류는 미리 준비할 것을 권장한다. 마감일에 첨부 서류를 준비하다가 낭패를 보는 경우를 종종 보았기 때문이다.

4) 사업계획서 작성

전항에서 수립된 계획에 따라 사업의 목적을 달성하기 위한 사업계획서의 세부내용을 미리 준비한 양식에 채워나가는 형식으로 작성을 하는 것이 효율적이다. 이때 시간이 허락하면 요약사업계획서를 같이 작성하면 필요에 따라 즉시 사용이 가능하다는 이점이 있다.

5) 편집과 재검토

사업계획서의 작성이 완료되었으면 <그림 10-2>의 사업계획서 작성요령에 따라 편집을 하고 반복해서 재검토를 실시하여야 한다.

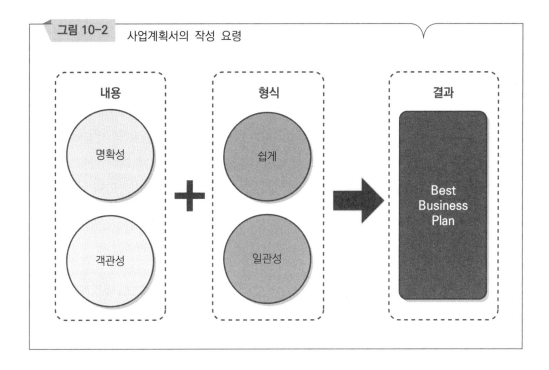

그림 10-2   사업계획서의 작성 요령

내용
명확성
객관성

＋

형식
쉽게
일관성

➡

결과
Best
Business
Plan

6) 제출

사업계획서 제출은 마감일을 기준으로 적어도 2~3일 전에 제출할 것을 권장한다. 미리 제출을 하면 담당자가 검토하여 첨부 서류의 누락이나 자격요건 등을 검토해주기도 한다. 또, 제출 후에 오류가 발견되면 다시 보완하여 제출할 수 있기 때문이다.

10.1.5 사업계획서 작성 시 지켜야 할 유의할 점들

사업계획서 작성에는 다음과 같이 몇 가지 유의하여야 할 점들을 지키면 보다 높은 품질의 사업계획서를 작성할 수 있게 되므로 일반적으로 전문가들이 강조하는 점들을 몇 가지 제시한다.

1) 이해하기 쉽게

사업계획서를 작성하는 데 있어 난이도나 전문성 등을 작성하는 사람의 시각이 아닌 보는 사람의 관점에서 작성을 하여야 내용이 전달이 잘 된다.

내부용은 전문용어나 회사 내에서만 통용되는 용어를 사용해도 무방하겠으나 외부용은 철저히 보는 사람 위주로 작성해야 사업계획서를 작성한 목적 달성이 수월해진다.

2) 간단하고 명료하게

사업계획서의 의미전달을 하는 데 지장이 없는 범위에서 최대한 간단하면서도 명료하게 작성을 하는 것이 좋다. 사업계획서를 검토하거나 심사를 하는 사람의 입장에서 보면 주어진 시간 안에서 사업계획서에 담긴 내용 전체를 파악해야 하는 고충이 있다. 이런 관점에서 본다면 불필요한 미사여구나 중복되는 내용 등은 피해야 할 첫 번째가 된다.

3) 객관적으로

사업계획서를 보는 사람으로서는 객관적인 사실과 증빙할 자료를 요구할 수밖에 없으므로 자신의 생각이나 아직 검증되지 않은 사실을 무리하게 주장하다 보면 신뢰성이 떨어지게 된다.

다만 사업계획서는 자사의 독창적인 아이디어나 새로운 제품(서비스)이나 기술을 담고 있는 경우가 많아 주관적인 주장이나 판단이 불가피한 경우가 있다. 이때 객관성을 높이기 위하여 검증된 사실로부터 출발해서 자신의 주장을 전개해 나가는 것이 좋다.

물을 에너지원으로 사용하는 자동차

적은 양의 전기로 물을 전기분해하여 대량의 수소와 산소를 얻을 수 있는 기술을 개발한 기업이 있다고 가정하자. 이 기술을 사용하여 친환경 자동차를 생산하고자 한다면 어떻게 해야 성공할 수 있을지를 추론해 보자.

자동차는 여러 가지 기술이 복합적으로 결합되어 탄생하는 종합예술이라고 할 수 있는데 자동차를 생산한 경험이 전혀 없는 신생 업체가 생산을 한다고 하면 쉽게 믿으려고 들지 않을 것이다.

사업계획서에 물을 전기분해해서 수소를 얻는 기술은 자사가 맡고, 수소 엔진은 H사가 모터를 포함한 동력전달장치는 T사, 배터리는 S사, 차체는 B사가 개발을 하는 컨소시엄을 구성했다고 하면 투자자들은 어떻게 반응을 할까?

객관적으로 검증된 사실로부터 개발할 제품의 객관성을 확보해야 한다.

---

4) 일관성

사업계획서는 자사의 사업이나 제품(서비스)을 설명해주는 잘 짜인 대본과도 같다. 육하원칙을 기본으로 하여 스토리라인(Storyline)을 갖추어서 전체적인 내용이 물이 흐르듯 자연스럽게 구성하는 것이 좋다. 보는 사람이 이해하기 쉽도록 편집방식과 화폐단위 등은 처음부터 끝까지 일관성 있게 통일을 하는 것이 좋다.

5) 정확성

숫자가 들어가는 부분은 자동서식을 이용하거나 반복해서 검증을 할 필요가 있다. 숫자는 사업의 성과를 말해주는 척도가 되기 때문에 틀리면 심사위원이나 투자자들의 신뢰를 잃게 되는 결과를 초래해 애써 작성한 사업계획서가 제 구실을 못할 수도 있다.

6) 인적자원

투자자나 심사위원은 창업기업의 사업계획서를 볼 때 사람을 먼저 보는 것이 일반적이다. 창업기업들은 경영자원이 빈약한 경우가 대부분이므로 내세울 것은 인적자원이다. 따라서 창업멤버들의 경력이나 인지도, 인적네트워크 등을 내세워서 창업아이디어와 제품(서비스) 및 기술의 실현가능성이 높음을 강조하는 것이 좋다.

7) 마케팅전략

시장의 거시적(PEST)분석 3C분석, SWOT분석, STP전략, 4P전략 마케팅 실행계획 등의 내용을 밝혀야 한다.

8) 성장가능성

투자자들은 시장의 성장가능성에 투자를 한다고 봐도 틀린 말이 아닐 것이다. 전체 시장규모와 얼마나 빠르게 성장하는지, 구조적인 매력이 있는지 등을 제시하여야 한다.

9) 수익의 기회

기업의 상장이나 M&A의 가능성이 얼마나 높은지를 제시하고 객관적인 근거가 있으면 제시하도록 한다. 투자금의 회수방안과 배당 계획 등을 사업의 현실을 고려하여 밝히는 것이 좋다.

사업계획서 작성시 주의사항

- 사업비전을 제외하고는 Fact 위주로 간결하고 Compact하게 작성
- 사업비전, 제품소개를 통해서 사업의 핵심에 대해서 이해시키고 긍정적인 인상을 갖도록 하는 것이 중요
- 반드시 쉬운 언어로 표현할 것
- 구체적인 매출처를 명시하고 진행사항을 표시할 것

사업계획서의 구성요소

10.2.1 사업계획서

사업계획서는 기업의 성장 단계에 따라 강조할 사항들이 다르므로 자사가 예비창업단계, 연구개발 단계, 초기양산단계, 사업확장단계 중에서 어느 단계인지에 따라 사업계획서를 작성하는 것이 좋다.

사업계획서를 작성할 때 주의해야 할 사항을 말하자면, 자사 제품(서비스)의 우수성을 강조하기 위해서 자사의 모든 것을 다 담으려고 하는 경우를 종종 접하는데 "모든 것을 다 하고자 하면 모든 것을 다 할 수 없게 된다"라고 말해주고 싶다.

1) 예비창업단계

사업아이디어나 제품(서비스)의 독창성과 차별성, 진보성, 타당성 및 실현가능성에 대해서 밝히고 인적자원의 우수성과 인적네트워크 등을 강조하는 것이 좋다.

2) 연구개발단계

이 단계에서는 예비창업단계에 더해서 제품(서비스)과 기술의 연구개발 상태를 나타내고 실현가능성을 강조하도록 한다.

3) 초기양산단계

개발된 제품(서비스)이 경쟁사의 제품에 비하여 가지는 비교우위 요소로서 차별성과 우수성의 요소인 가격, 기능, 성능, 내구성, 디자인, 편리성 등을 강조하고 시장 진출을 위한 마케팅전략과 양산을 위한 시설투자와 원자재 조달방안 및 자금조달 계획을 부각하여 작성하도록 한다.

4) 사업확장단계

자사의 매출실적과 재무상태, 시장점유율, 매출 성장률, 주요 매출처, 시장의 경쟁
구조와 경쟁자들의 진입장벽 등을 객관화하여 수치로 나타내는 것이 좋다.

⚙ 〈표 10-3〉 기업의 성장에 따르는 사업 단계별 강조점

1. 연구개발 단계	• 인력 구성이 가장 중요한 경쟁력 • 실현 가능성을 근거를 가지고 제시
2. 초기양산 단계	• 개발된 제품의 우수성과 차별성 • 시장 진입을 위한 마케팅 전략 • 시설투자를 위한 자금조달계획
3. 사업확장 단계	• 매출실적, 재무상태, 주요 거래처 • 주요 예상매출 Source, 성장률 • 시장의 경쟁구조, 시장점유율 • 경쟁자의 진입장벽, 경쟁우위 요소

10.2.2 사업계획서의 구성항목

사업계획서는 회사의 개요와 시장분석, 마케팅전략, 경영실적 및 재무계획, 부록
등으로 나누어서 작성을 하면 좋다.

1) 회사개요

개요부분에는 사업의 비전, 제품(서비스)소개, 회사의 연혁, 주요 실적, 조직도, 인
적자원, 자본금, 주주현황 등을 나타낸다.

2) 시장분석

시장의 동향을 분석하여 자사에게 새로운 사업의 기회가 있음을 객관적인 근거를
토대로 해서 주장해야 한다. 고객의 니즈를 분석하여 경쟁자들에 비하여 자사의 제품
이 경쟁력이 있음을 강조한다.

3) 마케팅전략

자사의 핵심역량과 PEST분석, 3C분석, SWOT분석, STP전략, 4P(4C)전략, 시장침투전략, 성장전략 및 주요사업전략 등을 밝힌다.

4) 경영실적 및 재무계획

지난 3년간의 매출 및 영업이익, 향후 3년간 추정재무제표, IPO 추진계획 등과 구체적으로 이익의 실현이 가능함을 보여주어야 한다.

5) 부록

부록에서는 제품의 상세소개, 구성원의 프로필(Profile), 각종 자격, 인증서, 계약서 등 자사의 우수성이나 자격요건을 입증할 자료를 수록한다.

⚙ 〈표 10-4〉 사업계획서의 구성항목

1. 회사 개요	• 사업비전, 제품(사업)소개, 회사연혁, (기술개발 연혁), 실적현황, 경영진 현황, (연구인력 현황), 자본금 및 주주구성, 조직구성
2. 시장분석	• 시장의 개요 및 동향, 사업기회, 제품의 이해, 시장규모 및 성장성, 고객분석, 경쟁분석, 자사분석, SWOT 분석
3. 마케팅 전략	• 핵심역량, STP전략, 4P(4C)전략, 성장전략, 주요 사업전략
4. 경영실적 및 재무계획	• 매출실적, 추정 재무제표, IPO 추진 계획 구체적으로 이익 실현이 가능함을 보여 주어야 함
5. Appendix	• 제품 상세소개, 인력 Profile, 각종 인증서 및 계약서 등 입증자료

10.2.3 사업계획서의 구성요소와 목적

사업계획서의 구성요소에는 회사의 개요, 사업의 개요, 제품(서비스), 시장분석, 개발과 생산 및 운영계획, 판촉전략, 재무계획 등이 있고 각 구성요소별로 전달하고자 하는 목적은 <그림 10-4>와 같다.

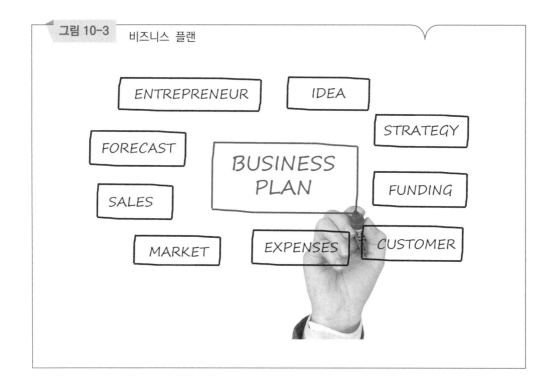

그림 10-3   비즈니스 플랜

1) 회사의 개요

기업의 정보를 객관적으로 계량화하여 제공함으로써 사업계획서를 읽는 주체인 투자자, 공공기관, 금융기관 등과 같은 외부의 이해 당사자들에게 신뢰를 주어야 한다. 개요는 회사를 판단하는 기본적인 근거로 작용하기 때문에 정확한 정보를 전달할 수 있도록 신경을 써야 한다. 또한 사업계획서의 첫인상에 해당되므로 주의해서 작성해야 한다.

2) 사업의 개요

사업에 관한 전반적인 내용을 기술하는 것으로서, 사업 아이템의 개념과 특징을 설명하고, 전체적인 사업의 정보를 일목요연하게 작성하여 사업에 대한 이해를 이끌어 내도록 하여야 하며, 간결하고 명료하게 작성하는 것이 좋다.

3) 제품(서비스)

자사의 제품(서비스)에 대한 내용을 기술한다. 제품과 기술의 개념 등을 중심으로 상세한 정보를 제공하여야 한다. 이때, 기술의 유출이 우려된다면 주의를 해서 핵심기술을 보호할 필요가 있다. 다만 사업계획서에는 제품의 상세도면이나 소프트웨어 및 매뉴얼 등 상세한 내용이 들어가지 않으므로 지나친 우려를 할 필요는 없다.

사업계획 발표를 보고 유출될 정도의 기술이라면 이미 널리 알려졌거나 단순한 아이디어일 것이다. 사업계획서를 보고 모든 것을 파악할 수 있는 수준의 전문가라면 직업 윤리상 쉽게 유출은 하지 않을 것이다.

4) 시장분석

시장분석은 타깃 시장에 관한 내용을 기술하며 PEST분석과 3C분석 및 SWOT분석 등을 중심으로 시장의 과거와 현재 현황을 분석하여 시장의 성장가능성을 제시함으로써 자사의 시장에 대한 통찰력을 어필하여 투자자나 외부기관들의 관심을 끌도록 하여야 한다.

5) 개발과 생산 및 운영계획

개발한 제품(서비스)의 생산 및 운영 계획을 기술하여 6하원칙에 의거하여 제품을 누가 언제 어디에서 어떻게 얼마나 생산하고 효율적으로 운영할 것인가에 대한 전반적인 계획을 설명하여 자사의 매력을 부각하여야 한다.

6) 판매촉진전략

생산된 제품(서비스)의 판매 계획과 판매촉진 전략을 간결하고 객관적이고 계량화된 근거를 들어 설명하여야 한다. 목표 시장과 구체적인 마케팅 전략에 관한 정보를 기술하여 성장가능성과 수익성을 나타내야 한다.

다수의 창업기업들이 성장전략을 수립하는 데 사용하는 근거가 "전체시장의 5%를 점유하는 것을 가정으로 하여 수립했다"는 식이다. 5%로 설정한 근거를 물으면 명확한 대답을 하지 못한다. 이것은 단순히 자기의 생각일 뿐이므로 신뢰를 떨어트리는 결과를 초래할 수 있다.

시장점유 목표는 자사가 보유한 자금, 생산설비, 생산능력, 시장에서 고객의 니즈, 자사 상품의 고객반응, 원자재 조달능력, 판매조직, 유통망, 판매능력, 인적네트워크 등을 객관적인 방법으로 수치화 하고 계량해서 계산을 통해 설정해야 한다.

그리고 취약한 부분이 있어서 문제 발생의 가능성이 있다면 미리 밝혀서 도움을 받을 수도 있으며 오히려 신뢰를 상승시킬 수도 있다.

7) 재무계획

사업자금에 관한 내용을 기술한다. 필요한 자금의 액수와 시기, 조달방법, 상환시기와 방법에 대한 정보를 담아야 한다.

⚙️ 〈표 10-5〉 사업계획서의 구성요소와 목적

1. 회사의 개요	• 운영하고자 하는 회사에 관한 객관적인 정보를 제공하는 것 • 투자자, 정부기관, 금융기관 등과 같은 외부 이해 당사자들이 회사에 대한 정확한 정보를 갖게 하는 데 목적이 있음
2. 사업의 개요	• 사업에 관한 전반적인 내용을 기술하는 것 • 사업 아이템의 개념과 특징을 설명하고 사업의 전체 개요에 대한 정보를 제공하는 데 목적이 있음
3. 제품(서비스)	• 사업하고자 하는 제품과 서비스에 대한 내용을 기술하는 것 • 제품과 서비스의 개념과 기술 등을 중심으로 제품과 서비스의 상세 정보를 제공하는 데 목적이 있음
4. 시장분석	• 사업 아이템을 판매하고자 하는 시장에 관한 내용을 기술하는 것 • 시장과 고객, 경쟁사 및 자사역량 등에 관한 분석을 중심으로 시장의 현황을 설명하는 데 목적이 있음
5. 개발과 생산 및 운영계획	• 개발한 제품과 서비스의 생산 및 운영 계획을 기술하는 것 • 제품과 서비스를 얼마나, 어떻게 생산하고 효율적으로 운영할 것인가에 대한 전반적인 개요를 설명하는 데 목적이 있음.
6. 판촉전략	• 생산한 제품과 서비스의 판매 계획을 수립하는 것 • 제품과 서비스의 판매를 위한 목표 시장과 구체적인 마케팅 전략에 관한 정보를 기술하는 데 목적이 있음
7. 재무계획	• 사업을 위해 필요한 자금에 관한 내용을 기술하는 것 • 필요한 자금이 얼마인지, 어떻게 조달할 것인지, 언제 얼마만큼의 금액을 상환해야 할지에 대한 정보를 제공하는 데 목적이 있음

10.2.4 사업계획서 작성 체크포인트(Check Point)

1) 핵심 내용 중심으로 작성하라

① 사업 계획서에 너무 많은 내용을 담거나 너무 자세하게 작성하면 보고서를 읽는 사람이 지루함을 느끼게 될 것이고 지루함은 주의가 산만해져 이해도를 떨어트리게 되므로 주의해야 한다.

② 창업아이템의 필요성, 경쟁 제품과의 차별성, 시장성 및 수익성 등을 중심으로 간단명료하게 설명해야 한다.

2) 논리성과 객관성을 확보하라

① 사업계획서는 타인을 설득하기 위한 보고서이기 때문에 논리성과 객관성을 갖추어야 한다.

② 추상적인 개념은 가급적 피하고 실제 데이터를 기반으로 하여 작성하여야 신뢰를 확보할 수 있다.

3) 잠재시장과 수익성을 제시하라.

① 시장 분석을 통하여 잠재적인 시장의 존재와 성장 가능성을 부각시켜야 한다.

② 잠재적인 수익모델과 수익성을 통하여 왜 투자를 해야 하는지에 대한 이유를 소개할 필요가 있다.

4) 사업 모델을 명확하게 제시하라

① 무슨 사업을 어떻게 수행해서 얼마만큼의 수익을 창출할 것인지에 대한 방법을 명확하게 제시해야 한다.

② 특히 IT와 기술 창업의 경우는 사업하는 방식이 이해하기가 힘들기 때문에 사업 모델을 명확하게 제시할 필요가 있다.

5) 현실적인 자금 조달 및 운용을 계획하라

① 사업 운영에 있어 필요한 자금을 정확하게 산정하고, 구체적인 자금 조달 방안

및 계획을 수립해야 한다. 이때 견적서 등을 첨부하면 신뢰도는 올라간다.

② 창업자가 현실적으로 조달 가능한 자기자본을 기술할 필요가 있다.

6) 예상되는 문제점과 극복 방안을 기술하라

① 사업계획서가 너무 긍정적인 내용으로 일관되게 작성되면, 장미 빛으로만 보여 설득력이 떨어진다.

② 사업을 추진하는 과정에서 발생할 수 있는 문제점과 극복 방안을 제시하여 설득력을 높일 필요가 있다.

7) 독창성을 가져라

① 사업계획서의 가장 중요한 목적 중 하나는 투자를 유치하는 것이기 때문에 진부한 사업계획서는 설득력이 떨어진다.

② 창업 아이템, 창업자 능력, 창업 팀, 사업 내용의 독창성이 드러나도록 작성할 필요가 있다.

8) 전문적인 용어의 사용을 자제하라

① 사업계획서를 읽는 제3자의 경우 해당 분야에 대한 전문가가 아닌 경우가 많기 때문에 전문용어 사용을 자제해야 한다.

② 전문적인 내용은 최대한 쉽게 작성하여 이해하기 용이하도록 하는 것이 좋다.

9) 객관적인 사실을 과장하거나 숫자를 부풀려서는 안 된다

① 투자를 받기위해서 무리하게 재무제표를 부풀리거나 과장되게 쓰는 것은 금물이다.

② 장점만 작성하는 것보다는 약점도 인정하고 어떻게 극복할 것인지를 제시할 필요가 있다.

10) 지속적으로 수정 보완하라

① 사업계획서 작성은 한 번에 끝나는 것이 아니라 지속적으로 수정과 보완을 해야 한다.

② 잠재된 문제점과 향후 발생 가능한 위험 요소를 분석하고 대응 방안 수립할 필요가 있다.

⚙️ 〈표 10-6〉 사업계획서작성 체크포인트(Check Point)

1) 핵심 내용 중심으로 작성하라
2) 논리성과 객관성을 확보하라
3) 잠재시장과 수익성을 제시하라
4) 사업 모델을 명확하게 제시하라
5) 현실적인 자금 조달 및 운용을 계획하라
6) 예상되는 문제점과 극복 방안을 기술하라
7) 독창성을 가져라
8) 전문적인 용어의 사용을 자제하라
9) 과장하거나 숫자를 부풀려서는 안 된다.
10) 지속적으로 수정 보완하라

부록

사업계획서
표준양식 및
각종서식(사례)

사업계획서 표준양식(중소기업청, 2018)

사 업 계 획 서

0000. 00.

회 사 명   ○ ○ 산 업
대 표 자   ○ ○ ○

1. 사업개요

가. 사업목적

일반적으로 칫솔은 치아 및 구강의 위생을 위하여 사용하는 것으로 여러 가지 형태와 종류가 있다. 현재 유통되고 있는 칫솔은 칫솔모가 대부분 합성수지로 되어있어 칫솔에 의해 치아 또는 잇몸이 상하여 치주질환이나 잇몸질환의 원인이 되고 있다. 이에 당사에서는 세척홈을 가지는 칫솔을 개발함에 따라 양치시 세척부에 치아가 삽입될 수 있는 세척홈이 형성됨으로써 치아의 안쪽까지 닦을 수 있으며, 치아의 손상 또한 줄일 수 있고, 잇몸질환의 예방과 치료까지 효과가 있으리라고 본다.

나. 사업의 기대효과

구분	창업 1차년도	창업 2차년도	창업 3차년도	비 고
① 고용효과	40명	55명	70명	
② 소득증대효과	650,000 천원	823,000 천원	1,056,000 천원	

③ 지방부존자원 활용효과: 인근지역 제품사양 및 인근 관련업체들과 상호교류를 통하여 지방부존자원의 활용효과를 높인다.

④ 수출증대효과: 품질이 우수한 제품생산으로 국가경쟁력 강화를 통하여 간접적으로나마 기여할 수 있을 것으로 사료됨.

⑤ 기 타: 국가와 지역사회 발전에 이바지하며, 지방세수에 기여코자 함.

다. 투자계획

(단위:천원)

구분	2005년	2006년	2007년	2008년	계
대지구입비	550,000				550,000
공장건축비	450,000	630,000			1,080,000
기계시설비	200,000				200,000
기타공사비	50,000				50,000
운 전 자 금	250,000				150,000
계	1,500,000	630,000			2,130,000

2. 생산제품 소개

구분	제품명	표준산업 분류번호 (5단위)	규격	환경오염 배출시설 설치대상 업종여부
① 주 생 산 품	칫솔	36995		
② 기타 생산품				

제품설명

◑ 제 품 명: 칫솔
◑ 주 용 도: 치아 및 잇몸의 세척
◑ 주 원 료: 플라스틱 칩(PLASTIC CHIP), 실리콘
◑ 시 장 성: 당사 제품은 현재 시중에 유통되고 있는 칫솔의 결점을 보완하기 위하여 칫솔모(세척부)를 부드러운 재질로 형성하고, 상기 세척부에 치아가 삽입될 수 있는 세척홈을 만들어 양치시 양쪽면을 동시에 닦을 수 있도록 함과 아울러 치아손상을 막고 잇몸질환을 예방, 치료할 수 있다. 현재 국내 칫솔시장은 대기업이 주도하고 있으나, 생산은 대부분 중소기업에서 이루어지고 있는 실정이다. 또한 당사는 칫솔생산과 관련하여 기술적인 문제는 전혀 없으며, 마케팅 기법 및 신기술 도입 등 기존제품과의 차별화를 통해 경쟁력 확보에 큰 어려움은 없을 것으로 사료된다.

3. 사업계획 승인 전후 제품별생산액 비교

기존 사업계획 승인공장을 인수하여 창업하는 경우와 일반중소기업자들의 공장신설, 증설 및 이전시에만 기재

(단위: 백만원)

구분	업종별	표준산업분류 (세 분 류)	생산액	
			승인 전	승인 후
기 존 업 종	【해당 없음】			
	소 계			( )
신 규 업 종				
	소 계			( )
합 계			(100.00 %)	

주) 1) 한국표준산업분류중 세분류(4단위)별로 구분
　　2) 기존사업계획 승인업체의 최종년도와 사업계획 승인후 정상가동시 생산액을 1개년 기준으로 기재할 것.
　　3) (　　) 내는 구성비

<참 고>

• 기존시설 보유현황 및 신규시설 설치계획

구 분	기존시설 보유현황		신규시설 설치계획	
	단 위	수 량	단 위	수 량
① 대 지	㎡		㎡	18,490
② 공 장	㎡		㎡	3,980.0
③ 기계설비	대		대	별 첨
④ 기 타				
계				

4. 용도지역변경 대상품목 확인

【당해 용도지역에 가능함】

용도지역명	국토의 계획 및 이용에 관한 법률	관리지역, 농림지역	지 목 (다수인 경우 열거)	임, 구, 답, 전
용도 변경 해당 업종	① 동지역 원자재 활용		지 역 명	당사인근지역
			원 자 재	플라스틱 칩, 실리콘
	② 기존공장 생산제품 (부산물 활용)		기존공장명	
			생산 제품	
	③ 창업공장 생산제품을 필요로 하는 경우		기존공장명	
			생산 제품	
	④ 기타 승인권자가 지역특성등을 감안, 창업입지를 허용할 필요가 있는 경우		산업분류표	
			업 종	

5. 공장설립 및 시설설치계획

구　　　분	2005년	2006년	2007년	2008년	계
① 설 계 용 역	1식				1식
② 부　　　　　지	18,490㎡	㎡	㎡	㎡	18,490㎡
③ 조 성 공 사	19,996㎡	㎡	㎡	㎡	19,996㎡
④ 공장 건물 건축	1,600㎡	1,100㎡	㎡	㎡	2,700㎡
⑤ 기 계 설 비	1식				1식
⑥ 부 대 건 물	1,280㎡	㎡	㎡	㎡	1,280㎡
－ 사 무 실	640㎡	㎡	㎡	㎡	640㎡
－ 실 험 실	㎡	㎡	㎡	㎡	㎡
－ 창　　　고	640㎡	㎡	㎡	㎡	640㎡
－ 식　　　당	㎡	㎡	㎡	㎡	㎡
－ 기 숙 사	㎡	㎡	㎡	㎡	㎡
－ 기　　　타	㎡	㎡	㎡	㎡	㎡
⑦ 수 배 전 시 설	150kw/일				150kw/일
⑧ 용 수 시 설	3톤/일 (생활용수)				3톤/일
⑨ 폐수 처리 시설	톤/일				
⑩ 기　　　　　타	담장, 통신, 정화조, 녹지시설 등				
합　　　계					

주) 부지 및 건축면적은 연면적으로 기재

6. 사업계획승인으로 의제처리되는 인·허가관련 기재사항

가. 중소기업창업지원법 제22조제1항 관련기재 사항

인·허가 절차명	인·허가받고자 하는 내용	구 비 서 류
1. 공장설립등의 승인 (공업배치및공장설립에 관한법률 제13조제1항)	• 공장용지면적: 18,490㎡ • 공장건축면적: 3,980㎡ • 제조시설면적: 2,700㎡ • 부대시설면적: 1,280㎡ • 환경시설면적: – ㎡ ※ 신청 기준공장면적률: 21.53% ※ 법적 기준공장면적률: 20.00%	• 배출시설(기계시설) 명세서 • 생산공정도
2. 사방지내의 벌채등의 허가 (사방사업법 제14조)	【해당없음】 • 허가의 종류: • 허가받고자 하는 면적: ㎡ • 수량:	
3. 사방지 지정의 해제 (사방사업법 제20조)	【해당없음】 • 지정되어 있는 면적: ㎡ • 해제받고자 하는 면적: ㎡	• 임야도
4. 공유수면의 점·사용의 허가 및 실시계획의 인 가 또는 신고 (공유수면관리법 제5조 및 제8조)	【해당없음】 • 점·사용의 위치: • 점·사용의 목적: • 점용면적: ㎡ • 공작물의 설치사항 – 공작물의 종류: – 규모(길이, 너비): • 토석 등 채취(투기) 및 물의 인수사항 – 토석 등 채취(투기) 방법: – 공업용수인 경우 물의 인수량: • 공사 착공일: • 준공 예정일: • 점·사용기간:	• 점용계획서 • 공작물설치 계획서
5. 공유수면매립의 면허 (공유수면매립법 제9조)	【해당없음】 • 매립장소: • 매립면적: ㎡ • 착공기간: • 준공기간:	• 매립계획서, 수리계산서 (하천의 경우)

인·허가 절차명	인·허가받고자 하는 내용	구비서류
6. 하천공사의 시행허가 (하천법 제30조)	【해당없음】 • 하천의 명칭: • 위　　치: • 점용면적:　　　　　m² • 폐천예상면적:　　　　m² • 공사기간:	• 수리계산서(제방신축공사에 한함), 표준단면도, 설계서
7. 하천점용 등의 허가 (하천법 제33조)	【해당없음】	
㉠ 유수사용	• 하천명: • 사용위치: • 사용면적:　　　　　m² • 하천점용면적:　　　　m² • 사용의 시기: • 하천점용기간: • 공사기간:	• 위치도(축적1/25,000) • 설계서및도면(축적1/3,000 ~ 1/6,000)의 평면도·구 적도 및 지적도 포함) • 이해관계인의 동의서
㉡ 토지의 점용 하천 부속물 점용	• 하천명: • 점용위치: • 점용면적:　　　　　m² • 점용목적: • 점용기간:	• 위치도(축적1/25,000) • 평면도(축적1/3,000 ~ 1/6,000) • 이해관계인의 동의서
㉢ 공작물의 신축(개축, 변경, 제거)	• 하천명: • 점용위치: • 점용면적:　　　　　m² • 점용기간: • 공사기간:	• 위치도(축적1/25,000) • 수리계산서 • 표준 구조물도 • 개략공사비 산출서 • 이해관계인의 동의서 • 실시계획설명서·공사비 계 산서 및 지질 조사서(댐설 치의 경우)
㉣ 토지의 굴착(성토· 절토·형상 변경)	• 하천명: • 위　　치: • 시행지 면적:　　　　m² • 점용기간: • 공사기간:	• 위치도(축적1/25,000) • 공사설명서 • 이해관계인의 동의서

인·허가 절차명	인·허가받고자 하는 내용	구 비 서 류
⑩ 토석(사력, 하천 산출물 채취허가)	• 하 천 명: • 위 치: • 채취장소: • 종류 및 수량: • 채취면적: ㎡ • 채취기간:	• 위치도(축적1/25,000) • 종단도 및 횡단도 • 재취량산출서 • 이해관계인의 동의서
8. 보전임지의 전용허가 (산림법 제18조)	• 산림소재지: 경주시 안강읍 근계리 산 13-4번지 • 보전임지의 면적: 12,000㎡ • 전용신청면적: 6,198㎡ • 산림의 형질변경면적: 6,198㎡ • 벌채구역면적: ㎡ • 벌채수종 및 본수, 재적:	• 전용구역 실측도, 산림의 형질변경 또는 벌채구역도
9. 벌채의 허가와 신고 (산지관리법 제14조)	• 산림소재지: 경주시 안강읍 근계리 산 13-4번지 • 산림형질변경 구역면적: 12,292㎡ • 입목벌채 수종 및 수량 • 형질변경(채취)기간: 2005. 2. 25 ~ 2009. 2. 25 • 형질변경(벌채) 방법: 장비 및 인력	• 형질변경임지실측도 1부 (단, 대한지적공사 또는 측량법에 의한 측량업의 등록을 한 자가 측량한 것에 한함)
10. 사도의 개설허가 (사도법 제4조)	• 구 간: 경주시 안강읍 근계리 432번지 외 6필 • 연 장: L=160.0m • 폭 원: B=8.0m	
11. 도시계획구역내의 토지의 형질변경 또는 토지 분할의 허가(도시계획법 제4조)		• 토지합필신청서 (분할 후 합필하는 경우에 한함)
㉠ 도시계획구역 내의 토지 분할인 경우	• 종전토지면적: ㎡ • 용 도 지 역: • 분할토지면적: ㎡	
㉡ 도시계획구역 내의 토지형질변경(토석채취·죽목벌채·죽목재식 포함)인 경우	• 토지형질변경면: 19,996㎡ • 토석채취면적 및 수량: ㎡ • 죽목벌채수종 및 나무수 • 죽목재식수종 및 나무수	

인·허가 절차명	인·허가받고자 하는 내용	구 비 서 류
12. 도시계획시행자지정 및 실시계획의 인가 (도시계획법 제23조 제5항 및 제25조)	【해당없음】 • 사업의 종류 및 명칭: • 면　　적:　　　　㎡ • 사업 착수일: • 준공 예정일:	• 공사설계도서
13. 국토이용계획의 변경 결정(국토이용관리법 제8조)	【해당없음】 • 국토이용계획상 용도지역과 그 면적: • 지적공부상 지목: • 제품의 주원료: • 원료생산지명 및 공장과의 운반거리: • 기존공장의 업종 및 배출시설의 종류:	• 공장설치예정지의 편입토지 조서 지형도 (1/25,000 이상)
14. 토지거래 계약허가 (국토이용관리법 제21 조의3)	【해당없음】 • 토지의 소재지·지목·면적·용도지구 이용현황 및 권리설정 현황: • 토지에 있는 공작물 등에 관한 사항: • 이전 또는 설정하고자 하는 권리의 종류: • 계약 예정금액:	• 토지의 이용계약서, 토지등 기부등본 별도첨부
15. 농지의 전용허가 (농지법 제36조)	• 신청지 소재지: 경주 안강읍 근계리 432 번지외 5필 • 전용 신청면적:　　1,094㎡ • 용도변경 신청면적(㎡) 및 용도: 중소기업창업사업계획승인신청	
16. 초지의 전용허가 (초지법 제23조)	【해당없음】 • 초지 소재지: • 초지 이용현황: • 전용 계획면적:　　　　㎡	• 전용예정구역이 표시된 지 적도·임야도 및 지형도, 전 용대상 초지의 현장상황에 대한 근경 및 원경사진 • 피해방지계획서(인근조치 또는 농지에 피해를 가져올 우려가 있는 시설을 하는 경우에 한함) • 잔여초지 활용계획서(초지 의 일부만을 전용하는 경우 에 한함)

인·허가 절차명	인·허가받고자 하는 내용	구 비 서 류
17. 무연고분묘개장의 허가 (매장 및 묘지 등에 관한 법률 제16조 제2항)	【해당없음】 • 분묘의 소재지: • 분묘의 묘수:	• 분묘의 사진
18. 국유재산의 사용·수익 허가 (국유재산법 제24조)	【해당없음】 • 국유재산 소재지: • 국유재산의 종류: • 지번, 지목, 지적: <table><tr><td>지 번</td><td>지목</td><td>지적(㎡)</td><td>신청면적</td></tr><tr><td></td><td></td><td></td><td></td></tr><tr><td></td><td></td><td></td><td></td></tr></table>	
19. 도로·하천·구거 및 제방의 용도폐지 (국유재산법 제30조)	【해당없음】 • 재산 소재지: – 지 번: – 지 목: – 지 적:	
20. 도로점용의 허가 (도로법 제40조 제1항)	【해당없음】 • 도로의 종류 – 노 선 명: – 노선번호: • 점용장소: • 점용면적: ㎡ • 점용기간: • 공작물(시설)의 구조: • 공사시설의 방법: • 공사시기: • 도로의 복구방법: • 도로굴착시 흙, 먼지가 날아퍼짐을 막는 방법:	• 설계도, 도로점용에 관한 사업계획서(도로굴착의 경우에 한한다)

환 경 성 검 토 자 료

1. 사업장 개요

신청인	상호(사업장명칭)	에스비테크(주)		
	성 명(대 표 자)	인 완 조	법인등록번호	171711-0059674
	주 소	포항시 남구 대도동 5-17 203호		
사 업 장 소 재 지		경주시 안강읍 근계리 산13-4번지외 7필		
업 종		비 및 솔 제조업(36995)		

건축연면적 / 부지면적	:	3,980.0 / 18,490	21.53 %
용 도 지 역	:	관리지역, 농림지역	

2. 원료(부원료포함)사용량 및 제품생산량

(단위/월)

원료(부원료)	사용량	제 품 명	생산량
플라스틱 칩 실 리 콘	40 톤/월 30 톤/월	칫솔	4,000,000 EA/월

3. 용수 및 연료사용량

(단위/일)

용수		연 료					
공업용수	생활용수	경유	방카A유	방카C유	L.P.G	전기	기타
–	3 톤/일 (지하수)	–	–	–	–	150 kw/일	–

4. 제품 생산 공정도

공 정 도	공 정 설 명
원 료 입 고	• 원료인 플라스틱 칩, 실리콘을 입고한다.
↓	
원 료 투 입	• 입고한 원료를 투입한다.
↓	
1차가공(성형)	• 투입된 제료를 1차가공 성형한다.
↓	
2차가공(조립)	• 1차가공이 완료된 재료를 2차가공 조립한다.
↓	
검 사	• 조립이 완료된 제품을 이상이 없는지 검사한다.
↓	
포 장	• 검사가 완료된 제품을 포장한다.
↓	
납 품	• 포장이 끝나면 납품한다.

※ 일일조업 예정시간과 연간가동 예정임: 시간/일, 일/년

5. 기계 및 시설의 세부설치내역

시 설 명 (규 격)	연료사용량	용수사용량	용량(부피,마력)	수 량
자동 성형기			13.5 HP	1
사출 성형기			5.5 HP	2
분 쇄 기			2 HP	1
절 단 기			2 HP	1
콤 퓨 레 샤			3 HP	1
진공성형기			3 HP	1

※ 각 시설의 연료사용량 및 용수사용량은 시설 최대 용량을 기재한다.

6. 주변 환경 조사

- 상 수 원: 주변에 상수원 보호구역은 없음.

- 학   교: 주변에는 학교가 없음.

- 도   로: 당 공장 부지와 − m 도로가 접해 있음.

- 문 화 재: 주위에는 문화재가 없음.

- 공 공 시 설: 공공시설은 없음.

7. 기 타 의 견

농지전용		■ 허 가 □ 변경허가	신청서	처 리 기 간
				시·군·구: 12일
				시 · 도: 22일
				농 림 부: 35일

① 신 청 인	성 명(명칭)	에스비테크(주) 인 완 조	주민등록번호 (법인등록번호)	171711-0059674	
	주 소	포항시 남구 대도동 5-17 203호			
② 전용하고자 하는 농지	소 재 지	경주시 안강읍 근계리 432번지외 5필			
	구 분	계(㎡)	답	전	농지개량시설부지
	농업진흥구역	1,094	344	750	–
	농업보호구역	–	–	–	–
	농업진흥지역밖	–	–	–	–
	계	1,094	–	–	–
③ 사업예정부지 총 면적(비농지포함)	19,996 ㎡		(농업진흥지역: 1,094㎡)		
④ 사 업 기 간	착공예정일: 2005년 2월 25일		준공예정일: 2009년 2월 25일		
⑤ 전 용 목 적	중소기업창업사업계획승인신청				

농지법 제36조제1항 규정에 의하여 위와 같이 농지전용의 허가(변경허가)를 신청합니다.

2005년   월   일

신청인   회사명: 에스비테크(주)
대표자: 인 완 조 (인)

농 림 부 장 관
시 · 도 지 사   귀하
시장·군수·자치구청장

※ 구비서류	수 수 료
1. 전용목적, 사업시행자 및 시행기간, 시설물배치도, 소요자금 조달방안, 시설 물관리·운영계획, 대기환경보전법시행령 별표1 및 수질환경보전법시행령 별표1에 의한 사업장규모등을 명시한 사업계획서	농지법시행령 제75조의 규정에 의함

2. 전용하고자 하는 농지의 소유권을 입증하는 서류 또는 사용권을 가지고 있음을 입증하는 서류(사용
   승낙서 또는 사용승낙의 뜻이 기재된 매매계약서 등)
3. 전용하고자 하는 농지에 대하여 전용예정구역이 표시된 지적도등본 또는 임야도등본과 지형도(당해
   농지의 전용허가에 관한 권한이 영 제72조제2항의 규정에 의하여 시장·군수 또는 자치구구청장에
   게 위임된 경우에는 지형도를 생략할 수 있음)
4. 당해 농지의 전용이 농지개량시설 또는 도로의 폐지 및 변경이나 토사의 유출·폐수의 배출 또는
   악취의 발생 등을 수반하여 인근 농지의 농업경영과 농어촌생활환경의 유지에 피해가 예상되는 경
   우에는 대체시설의 설치 등 피해방지계획서
5. 변경내용을 증명할 수 있는 서류를 포함한 변경사유서 및 허가증(변경허가 신청에 한함)

※ 전용하고자 하는 농지의 명세는 뒤쪽에 기재하여 주시기 바랍니다.

전용신청농지명세서

소 재 지			지 번	지 목	면 적 (㎡)	진흥지역 용도구분	전용면적 (㎡)	주 재 배 작 물 명
시·군	읍·면	리·동						
경 주	안 강	근 계	432	답	1,812	농업진흥구역	344	전작물
			433	전	823	〃	313	〃
			436-1	전	4,093	〃	126	〃
			436-2	전	1,762	〃	102	〃
			437	전	2,142	〃	101	〃
			430	전	1,934	〃	108	〃
			합 계		12,566		1,094	

농지전용피해방지계획서

□ 전용농지: 경주시 안강읍 근계리 432번지 외 5필
□ 전용목적: 창업사업계획승인신청(전용면적: 1,094㎡)
□ 피해방지계획:

   가. 농지개량시설 및 도로폐지(변경) 등의 대책

      동 사업으로 인하여는 농지개량시설은 전혀 수반되지 아니하며, 도로폐지(변
      경)가 발생하나 주민들의 불편사항은 전혀 없으므로 별도의 대책이 불필요함.

   나. 성토·절토·채굴 등으로 토사유출·매몰 등의 대책

      신청지는 전반적으로 평탄하여 기반조성공사를 하더라도 토사가 외부로 유출
      될 우려는 없으나, 집중호우 등으로 인한 토사유출에 대비하여 경계부분에서
      는 휀스 등을 설치할 것이며, 한편 인접토지를 감안하여 현재 지반상태에 콘크
      리트 포장시설을 하도록 하겠음.

   다. 잔여농지(인근농지) 잠식방지를 위한 경계시설 등 대책

      신청농지를 전용한후 확정측량을 실시하여 경계부분을 명확히(경계지점 휀스설
      치) 하겠으며, 향후 잔여농지 및 인근농지를 불법 잠식하는 일이 발생하지 않
      도록 하겠음.

   라. 폐수·악취·분진·매연·가스·소음 등으로 인한 농경지 오염대책

      당 회사의 업종은 공업용수를 사용하지 않으며 폐수배출시설을 설치하지 않으
      므로 농경지를 오염시킬 우려는 없으나, 생활용수는 관련법에 의하여 시설을
      갖추고사업시행을 할 것임.

   마. 배수·일조·통풍·통작(농로) 등 대책

      신청지 인근에는 도로개설로 인하여 배수·일조·통풍·통작의 장애를 입을 만
      한 농업용시설이나, 농작물이 재배하지 않고 있으므로 별도의 대책이 불필요함.

   바. 기타 민원 등의 대책

      농지전용으로 인해 민원이 야기될 시는 당사에서 책임처리 후 사업시행 하겠음.

위와 같이 피해방지계획서를 제출하며 사업시행으로 인한 피해발생시에는 당사에서
책임 처리하겠습니다.

경주시장 귀하

개발행위허가신청서			처리기간
□공작물설치　■토지형질변경　□토석채취 □토지분할　　□물건적치			15일

신청인	성　명 (법인명)	에스비테크(주) 인 완 조	주민등록번호 (법인등록번호)	171711-0******
	주　소	포항시 남구 대도동 5-17 203호		

허 가 신 청 사 항

위 치 (지 번)			경주시 안강읍 근계리 산13-4번지외 7필	지　목	임, 구, 답, 전
용 도 지 역			관리지역, 농림지역	용도지구	

신청내용	공작물설치	신 청 면 적		중　량	
		공작물구조		부　피	
	형질변경	토지현황	경 사 도	토　질	
			토석매장량		
		죽목재식 현　황	주 요 수 종		
			임 목 지　○	무임목지	
		신 청 면 적	19,996㎡		
		죽 목 벌 채	수　종	나 무 수	그루
	토 석 채 취	신 청 면 적	㎡	부　피	
	토 지 분 할	종 전 면 적		분할면적	
	물 건 적 치	중　량		부　피	
		품　명		평균적치량	
		적 치 기 간	년　월　일부터　년　월　일까지 (개월간)		

개 발 행 위 목 적		중소기업의 공장부지 조성		
사 업 기 간	착　공	2005년 2월 25일	준　공	2009년 2월 25일

국토의계획및이용에관한법률 제57조 제1항의 규정에 의하여 위와 같이 신청합니다.

2005년　월　일

신청인 에스비테크(주) 인완조 (서명 또는 인)

경 주 시 장 귀하

산지전용허가신청서				처리기간		
				7일		
신 청 인	① 성명	에스비테크(주) 인 완 조	② 법인등록번호	171711-0******		
	③ 주소	포항시 남구 대도동 5-17 203호 (전화·휴대폰: 054-274-6929), (전자우편주소: 790-821)				
산 지 소 유 자	④ 당해 산지에 대한 권리관계					
	⑤ 성명	별첨	⑥주민등록번호			
	⑦ 주소	별첨	(전화:)			

산지내역	⑧ 소재지	⑨ 지목	⑩ 지적	⑪전용신청면적		
				계	보전산지	준보전산지
	경주시 안강읍 근계리 산13-4번지	임	28,165㎡	18,490㎡	6,198㎡	12,292㎡

부산물 생 산	⑫ 벌채수종 및 수량			⑬ 굴취수종 및 수량			⑭석재 및 토사
	수종	본수	재적	수종	본수	재적	수 량
		본	㎥		본	㎥	㎥

⑮ 전용목적	중소기업 공장부지 조성	⑯ 전용기간	2005. 2. ~ 2009. 2. 25

산지관리법 제14조제1항 및 동법시행규칙 제10조제1항의 규정에 따라 위와 같이 산지전용허가를 신청합니다.

2005 년   월   일

신청인 에스비테크(주) 인완조 (서명 또는 인)

산림청장, 임업연구원장, 국립수목원장
지방산림관리청장, 지방산림관리청국유림관리소장   귀하
특별시장·광역시장·도지사, 시장·군수·구청장

※ 구비서류

	수 수 료
1. 사업계획서(산지전용의 목적, 사업기간, 산지전용을 하고자 하는 산지의 이용계획, 토사처리계획 및 피해방지계획 등이 포함되어 야 합니다) 1부	산지관리법시행령 제51조제 1항에서 정하는 수수료

2. 산지전용을 하고자 하는 산지의 지번·지목·면적·소유자 등이 표시된 산지내역서 1부
3. 산지전용을 하고자 하는 산지의 소유권 또는 사용·수익권을 증명할 수 있는 서류 1부
4. 산지전용예정지가 표시된 임야도 사본 및 축척 2만5천분의 1 이상의 지형도 각 1부
5. 지적법 제41조의 규정에 따라 지적측량을 주된 업무로 하여 설립된 비영리법인 또는 측량법 제2조제10호의 규정에 의한 측량업자가 측량한 축척 6천분의 1 내지 1천200분의 1의 산지전용예정지실측도 1부
6. 산림법시행령 제15조제1항의 규정에 의한 영림기술자가 조사·작성한 입목축적조사서 1부
7. 복구대상산지의 종단도 및 횡단도와 복구방법이 포함된 복구계획서 1부(복구하여야 할 산지가 있는 경우에 한합니다)

210mm×297mm(일반용지60g/㎡(재활용품))

산지전용허가신청지번별조서

소재지	지번	지목	지적(㎡)	신 청 면 적(㎡)			소 유 자	
				계	공장용지	진입도로	성 명	주민등록번호
경주시	산13-4	임	28,165	18,490	18,490	–	도연이	460720-2******
안강읍								
근계리								
	합 계		28,165	18,490	18,490	–		

2 주요 개별 인·허가 사항들의 작성방법

창업사업계획승인신청서 작성시 의제 처리되는 주요개별 법령에 의한 인·허가 사항분야의 작성방법은 다음과 같다.

1. 농지전용허가, 협의(농지법 제36조)

농지전용협의는 농지가 법적 지목여하에 불구하고 실제의 토지현상이 농경지 또는 다년생 식물재배지로 이용되는 토지와 그 개량시설(지소, 양·배수시설, 수로, 농로, 제방 및 농지의 보전이나 이용에 필요한 시설)의 부지를 공장으로 전용할 때 시행되는 허가 및 협의를 말한다.

농지의 전용허가는 농지의 형질을 변경하거나 농지의 이용에 장애가 되는 시설 또는, 구조물의 설치 등으로 농지를 농작물 경작 또는 다년생 식물재배 이외의 목적에 사용하는 것을 농지전용허가라 하며 공장설립을 의한 공장부지의 조성으로 인해 농지의 전용이 필요 할 경우에는 사전에 시장, 군수, 구청장에게 협의서를 제출하고 경우에 따라서는 시·도지사 또는 농림수산부장관에게 농지전용에 대한 협의를 받아야 한다.

2. 초지전용허가

초지 전용허가는 초지가 다년생 개량목초의 재배에 이용되는 토지 및 사료 작물 재배지와 목도, 축사 및 부대시설을 위한 토지이며, 초지의 전용허가는 초지 법규정에 의하여 조성된 초지의 형질을 변경하거나 초지의 이용에 장애가 되는 시설 또는 구조물을 설치하여 초지 외의 목적에 사용하는 것을 초지 의전용이라 하며 공장설립으로 인해 초지의 전용이 필요한 경우에는 사전에 허가신청서를 시장, 군수 또는 시·도지사에게 제출하여 도지사 또는 농림수산부 장관의 허가를 받아야 한다.

3. 산지전용허가(산지관리법 제14조)

산지중 보전임지 전용허가는 산림이 집단적으로 생육하고 있는 임·목·죽과 그 토지, 집단적으로 생육한 임·목·죽이 일시 상실된 토지, 임·목·죽의 집단적 생육에 사용하게 된 토지와 임도, 토지 안에 있는 암석지 소택지, 보전임지는 산림은 이용에 따라 보전임지 및 준보전 임지로 구분한다. 공장설립을 위해 산림 중 보전임지를 공장 용지로 전용하기 위해서는 시장, 군수 또는 도지사, 산림청장의 사전 허가 또는 협의를 받아야 한다.

4. 벌채허가

산림내 임목 벌채 허가와 신고는 보전임지의 전용허가, 동의, 협의 또는 승인을 얻은 산림을 제외한 산림 안에서 산림을 이용하고자 하는 자는 토지의 형질을 수반하지 않는 임목 벌채허가 또는 토지의 형질변경을 수반하는 산림훼손허가를 얻어야 한다. 공장건설을 위해 토지의 형질변경을 수반하는 산림훼손허가를 받기 의해서는 산림 훼손허가신청서를 시장, 군수, 구청장 또는 영림서 관리소장에게 제출하여 허가를 받아야 한다.

5. 사방지 지정 해제

사방지 지정 해제는 사방사업이 시행된 임야(토지)로써 토지의 붕괴, 토사의 유출 및 비, 산 먼지를 방지하기 위하여 공작물이나 기타의 시설과 작물을 파식한 지역으로 산림청장의 위임을 받아 시, 도지사가 관리하는 것이다.

사방지 지정해제는 사방사업이 국토보전, 공공이익의 증진 및 산업발전에 기여하게 함을 목적으로 하고 있음으로, 사방지로 존치하는 것보다 다른 용도에 사용함으로써 현저하게 이익이 있다고 인정될 때에만 해제토록 하고 있다.

사방지 지정해제 대상사업은 국가 또는 지방자치가 직접 경영하는 사업을 위하여 필요하다고 인정될 때, 국가시책으로 권장하는 사업, 공익사업, 주위의 산림이 개발됨에 따라 사방지 지정의 목적이 상실된 사방지에서 행하는 사업 등의 경우, 필요하다고 인정될 때에는 특례로 해제한다.

사방지 지정해제는 신청서 및 구비서류를 시, 도지사에게 제출하여 받도록 한다.

6. 사도개설허가

사도개설 허가는 사도가 '도로법 제2조 제2항의 규정'에 의한 도로나 도로법의 준용을 받는 도로가 아닌 길로써 그 도로에 연결하는 길을 '사도법 제4조의 규정'에 의하여 관할시장·군수의 허가를 받아 설치하는 것이다.

사도개설의 이유는 일단의 대지에 진·출입을 위한 길을 확보하는 것으로, '건축법 제33조의 규정'에 의하면 건축물의 대지는 2미터 이상이 도로에 접해야 하므로 건축물 (공장)의 신축, 개축, 증축 등으로 인하여 법정도로의 확보가 어려울 때에는 '사도법 제4조'에 의하여 사도개설 허가를 받은 후 사도를 개설해야 한다.

사도는 법에서 정한 사도를 설치 할 수 있는 요건에 맞을 때 시장, 군수, 구청장에게 사도개설 허가 신청을 하여 허가를 받은 후 설치 가능하다.

사도개설의 허가조건은 사도개설의 허가에는 조건이 따르므로 사도 허가자는 허가를 받은 후 반드시 이를 이행해야 한다.

7. 도로점용허가

도로 점용 허가는 도로의 점용이 구역 안에서 공작물, 물건 기타의 시설을 신설, 개축, 변경 또는 제거하거나 기타의 목적으로, 일정기간 도로를 계속하여 점·사용하고자 할 경우에 하는 행정행위로, 일정요건을 갖춘 신청에 대해 점용 허가 여부는 원칙적으로 도로 관리청에서 교통에 지장이 없는 범위 내에서 제한적으로 허용하도록 하고 있다. 도로 점용 허가를 받을 수 있는 건축물을 법으로 정하고 있다. 도로 점용 허가는 도로 점용 허가 신청서에 설계도서를 첨부하여 해당 도로 관리청에 제출하여 얻을 수 있다. 도로 관리청은 점용허가를 받아 도로를 점용한 자에게 점용료를 부과 징수할 수 있다. 점용허가에 의하여 도로 점용 및 점용공사가 완료된 경우에는 점용자는 준공검사원을 도로 관리청에 제출하여 준공검사를 받아야 하고, 점용기간이 만료 되었거나 점용을 폐지하였을 경우에는 도로를 원상복귀하여야 하나 예외 규정을 두고 있다.

8. 접도구역 내 건축물, 공작물 설치허가

접도구역 내의 건축물, 공작물 설치허가는 접도구역이 도로의 구조에 대한 손궤, 미관의 보존, 또는 교통에 대한 위험을 방지하기 위하여 도로경계선으로부터 20미터를 초과하지 않는 범위 안에서 도로 관리청이 대통령령에 따라 정한구역을 말하며, 이는 모든 도로에 일률적으로 지정되는 것이 아니고 도로의 종류 및 특수한 환경 여건에 따라 그 지정을 법률적으로 정하거나 배제시키고 있는 경우가 있다.

지정대상도로는 고속국도, 일반국도, 지방도, 군도(도시계획법상의 규정에 의한 도시계획으로 결정고시 된 구역 안의 도로는 제외)이나 군도의 경우는 군청소재지와 읍·면사무소 소재간을 연결하는 도로, 국가공업단지 또는 지방공업단지의 직접연결 되는 도로에 한하여 지정하고 그 외는 군수가 필요한 경우에 한하여 지정한다.

접도 구역지정의 기준은 고속도로 및 도로 개량이 완료된 구간은 도로부지 경계선, 기타 도로는 도로 예정지 경계선에서 접도 구역 폭에 해당하는 구역을 지정한다(도로개량이 완료되지 않은 구간의 도로 예정지는, 일반국도, 지방도 및 시, 군, 도에는 도로 중심선으로 부터 양측으로 각각 도로 예정 지 폭의 1/2에 해당하는 지역을 도로 예정지 경계선으로 한다). 도로 예정지 폭, 도로의 종류 구분, 도로 예정지 폭, 고속국도 서울－부산선, 중부선, 도로부지(또는 구역), 기타, 도로부지(또는 구역) 일반국도 4차선 계획 21m, 2차선 계획 15m, 지방 및 군도 15m, 접도구역의 폭. 도로의 종류 서울－부산선, 중부선, 접도구역의 폭(양측 각각) 고속국도 기타 30m 일반국도 4차선 계획 25m, 2차선 계획 5m, 지방 및 군도 5m 등이다.

접도구역 내에서는 금지 행위, 허가받아 가능한 행위, 허가 없이 가능한 행위로 구분하여 관리하고 있으며 접도구역 내에서 건축행위 등을 하고자 하는 자는 허가신청서 및 서류를 구비하여 고속국도는 국토관리청장, 일반국도, 지방도 및 군도에 대하여는 당해 군수에게 제출하여 허가를 받아야 한다.

9. 환경오염물질 배출시설설치허가

공장 등에 대기, 수질, 소음, 진동이 배출되는 시설을 설치할 경우에는 설치 전에 배출시설 설치 허가를 받아 배출시설을 설치하고, 배출되는 오염물질을 법에서 규정한 배출허용기준 이하로 배출되게 하는 방지시설을 설치한 후 배출시설 설치 완료신고 및 확인검사를 받아야 한다.

허가 절차는 배출시설설치허가신청서 및 구비서류를 설치장소 관할의 시, 군 도지사에게 신청하여 허가를 득한다.

특히 배출시설설치허가는 사전허가이므로 반드시 배출시설 설치 전에 설치허가를 득한 후 배출시설을 설치해야 한다. 배출시설 설치완료 신고는 배출시설과 방지시설을 설치 완료한 후에는 완료한 날부터 15일 이내에 시, 군, 도지사에게 신고하여 지정한 기일 내에 검사를 받아야 하며 동 검사결과 적합판정을 받은 후가 아니면 그 시설을 이용하여 조업해서는 안 된다(시, 군, 구청장은 신청서 접수 후 7일 이내에 설치허가사항과 부합여부를 확인하고 허가사항과 부합 될 경우에는 지체 없이 적합판정통지를 하게 되어 있다).

설비의 정상가동은 적합판정을 받은 사업자는 30일 이내에 허용기준에 적합하도록 배출시설 및 방지시설을 정상 운영하여 정상가동 30일이 경과한 날로부터 20일 이내에 시·군·구에서 시행하는 배출허용기준 적합 여부 검사에 합격해야 한다.

참고문헌

금융감독원(2011), 대학생을 위한 머니닥터.

_____(2015), 대학생을 위한 실용금융.

_____(2017), 대학생을 위한 실용금융.

_____(2017), 군장병을 위한 금융포켓가이드.

금융감독원(2018), 자영업자가 꼭 알아야 할 금융지식.

금융감독원(2018), 탄탄한 노후를 위한 금융생활설계.

금융위원회(2018), 개인신용평가체계 종합 개선방안.

금융위원회(2019), 개인신용등급을 올리는 꿀팁.

관계부처 합동(2016), 지능정보사회 중장기 종합대책.

권헌영 외(2017), 지능정보사회에서의 인터넷윤리 기준 연구, 방송통신위원회.

고정명·최계수(2004), 민법의 이해, 교문사.

고은주 외(2013), 소비와트렌드 2판, KSMS.

김대영(2015), 경매로 내집 마련 프로젝트, 창원아카데미.

_____(2015), 경매로 수익성 상가투자, 창원아카데미.

김대영·강동성(2018), 알기쉬운 부동산 재테크, 창원아카데미.

김영국(2018), 4차 산업력명과 창업금융, 박영사.

_____(2018), 4차 산업혁명과 글로벌핀테크 for 창업, 빅영사.

_____(2017), 액셀러레이터 for 창업, 박영사.

김영국·류석희(2017), 실전 창업전략, 두남.

경남지방법무사회(2015), 생활법률실무 강의.

_____(2015), 주택·상가임대차 상담 사례.

국민일보, 2020. 06. 17.

국세청(2020), 개정세법해설, 접대비 한도 상향.

_____(2020), 종합소득세, 신고납부기한.

대한법률구조공단(2007), 생활법률.

동양뉴스, 2020.07.24.

민태욱(2014), 부동산사법, 부연사.

박세윤(2015), 부동산 경매의 실제와 이론.

법무부(2011), 한국인의 법과생활.

서민금융진흥원(2017), 신용평가 종합 개선방안.

심우민(2017), 개인정보 비식별조치에 관한 입법정책적 대응과제, 국회입법조사처 현안보고서(305－20170524), 국회입법조사처.

사법연수원(2005), 민사집행법.

산업통상자원부(2020), 새 정부의 산업정책 방향 발표.

엄정웅(2018), 내 가게에 꼭 필요한 창업법률.

여성환(2014)소셜플랫폼의 소비자행동에 관한 분석.창원대학교

이원태(2015), 인공지능의 규범이슈와 정책적 시사점, KISDI Premium Report, 15(7), 정보통신정책연구원.

_____(2018), 카카오 알고리즘 윤리헌장의 의미: 개발자 자율규제 의지 천명, 이용자 윤리 보완 필요, 월간 신문과 방송.

월시, 토비(2018), 이기동(역), AI의 미래 생각하는 기계: 인공지능 시대 축복인가?, 도서출판 프리뷰.

정보통신정책연구원(2018), 대통령 직속 4차산업혁명위원회(2018;12－1071400－000016－01)
_____(2000), 엔젤의 유형과 엔젤자금 유치 벤처기업의 성향 분석.

중소기업중앙회(2018), 상가건물 임대차보호법 및 권리금.

중소기업청(2018), 창업절차메뉴얼.

중소기업벤처부(2018), 기업과제 공고.

중소벤처기업부(2020), 벤처투자,엔젤투자동향”보도자료, 2020.1.29.

한국농어민신문, 2020.07.21.

한국일보. HANKOOK 엠플러스한국, 2019, 07 VOL. 177
_____, HANKOOK 엠플러스한국, 2019, 08, VOL. 178
_____, HANKOOK 엠플러스한국, 2019, 09 VOL. 179
_____, HANKOOK 엠플러스한국, 2020 VOL. 185
_____, HANKOOK 엠플러스한국, 2020, 06 VOL. 188
_____, HANKOOK 엠플러스한국, 2020, 07 VOL. 189

한국포스트휴먼학회(2016), 포스트휴먼 시대의 휴먼, 아카넷.

_____(2018), 제4차 산업혁명과 새로운 사회윤리, 아카넷.

KIET(2017), 4차 산업혁명이 한국 제조업에 미치는 영향과 시사점.

Kotra(2018), Global Market Report 18－008.

UBS(2016), 세계경제포럼(WEF).

(웹사이트)

금융감독원, www.fss.or.kr

금융위원회, www.fsc.go.kr

나이스신용평가, www.nicerating.com

네이버, www.naver.com

로앤비, http://lawnb.com

법률신문, http://lawtimes.co.kr

법제처, http://www.moleg.go.kr

신용회복위원회, http://www.ccrs.or.kr

서울신용평가정보, www.sci.co.kr

연구개발특구진흥재단

엔젤투자지원센터

창원지방법원, http://changwon.scourt.go.kr

한국신용정보원, www.credit4u.or.kr

한국경제신문, www.hankyung.com

한국소비자원, http://kca.or.kr

한국창업보육협회

한국포스트휴먼연구소

한국벤처캐피탈협회

코리아크레딧뷰로, www.koreacb.kr

https://krand.kr

https://www.startbiz.go.kr/index.do#main04

https://www.nts.go.kr/support/support_01.asp?cinfo_key=MINF5520100726112800

KCB, www.allcredit.co.kr

https://www.nts.go.kr/support/support_08.asp?cinfo_key=MINF5720100726152116&menu_a=80&menu_b=100&menu_c=3000

https://www.nts.go.kr/support/support_08.asp?cinfo_key=MINF7120100726152050&

https://www.nts.go.kr/support/support_08.asp?cinfo_key=MINF7120100726152050&menu_a=80&menu_b=100&menu_c=2000

https://www.nts.go.kr/support/support_03.asp?cinfo_key=MINF7120100726142430&menu_a=30&menu_b=100&menu_c=1000

https://www.nts.go.kr/support/support_05.asp?cinfo_key=MINF8520100716141006

https://www.nts.go.kr/support/support_01.asp?cinfo_key＝MINF8420100716140904

https://www.nts.go.kr/support/support_08.asp?cinfo_key＝MINF7520100716141019

https://daum.net/encyclopedia

http://roadmap2020.planidev.com/classroom/view/id/108#u)

http://www.kasb.or.kr/fe/accstd/NR_list.do?sortCd＝G－COMPANY

https://linkimpact.co.kr/9

https://www.innopolis.or.kr/board?menuId＝MENU00747&siteId＝null

https://www.innopolis.or.kr/board?menuId＝MENU00747&siteId＝null

https://www.kban.or.kr/

https://www.beginmate.com/magazine/15

https://www.innopolis.or.kr/board?menuId＝MENU00747&siteId＝null

https://brunch.co.kr/@junsme/55

https://platum.kr/archives/17198

https://linkimpact.co.kr/9

https://www.venturesquare.net/726

https://www.crowdnet.or.kr/information_center/guide_data_details.jsp?seq＝878

https://m.blog.naver.com/PostView.nhn?blogId＝qwa121&logNo＝220697358429&proxyRef erer＝https:%2F%2Fwww.google.com%2F

https://index.go.kr/potal/stts/idxMain/selectPoSttsIdxMainPrint.do?idx_cd＝1196&board_cd ＝INDX_001

http://www.index.go.kr/potal/main/EachDtlPageDetail.do?idx_cd＝1182

색인

A~Z

ADDIE / 80
AGI / 17
AI / 4, 14
Angel / 251
Angel Investor / 97
AR / 12, 29, 32
B2B플랫폼 / 12
BEP / 242
BigData / 27
BM / 89, 248
BMC / 89
borderless / 7
BT / 52
building blocks / 89
CH / 90, 91, 94
Cloud Brokering / 33
Cloud service / 33
cognition / 21
Competitor / 122
CPS / 11
CR / 90, 91, 94
Credit Scoring System / 185
CRM / 41
CS / 90, 91, 93, 94
CSS / 183, 185
Customer / 122
Cyber Physical Systems / 15, 28
data Base / 11
Data Technology / 16
Death Valley / 96

Edge Computing / 12
ERP / 41
ESS / 71
ethical marketing / 106
Flying Car / 8
franchisee / 59
franchisor / 59
GP / 251
green marketing / 106
ICS 보안 / 35
ICT / 28
ICT융합 / 71, 72
industries / 10
intelligent robots / 21
IoT / 4, 20
IPO / 243, 249
IR / 251
IT / 52
K-GAAP / 235
K-IFRS / 235
KA / 90, 92, 94
KP / 90, 93, 94
KR / 90, 92, 94
LAWS / 16
M&A / 57, 249, 251
M2M / 21
manipulation / 21
Marketing mix / 128
Mass Customizing / 11
MES / 41
Mesena Marketing / 106
MTC device / 34

NT / 52

paperless / 7

PEST분석 / 119

pilot test / 67

Pitching / 243

Political, Economic / 119

Positioning / 127

re-marketing / 106

RFID / 44

Robo-advisor / 16

RS / 90, 92

SAFE / 260

SCM / 28, 41, 44

Segmentation / 127

selling-oriented concept / 104

Smart Factory / 11

social venture / 58

Social, Technological / 119

SOHO / 60

Start-up / 51

STP Model / 127

STP전략 / 126, 128

Strong AI / 16

SWOT분석 / 123

Targeting / 127

Technology entrepreneurship / 51

TIPS / 260

unsought goods / 104

Value Added Service / 44

VBE / 75

VC / 67, 97, 244

Venture Capital / 97

VP / 90, 91, 94

VR / 4, 12, 29, 32

Weak AI / 16

ㄱ

가상현실 / 4, 37

가수금 / 236

가지급금 / 218, 236

갑 구 / 166

개인사업자 / 203, 205, 206

개인신용등급관리 / 198

개인신용평가 / 194

개인신용평가제도 / 188

갱신거절 / 174

갱신등록출원 / 159

거시환경분석 / 119

계약갱신 / 174

계약갱신요구권 / 165

공표권 / 141

과세기간 / 213

국세완납증명서 / 170

권리금 / 176

금융서비스 / 7

기술이전 / 57

기업공개 / 249

ㄴ

녹색마케팅 / 106

ㄷ

대량맞춤형 / 11, 12

대항력 / 171, 176, 179

도시계획확인원 / 168

동일성유지권 / 141

등기명령신청 / 175

등기사항전부증명서 / 167, 169
디자인권 / 139, 144, 155
디자인등록출원 / 154
디지털 혁명 / 15

ㄹ

로보어드바이저 / 16
로봇 / 32

ㅁ

매출누락 / 216
메세나 마케팅 / 106
모바일금융 / 7
목표시장 설정 / 127
미래형 자동차 / 31

ㅂ

바이오 / 31
배당순위 / 171
범용인공지능 / 17
법인사업자 / 204, 205, 206
법인세 / 204, 205, 215
벤처기업 / 51, 52
벤처창업 / 59
벤처캐피탈 / 96, 97
부가가치세 / 208, 209
부채비율 / 239
불법건축물 / 169
블록 / 89, 90
블록체인 / 35

비탐색상품 / 104
빅데이터 / 6, 31

ㅅ

사물인터넷 / 6, 20
사이버 물리시스템 / 28
사회보험료 / 220
사회적기업 / 52
산업재산권 / 52, 139, 143
상가임대차법 / 163
상표권 / 139, 144, 158
성명표시권 / 141
세액감면 / 219
세액공제 / 218
소득공제 / 218
소득세 / 204
소셜 로봇 / 39
소셜벤처 / 56, 58
소호창업 / 56
손익계산서 / 233
손해배상청구권 / 178
스마트 가전 / 32
스마트 공장 / 31
스마트센서 기술 / 6
시뮬레이터 로봇 / 39
시장세분화 / 127
신용거래정보 / 187
신용등급 / 194, 195, 196, 197
신용등급관리 / 193
신용평가기관 / 183
신지식재산권 / 52, 139
실용신안권 / 139, 143
3C / 121
4P 전략 / 128

4차 산업혁명 / 3

ㅇ

알파고 충격 / 3
엔젤투자 / 96
엔젤투자자 / 67
영업권리금 / 177
우선변제권 / 165, 179
우선심사제도 / 149
원상표권 / 159
원천징수 / 227
원천징수불성실가산세 / 208
웨어러블 / 21, 32, 43
웨어러블 로봇 / 39
위반건축물 / 170
유비쿼터스 / 21
유통산업발전법 / 179
윤리적 마케팅 / 106
윤리적 브랜딩 / 106
을 구 / 166
이익잉여금 / 232
이익잉여금처분계산서 / 232
인공지능 / 5
인더스트리 4.0 / 11
인수합병 / 249, 251
인터넷뱅킹 / 7
인터넷전문은행 / 7
임대차등기 / 165
임차권등기 / 175
24hours / 7
5G / 31

ㅈ

자금조달 / 241
자본변동표 / 232
재고관리 / 235
재무구조 / 239
재무상태표 / 233
재무제표 / 232
저당권 / 166
저작권 / 52, 139, 141
저작인격 / 141
저작인격권 / 141
저작인접 / 141
저작인접권 / 142
저작재산 / 141
저작재산권 / 142
적격증빙 / 216
전세권 / 166, 167
전자세금계산서 / 213
정보시스템 / 41
정보통신기술 / 5
조약우선권제도 / 150
존속기간갱신등록제도 / 159
종합소득세 / 205, 208, 222, 223
중소기업특별세액감면 / 218
증강현실 / 12
지능형 로봇 / 21
지능형 센서 / 32
지방세완납증명서 / 170
지분구조 / 248
지식재산권 / 66, 139
지적재산권 / 137

ㅊ

최우선변제 / 165

최우선변제권 / 176

출원공개제도 / 149

출원인 / 146

ㅋ

컴퓨팅화 / 12

케이뱅크 / 8

크라우드 펀딩 / 255, 256

클라우드 / 14

클라우드 컴퓨팅 / 6

ㅌ

투자유치 / 241

특허권 / 139, 143, 153

특허등록 / 147

특허제도 / 145

특허출원 / 145, 147

특허출원서 / 146

ㅍ

판매중심개념 / 104

포지셔닝 / 127

표제부 / 166

ㅎ

현금흐름표 / 232

환경마케팅 / 106

환산보증금 / 165

후순위권리자 / 167

저자소개

김영국(Ph. D. England Kim)

- 계명대학교 벤처창업학과 교수(경영학박사/창업지도사/SAXOPHONIST)
- 교육부 및 대한민국학술원 2019 우수저서(저자) 선정
- 농림부 신활력플러스사업(70억원)/경남 창녕군 추진단장 및 위원장
- 교육부(한국연구재단) 단독저술 및 중기부 등 국책과제 다수 선정
- 한국일보(M+), 매일신문 및 경북일보 등 고정칼럼니스트
- 한국창업학회 우수논문상
- 중소벤처기업부 · 지식경제부 · 대구/경북테크노파크 · 소진공 등 기업과제심사(평가)위원장
- 창업진흥원 및 구미전자정보기술원 창업멘토위원
- 공무원(옴부즈만)
- DGB금융그룹 홍콩현지법인 대표이사(DLF HONGKONG CO, Ltd. CEO)

여성환

- 한국경영연구소 대표이사(경영학박사/창업지도사)
- 창원대학교 경영학과 겸임교수
- 청년사관학교 강의전담교수(마케팅)
- 중소벤처기업진흥공단 컨설팅전문위원
- ISO 9001/ISO14001 국제선임 심사원
- 2020 대한민국 뉴리더대상 수상(고용부문대상)
- 경남교통방송/경남연합일보 논설위원(경제 · 경영분야)
- LG헬로비전(경남방송) 전문패널(경제 · 경영분야)
- 2002 부산아시안게임 성화봉송주자(경남 대표)
- 2004 아테네올림픽 성화봉송주자(대한민국 대표)

노승일

- 특허법인다인 변리사
- 카이스트 기계공학과 석사 졸업
- 부산대학교 기계공학과 학사 졸업
- 한국저작권위원회 저작권 산업현장서비스지원단 위원
- 기술신용보증기금 자문위원
- 대한변리사회 정회원

이상구

- 경남은행 지점장((법학박사/창업지도사/신용관리사)
- 법제처 국민법제관(금융)
- 창원대학교·경남도립남해대학 겸임교수
- 경남대학교 행정대학원·창신대학교·창원문성대학교 외래교수
- 경남전문가네트워크협동조합 이사장
- 금융소비자원 금융컨설팅 자문위원
- 경남지방중소벤처기업청 비즈니스지원단 상담위원
- 경남창조경제혁신센터2020년 무한도전 멘토단 멘토
- 창원지방법원 민사·가사조정위원

최아람

- 미국공인회계사(AICPA)
- 경영학박사(회계학전공)
- ㈜리람 경영전략 이사
- KGROUND PARTNERS 파트너
- 국립창원대학교 회계학과 외래교수
- 인제엔젤투자클럽 운영위원
- 스타트업파트너스(주) 개인투자조합 2호 사무국장
- 딜로이트 안진 이전가격본부
- 미국 PwC TAX

오춘식

- 예본경영연구소 대표
- (창업보육전문매니저/공인중개사/경영지도사/기술평가사)
- 서울대학교 해양학과 졸업(경제학부전공)
- 스타트업파트너스(주) 전문위원(경남1호 액셀러레이터)
- 중소벤처기업부 비즈니스지원단 자문위원
- 경남창조경제혁신센터 2020년 무한멘토단 멘토
- 소상공인시장진흥공단 2020년 역량강화사업 컨설턴트
- 삼성중공업, 삼성테크윈 관리부장
- 경상남도 투자유치과장/김해시 투자유치전문관

4차 산업혁명과
실전창업보육

초판발행   2020년 10월 10일

지은이   김영국·여성환·노승일·이상구·최아람·오춘식
펴낸이   안종만·안상준

편 집   전채린
기획/마케팅   장규식
표지디자인   조아라
제 작   우인도·고철민

펴낸곳   (주) **박영사**
               서울특별시 종로구 새문안로3길 36, 1601
               등록 1959. 3. 11. 제300-1959-1호(倫)
전 화   02)733-6771
f a x   02)736-4818
e-mail   pys@pybook.co.kr
homepage   www.pybook.co.kr
ISBN   979-11-303-1109-8   93320

정 가   27,000원